協 働 す る 地 域

田中 宏 編著

晃洋書房

協働する地域◉目　　次

序　章
地域のガバナンスから地域のノットワーキングへ

田　中　　宏

は じ め に

　地域経済（研究）は様々な研究分野が重なり学際的である．そのため経済学では，学術的・教育的コア（中核）に位置することはあまり多くない．唯一の例外は下で触れるジェイン・ジェイコブズ（2012）であろう．その一つの要因は，地域の多様性・複雑性・多層性と，そしてその用語がもつ不確かさ（多義性）にある．現代の経済学が個人やミクロ的基礎を重視するなかで，どちらかというとホーリスティック（全体論的）な特徴を持っているからだろう．その研究は，必然的に多岐にわたる．地域に生活する人々の感性，認識から学習や行動，さらには経済構造（消費・稼得・蓄積・投資），生命の誕生から老後の生活の過程（生命の再生産），様々な利害関係，行政との結びつき，自然環境との交流まで拡がっている．

　そこで序章の目的は地域を観察・理解する新しい視点を提示することにある．地域のガバナンス論は，各領域，各産業の単独視角や地域の内と外の境界の2者対抗の視角ではなく，多様で複雑かつ多層な地域を体系的かつ総合して捕まえようとする視角を提示しているが，それをさらに発展させたい．最初に，地域をネットワークとイノベーションの過程として観察していき，地域が4つのタイプに分類できることを明らかにする．この分類にしたがってこれまでの地域における内外の連携を検討し直す．そして最後に，地域の組織，制度やその機能，役割が境界を超えて結び目（ノット）を作りながら変化して協働していく過程として地域を観察する視点を提起する．これが新しい視点，地域のノットワーキングである．

第1節　隠された課題
——海外の諸地域・諸制度・諸団体の諸能力との連携——

　編者の個人的経験によれば，我が国で地域が政治経済学の中心的テーマに躍り出たのは1960年代から1970年代前半にかけてである．その時期に最もインパクトのある著作のひとつは島恭彦の著作『地域の政治と経済』(1976年，自治体研究所)だった．本書(島 1976)は，それまでの「地域開発」論を批判しながら，地域を3つの軸で分析している．ひとつの軸は資本の地域的集中と外延的膨張の傾向，第二の軸は，それに関係して，地域の不均等発展(地域格差，都市と農村の対立)，そして最後の軸は国の財政と地方財政とをつなぐ財政的中央集権(国家論，官僚制論)のあり方，であった．同じように，公権力と企業本社による，地域の上からの管理と利益の吸い上げの分析は宮本憲一(1979)にも見られ，その内発的発展論が，住民による創意工夫・自主性，総合的地域づくり(産業振興，環境保全，福祉と文化)，地域市場と地域内循環の重視，住民自治による資本・土地利用の規制として定式化された．

　この3つの軸による考察・研究は現在でも有効であるが，その当時編者にとってもっとも印象的だったことは次の2点であった．つまり，第一に，著者の島恭彦は明示的にではないにしても，西欧による東洋社会の認識の不十分性を批判しながらも，中国奥地の地域を日本の地域と比較することを強く意識していた．この批判的認識と比較は今日ではさらに重要だろう．そして第二に，中国の奥地での技術(塩業)の停滞性を奥地社会のもつ内的要因(交通網の未整備問題，化学技術の遅れ，「合作社」という組織の多難性)からだけではなく，日本の軍事的経済的侵略による中国社会の停滞という文脈の中に置いて観察している(この点は看過していたという反省も含めて)．つまり，内外の資本(帝国主義)による地域の資源独占の結果として観察している．この第二点は，今日流に翻訳しなおすならば，外国資本による地域資源独占と地域の自生的技術の遅れ・困難との関係を解明する視点を提示している．この視点は今日でも有効だが，不十分である．第一の視点と結びついて，第二の視点はその裏の面をさらに追究するところまで至っていないからである．では，裏の面とは何か．それは，海外の諸地域・諸制度・諸団体の諸能力がグローバル化によって国内のある地域に存在する諸主体・諸資源とどのように連携するのか，またそのことによってその

地域の諸資源，自生的なノウハウやイノベーションをどのように進化・発展さ
せる可能性があるのか，という問題提起がされていない点である．

第2節　内発的発展論への批判を受けて

1　内発的発展論への批判

　宮本憲一（1998）によれば，地域の内発的発展論は，明治以来の近代化の中
で地域の自主的な発展，オールタナティブな近代化路線として展開されている[1]．
外来型開発が厳しく批判されるなかで，その後「内発型テクノポリス」や「内
外融合型開発」という用語，政策目標が生まれた．だが，内発的発展とは偏狭
な地域主義ではなく，外部の資本の導入や人材との連帯をはかるものであるが，
無原則な融合や折衷ではないと宮本（1998）は批判する．目的の総合性，複合
的産業ニーズ，域内の資源と人材を活用して地域内市場を拡大すること，地球
環境の維持，持続可能な発展を優先すること，市民や環境 NGO の参加を伴う
ことが内発性にかかわる．神野直彦（2002）は，財政の側面から，財政を含め
た集権的分散システムを分権的分散システムに改め，財政面での自己決定を取
り戻すことによって地域の再生に取り組むことを推している．そのことによっ
て国民国家を超えて，環境保全と地域文化の振興という人間の生活の「場」と
して地域社会を再生させようと提起している．

　これにたいして，北島茂（1998）は，域内循環を形成する内発的地域発展＝
地域開発は実体的にも理論的にも成立する可能性は小さいと主張する．国の開
発計画が各地域の条件を均質化する方向でインフラ整備を進めることは，地域
経済の局地的「自立性」（域内循環）を形成することと矛盾する．地域経済は全
体経済システムの1要素であり，地域の企業活動は地域のなかで完結されるこ
とはないからである．残された問題は地場産業と誘致産業の組み合わせ，住民
の規制強化により住民が開発効果を高めることだけであると結論づける（北島
1998：88-89）．

2　批判への反論

　このような批判の視点に対して，宮本憲一・横田茂・中村剛治郎（1990）は，
次のように，グローバリゼーションを踏まえて，すでに反論している（第8章
と第2章）．グローバリゼーションが国際化や多国籍化と異なる段階に入ってい

ることをまずは認識すべきである．それは，一面では，画一化の流れがありな
がら，他面では，都市の独自性が消滅して国民経済に吸収されるのではなくて，
都市が核となり，それが国民経済を経由しないで直接に地球経済に結びつく構
造になっているのである．そのうえで，地域が「外来型開発」，国際的な資本
と労働力移動の動向に左右され，そのような国際化のコストを都市が担う危険
性，さらには地球規模での環境問題が無政府的に放置され，そのコストを地
域・都市・途上国が負担するようになる危険性があることも確かである．そこ
で永続可能な総合的地域政策が必要となる．では地域・都市が地球経済と直に
結びつく構造とは具体的に何を指しているのだろうか．それは，ヨーロッパの
独創的な経験，ボローニャ方式，「ノストラ」歴史的保存運動，西ドイツの
「わが村を美しく」全国コンクールそして「市民農園」が地域の諸資源や自生
的なノウハウを活用していること，などである（宮本・横田・中村編 1990）．

3　ジェイン・ジェイコブズの都市間置換

　同じく，この課題を追及していたのはジェイン・ジェイコブズ（1986）では
なかっただろうか．ジェイン・ジェイコブズ（2012）によると，垂直的関係の
なかで国民国家―地域の展開を考察するのではなくて，諸地域に代わって諸都
市を軸にして論じるように視角の変更を提起する．つまり，従来輸入していた
ものを諸都市間に置換（replacement）していく過程，しかも住民の創意を活か
しながら諸都市間で創造的，共生的にその置換のネットワークを生成させてい
く過程（improvisation）として彼女は地域の発展を押さえる．ここでは従来輸入
していたものが海外の諸地域・諸制度・諸団体の諸能力ということになるだろ
う．

4　国際化と地域

　島恭彦の地域研究の視角は岡田知弘（2005）に受け継がれている．岡田知弘
（2005）は，地域を，単層ではなくて独自の運動法則が働くような階層性をもつ
人間社会の空間的広がりとして観察している．ひとつの国は地域が積み重なり
ながら成り立っている．その観察のまとめには一般性，特殊性，個別性を導き
出すことが大切である．人間と自然との物質代謝の場，資本主義の時代におけ
る都市と農村の関係の対立の空間，資本の活動領域の場と住民の生活領域の二
重性をもつ空間，対抗する国家や地方自治体のせめぎ合いの空間，グローバル

な国際資本を第一にするのか，住民やそこの資本の利益を第一にするのかの対
抗軸の空間として地域を把握する．その対抗関係のなかでは地域住民の主権に
もとづく下からの「内発的発展」の構築が中心軸となる（岡田 2005：12-29）．
その構築される中心軸は地域内経済循環と地域内再投資力である．地域づくり
は，「地域社会を意識的に再生産する活動」であり，「住民の生活領域としての
地域」と「資本の活動領域としての地域」の二重性の規定を受ける（岡田
2005：27）．「内発的発展」と地域自治の発見，つまり地方自治体の主権者であ
る住民が自らの地域のあり方を決定し，実践する運動を「地域住民主権」と呼
び，「地方分権」という思考では不十分であると批判する．しかし，その批判
の先はグローバル化による海外の諸能力との内発的な出会いと諸連携の実例に
まで及んでいない．

　そこに及ぶのは岡田知弘・川瀬光義・鈴木誠・富樫幸一（2001）である．そ
れは，20世紀前半までのグローバル化における地域とそれ以降の「地域」との
違いを明確に意識する．そして（1）グローバリズムと地域経済統合の進展，
市場拡大とネットワーク，（2）地域的な経済循環，（3）不均等発展，（4）
産業立地・労働力の移動空間・産業集積，（5）企業の行動空間，（6）仕事・
住宅・消費の質的な生活空間のなかで，地域を新たに観察するように提唱する．
そしてその結果，地域を守りと攻めのフレキシビリティをもつものとして接近
する（岡田・川瀬・鈴木・富樫 2001：1-66）．地域の守りのフレキシビリティとは，
資本の立場から労働者にたいして数量的・価格的に下方に伸縮する空間戦略を
追求する動きをいう．これにたいして，労働者の多面的な技能の発展と共同的
な生産への関与，労働時間の短縮など「労働の質」の改善，自立的イノベー
ションの拠点化，地域の自立性と柔軟な適応力の獲得，地域間の水平的ネット
ワーク化が攻めのフレキシビリティであるとされる．国家と自治体との間の分
権化だけでなく，大企業優位性の見直し，企業組織内部での分権化，労働組合
や住民団体による地域的な活動の活性化のなかにグローバル化のもとでの地域
の攻めのフレキシビリティを観察しようとしているのである．

第3節　資本主義経済システムの非物質的転回と国際都市間競争

1　非物質的価値の重視

　グローバル化時代における地域の発展概念をより深めているのは，諸富徹

（2010）である．それは，資本主義が成熟・爛熟した21世紀初頭の地域の研究に焦点を合わせている．それによると（諸富 2010：第4章，275-280），発展の概念は，所得やハードなストックではなしに，環境や文化性，歴史性，地域の連帯感，人々の幸福感，結束力などのかけがえない価値としての「非物質的価値」であるとされる（資本主義経済システムの非物質的転回）．この「非物質的生産」のためには，地域の固有な資源を大切にしてそれに磨きをかけることが重要となる（固有性重視）．それは人的資本と社会関係資本の相互強化・促進の重要性を浮上させている．そのような地域発展戦略には次のような地域ガバナンスが必要となる．つまり，相互強化・促進する人的資本と社会関係資本に投資しながら，ボトムアップ型・水平ネットワーク型の発展に取り組むことができる比較的小規模な基礎自治体のなかで住民の内発的な力を引き出し，それが困難を抱えるときには，水平的連携の広域（町村）連合や都道府県，中央政府から「補完性原理」でタイアップを受けるような地域ガバナンスである．その実例をEUの結束基金と地域政策，「リスボン戦略」（の批判）並びに横浜市の創造都市構想に見つけ出す．そこでは，人的資本はリチャード・フロリダのいう「創造階級」の発展でより豊かにされ，地域の諸資源は創造的産業クラスター，文化資本のストックとして押さえられ，住民の幸福度を引き上げる「社会的包摂」も注目される．なかでも社会関係資本，非交易的な相互依存性に磨きをかけることが重要とされる．

　岡田知弘・川瀬光義・鈴木誠・富樫幸一（2001）や諸富徹（2010）と同じような理論的視角を有しながら，より体系的に展開している研究に中村剛治郎編（2004）がある．それは，地域をめぐる経済学のレビューから始まり，地域とは人々の生活の場であり，非経済的価値（要素）と経済的価値（要素）が出合い，結びつく場であると総合的に把握する[2]．そこでは自律性，複合性，多様性が不可欠な経済システムとなる（中村 2004：49-51）．この地域的政治経済システムは，地域的ネットワーク・システムとして，グローバリゼーションとポスト工業化・知識経済のなかで企業の外部的関係の組織化（地域の非経済的価値要素との結合）を基礎とするイノベーション能力をグレードアップすることが重要となる．この結合とグレードアップには，地域の非経済的価値への共通な認識が生み出す相互の信頼関係が不可欠となる．そしてその世界経済は，この地域的政治経済システムの基礎的な狭域ローカルレベルから広域リージョンレベル，スーパー・リージョンまでの重層的，階層的関係によって構成される．佐々木

雅幸 (2012) は，金沢の創造都市としての発展を，第一回世界工芸都市会議の
開催とそれに続く国際交流が支えていたことを明らかにしている．国際交流は
才能をもった人との出会いをコーディネートすると同時に，人と人との広がり
の結び目となっている．産業と文化の「創造の場」の第三の要素はグローバル
な異文化との交流であるとしている（佐々木 2012：217）．宮本憲一 (2007) は環
境経済学から内発的発展を総まとめしている．

2　地域，世界都市とイノベーション

　では，中村剛治郎編 (2004) は，グローバル化によって海外の諸地域・諸制
度・諸団体の諸能力が国内のある地域の地域資源や主体と連携することによっ
て，地域の自生的技術の発展・イノベーションが起こるという点をどのように
みているだろうか．

　佐々木雅幸 (2012) とともに，中村の分析は，金沢をユニークな中堅中小企
業の多様な活動といろいろな顔を持つ個性豊かな自律性のある都市経済であり，
それは内発的発展モデルであるとして高く評価する（中村編 2004：第5章）．グ
ローバリゼーションと都市戦略として金沢市の世界都市戦略がある．それは，
巨大都市を頂点とする垂直的・画一的グローバリゼーションではなく，世界各
地の内発型の自治都市の連携による多様性を基礎とする水平的グローバリゼー
ションを展望するものである．多様な地方都市が自立しつつも個性を強め，世
界における独自の中心として発展しながら，お互いの存在意義を認め合い，お
互いに協力しあう水平的なグローバル都市ネットワークを通じて，地球意識を
高め，地球社会の課題解決，世界的連帯を強める．

　グローバリゼーションの経済圧力と地域における経済的効果の間を媒介する
のは，地域的社会調整システムである．しかし，グローバル経済の地域経済へ
の影響を嘆くだけでなく，グローバル経済との結びつき，グローバル経済のエ
ネルギーを地域と都市に呼び込む戦略を示唆する（中村編 2004：300,311）．だが，
より具体的成果が示されているのは中村剛治郎編 (2007) である．それによれ
ば，市場による競争優位論や歴史＝経路依存性論に陥ることなく，それぞれの
国の歴史的・制度的特徴を考慮しながらも，イノベーションに必要な諸条件を
接合していくきめ細やかで柔軟な制度調整，路線修正を求める．その例示とし
てあげているのは，ストックホルムの「シリコンバレー」形成である（中村編
2007：50）．イノベーションの様々な芽（人，アイデア，精神，資金，仕事）を積極

的に容認・奨励する企業内部改革，企業間改革，地域への外部化を行うことである．それによって地域横断的な協力関係や地域間ネットワークを編成する．というのは，知識創造やイノベーションは単独の大企業からではなく，世界の各地にある地域的産業クラスターから生まれてきているからである（中村編 2007：241-248）．グローバリゼーションが推進される世界経済は多様な地域経済の発展を包み込みながら編成されている．もちろんそれは他面では，世界都市を頂点として階層的に編成されている．しかしそれは地域経済から直接，首都を経由しなくても，世界経済に働きかけることを可能にしている光の面を持っているのである．

3　国際都市間競争とグローバル都市

　世界都市を頂点として階層的に編成される国際都市間競争について異なる視角を提示しているのは久保隆行（2019）である．それによると，現在のグローバル化は，日本の地方都市にとって意味が異なっている．資本，労働，商品，情報の越境的流動化，多様化は直接結びつきのない都市や地域間においても，競争関係を生じさせている．つまり，国際都市間競争に組み込まれている．例え地方の諸都市が世界経済等と接触を持たないとしてもそうである．だから，グローバル化の遅れた地方都市のグローバル競争戦略のビジョンと政策立案，その実施を検討する必要がある．その際に，属性の異なる多数の都市を一括して評価する世界都市ランキングの手法を継承して，企業のグローバル競争戦略の手法を応用するように提案する．国内の都市システムにおける地方中枢都市の位置づけと世界都市システムにおける地方中枢都市の位置づけとは異なるからである．ここが久保隆行（2019）のポイントである．前者は東京を頂点とする中枢管理高次機能あるいは多国籍企業の本社と支社といった世界ビジネスの中枢管理機能の集積によるランクづけである．これに対して後者は，J・フリードマン，ペーター・ホール，ステファン・ハイマー，ジョン・フリードマン，サスキア・サッセン，GaWC の研究を通じて，どれだけ多くの世界の都市との多彩なネットワークを持っているかという点に注目するものである．そのことを通じて直接に結合していない都市同士の競争関係を観察できるようになる．結論的には，リアルとバーチャルの両面で，多様なネットワークを介したグローバルな交流水準の高い都市ほど，イノベーションを創出し，ベンチャー企業を生み出す可能性が高い（久保 2019：88）．これがグローバル都市度

であり，都市の国際競争力である．

　このような世界都市ランキングは重要な営業ツールとして研究・作成された
ものである．にもかかわらず，都市にとって有意義である．それによると，日
本では福岡がグローバル都市として卓越している（久保 2019：172）．その卓越
度を「生活の質」と「都市の成長」という 2 つの評価軸で観察すると，前者に
比べて後者が相対的に劣位である．だが，福岡はグローバル都市化をさらに推
し進めることができる即効性をもっている．より具体的には，福岡のもつグ
ローバルな域外市場が他の都市と比較してまだ小さい．九州圏のグローバル経
済への結節点としての地位を福岡がまだ形成できていないからである．これは
東京を経由しないグローバルな結合の構築と強化である．イノベイティブで国
際競争力の高い，自律した産業クラスターやハブ（結節点）を形成していかな
ければならないと主張する．この主張は中村剛治郎や佐々木雅幸とほぼ同じよ
うなグローバル都市論を提示しながらどこが異なるのだろうか．世界都市ラン
キングの手法で抜け落ちる諸要素をどのように拾い上げるか，その違いが両者
の違いを生み出しているように見える．佐々木と中村は地域・都市内の発展の
内発性と同時に対外的ネットワークの形成の内発性も追求している．これを圧
縮すると，**中・内発／外・内発**と表現できるだろう．これにたいして，久保は
都市の対外的ネットワークの内発性を一方では追求しながら，都市内の諸資源
の在り方にかんしては世界都市ランキングを参照する．これを圧縮すると，
外・内発／中・外発となるだろう．

第 4 節　グローバル化と地域経済の連携の 4 つのタイプ

　ここにきてようやく，グローバル化によって国内のある都市・地域に存在す
る諸主体・資源が海外の諸地域・諸制度・諸団体の諸能力とどのように連携す
るのか，またそのことによってその地域の諸資源，自生的なノウハウやイノ
ベーションをどのように進化・発展させる可能性があるのか，という課題に取
り組むことのできる類型論的な分析枠組みに接近することができる．それに
よって，以下のような，4 つの類型タイプを抽出することができるだろう．
　（1）地域・都市内の内発的な資源と取組みを発展させ，同時に内発的な対
外的ネットワークでそれを追求する，**中・内発／外・内発タイプ**．
　（2）地域・都市内の内発的な資源の取組み・発展を外発的な対外的ネット

ワークを利用することで追求する，**中・内発／外・外発タイプ**．

（3）内発的な対外的ネットワークを追求しながら，地域・都市内の資源を外発的基準に基づいて開発する，**中・外発／外・内発タイプ**．

（4）外発的な対外的ネットワークに依存しながら，地域・都市内の資源を外発的基準に基づいて開発する，**中・外発／外・外発タイプ**．

以上の4つの類型タイプは純粋な姿で表出するわけではない理念タイプである．現実にはなんらかの混成あるいは転換過程が発生しているだろう．しかし，この4つの類型タイプに基づいて，これまでの地域づくりの調査・研究からできるだけ多くの事例を拾い集めて，グローバル化によって海外の諸地域・諸制度・諸団体の諸能力が国内のある地域の諸主体や地域資源と連携する事例を分類していくことができるだろう．

〈中・外発／外・外発タイプ〉

このタイプの地域づくりはここでは取り上げない．地域づくりの言わば失敗例として列記されるだろう．戦前の総力戦体制のもとでの国土開発，戦後の国土総合開発法・計画に基づく地域開発がこれに相当するだろう．

〈中・内発／外・内発タイプ〉

ここでは，金沢市の世界都市戦略や横浜市の世界に開かれたヒューマン都市をめざした「よこはま21世紀プラン」，新開国都市宣言である「ゆめはま2010プラン」があげられるだろう．三好皓一（2010）では，大分県の大山町の地域おこしの原点にはイスラエルの農村協同体「キブツ」の研究体験があり，その体験後も姉妹町関係が継続していることを明らかにしている．和製キブツづくりがコミュニティー・キャパスティに新しい刺激を与えたのである．西口敏宏・辻田素子（2005）が明らかにしているのは，中国の温州，英国のケンブリッジそして岩手県花巻市や滋賀県長浜市の地域経済の再生で重要なのは，人と人のつながりかたとワイヤリング（伝達経路のつなぎ直し）であった点である．1点中枢が集中しているのではなく地域の頑強さがネットセントリックな特徴によって裏付けされていることを指摘している．

ところで，小田切徳美（2014）はグローバル都市，都市国家を軸とする地域づくり論を「農村消滅」の危険性を孕むものであると批判して，別の道で農山村（中山間地域＋条件不利地）の再生を唱える．その再生とは，① 暮らしの物差

しづくり，② 暮らしの仕組みづくり，③ カネとその循環づくりの巧みな組み合わせであると主張する．欧州から導入されたコンパクトシティ構想は，都市と農村の関係の根本的違い（日本と欧米）から，この組み合わせを崩壊させるものと見なされる．都市と農村との交流は地域再生の物差しづくりに鏡効果をもたらし，都市との交流産業を興し，地域に新しい価値・魅力を付加するようになる．海外との交流もここに含まれるだろう．この点でローカリゼーションこそがインターナショナルに通じる力をあたえ（小田切 2014：84），国際的戦略物資である食料とエネルギー，水，二酸化炭素を吸収する森林を地域から安定的に供給することが「人間の安全保障」に繋がると主張する．この主張は，個性をもつ都市・農村共生社会で徹底した中・内発／外・内発タイプを追求し，重心を高くして農山村の地域づくりを語ることの危険性を抉り出している．

〈中・内発／外・外発タイプ〉

次に中・内発／外・外発タイプを検討しよう．そのタイプを歴史上どこまでさかのぼることができるかだろうか．議論の余地があるだろうが，江戸末期までさかのぼることができる．大西正志（2014）は，江戸末期，山田方谷による備中松山藩の藩政改革の基礎には朱子学・陽明学があったことを明らかにして，山田方谷のリーダーシップに注目している．外発思想の内発化ではないだろうか．大城保（2007）も近世まで遡って琉球（沖縄）を再定義していくことを提案する．それによると，グローバル化を都市社会経済圏ネットワークとしてとらえ直せば，琉球はパシフィック・クロス・ロードとなったアジア・太平洋の交流地点と見なされる．そして沖縄のフラワービジネスを日本，韓国，中国・台湾の国際分業の中に展開する可能性を明らかにしている．

中嶋信（2007）は，徳島県の上勝町の公共領域を協同でつくりかえる例，「彩（いろどり）事業」と34種類のゴミの分別，ゴミゼロ宣言の実現の要因を明らかにして，そのなかで1992年の国連環境開発会議が提起した課題，スイスやドイツにできた課題がなぜ上勝でできないことがあろうかという心意気で対外的ネットワークの形状を明らかにしている．

久保隆行（2019）によれば，島根県出雲市は「出雲市多文化共生推進プラン」で，外国人にも暮らしやすいまちづくりをめざし，大阪市は，外国人居住者による起業支援に乗り出し，外国人の地域社会へのソフトランディングの政策の動きをつくり出そうとしている．

　ところが，山川充夫（2017）は，中小企業・ベンチャー企業や世界的非営利革命ではグローバル化の流れから後退していると懸念して，グローバル化との関わりが指摘できるのは観光産業だけだと指摘する．他方，NPO 法人観光力推進ネットワーク・関西，日本観光研究学会関西支部編（2016）は，海外の多様な観光ツーリズム（エコミュージアム，エコツーリズム，コンテンツツーリズム，ヘルスツーリズム）の吸収に注目する．地域のお宝（潜在的諸資源，地域の価値）の発掘・再生を引き起こし，多様な地域の主体の総合力（市民の主体的参加も含む）が地域づくり・まちづくりに関係し，そのために必要な資金を既存の諸制度から工夫する道が生み出され，オープンな地域プラットフォームを形成する．観光マネジメントではなくて，ハイブリッドな実践に基づく，地域の観光ガバナンスが誕生しつつあると指摘する．松岡俊二（2018）は，地域（コミュニティ）における社会イノベーションでも欧州からの示唆が有効であると述べている．

　そしてなかでも，穴沢眞・江頭進 編著（2013）は資本による外・外発性の強さを明らかにする．それによれば，ツーリズムと海外直接投資との結合で，北海道ニセコ地区においては2000年ごろから南半球のオーストラリアからのスキー客が増加した．南半球の夏場のスキー潜在需要に気がついたのは地元ではなくオーストラリア資本であった．現在では香港やアジアからの投資も続いている．ニセコ地区は通年型のリゾート地に変わりつつある．その自然である要素条件が最も重要な競争優位であることが認識された．資本によって海外需要が持ち込まれた，中・内発／外・外発タイプの好例である．

　ところでこれに対して，藻谷浩介（2007）は次の点を明らかにしている．つまり，日本の国土と地域は，（1）東京中心の単一の超巨大都市集積が形成され，（2）その首都圏は生活の質（QOL）が低く，自然環境から切り離され，人口再生能力の最も低い地域（首都圏）に若者が集中し，（3）これから世界で非常に伸びていくアジアから距離的にも感覚的にも離れて東に引っ込んでいる．そこから脱するために，国土構造を「メインフレーム型」から「サーバー＆クライアント型」に転換し，出生率の比較的高い地域に人口そして産業も，政治の重心を地方そして西方に分散・移動していくモデルを藻谷（2007）は求めている．中・内発／外・外発タイプからより西方に移動した中・内発／外・内発タイプへの転換を提案している．

〈中・外発／外・内発タイプ〉

　自治を軸とする共同の形成と第三セクターを展開する協働を「市民主義」を超えた新たな主体形成であると仲村政文・蔦川正義・伊藤維年（2005）は主張する．グローバル経済のエネルギーを地域と都市に呼び込む戦略の例として，北九州国際技術協力協会（KITA）による環境国際協力を注目している．これは厳密な意味での国際協力ではなく国際技術協力としての海外研修員の受入れ事業であり，北九州の産業全般との関連，国の財政支援からの独立，様々な協力チャンネルの利用，市民の広範・積極的参加が新たな主体形成に必要だとされる（仲村・蔦川・伊藤 2005：143-154）．シュルンツェ（2019）は，対内直接投資の受入れの強弱の相違を調査研究している．その成功例をみると，都道府県での３つの投資促進活動（イメージ作りの活動，投資創出施策，投資サービス活動）の有無と程度が受け入れの成否の決め手になり，とくにグローバルコミュニティコーディネーターの役割を重視している．外・内発タイプへの移行のひとつの例証であろう．

お わ り に
──協働する地域と各章の位置づけ──

1　ノットワーキング
　以上，グローバル化によって海外の諸地域・諸制度・諸団体の諸能力が国内のある地域に存在する諸資源や諸主体と連携することによってローカルなレベルで暮らしや地域の活性化，国際競争力の獲得・進化がいかに達成され，地域が協働しようとしているのかをタイプ別に観察してきた．その大多数が**中・内発／外・外発タイプ**であり，**中・内発／外・内発タイプ**が限定されていることも明らかになった．しかしこのような結論では「はじめに」で提起された問題が片づいているようには思われない．地域づくりを内と外の境界で分け，市場やヒエラルキーそして水平的ネットワークの結びつきとして観察する地域ガバナンス論や地域的政治経済システム論で論じることから，いま一歩前進しなければならないのではないか．
　その一歩前進とは，中・内発外発論と外・内発外発論の単純な対抗図式を昇華して，両者を地域のノットワーキングとして観察していくことである．ノットワーキングとはエンゲストローム（2013）の活動理論に基づいている．それによって観察すると次のようになる．内発的発展とは，その参加主体の主たる

関心が取組みの点でも印象的で共有可能な地域の生活を継承しながら創造して継続的に改良することだとすると，内発的対外ネットワークとは，その諸主体がそれぞれの場で仕事を続けながら，同時にオープンソースの活動に寄与すること，強固に境界づけられた制度やチームの生活・生産・労働モデルを越えて結び目（ノット）をつくるように協働を築きあげる作業のことである．それは単なるネットワーキングではなくてノットワーキング knot-working として表現できる．ノットワーキングとは，エンゲストローム（2013）によれば，チームやネットワークから境界を越えて結び合い，変化しつづける諸活動を指す．地域のノットワーキング論は，（1）地域のなかで，再生という集団的志向性とそれを担う分散的諸アクターの結びつきがどのように存在するのか，（2）それらは，地域のどのようなツールと記号（人工物）を媒介にしながら相互作用を行っているのか，（3）そのアクターの行為と活動がどのように相互作用しているのか，（4）変化と再生の源泉としてどのような矛盾と逸脱が発生しているのか，（5）その地域をめぐる動きは，どのように経路依存性から創発性，経路革新性へと発展するか，を解明するものである．それによってはじめて内と外で協働する地域を捉えることができるだろう．

2　各章の位置づけ

　最後に，全体の研究視角のなかで各章の位置づけを簡単に明らかにしておこう．

　第1章と第2章は地域観光の切り口からの分析である．第1章は，地域における近代（マス）観光から「もう一つの観光」へ移行するプロセスを解明している．その理念的取組み，その手法（着地型），地域再生・創造の取組みそして地域産業構造構築への展望を示す．2007年の観光立国基本法や2015年の日本版DMO（観光地マネジメント機関）を消化すると同時に，中・内発／外・外発タイプの要素を取り入れて中・内発／外・内発タイプへ移行することを展望している．続く第2章も，中・内発／外・外発タイプと中・内発／外・内発タイプの対抗と後者への移行の模索を田辺市の事例から接近する．域内市場産業と域外市場産業の区分と「域内調達力」の視点からみると，人口減少による労働人材不足から，増加する訪日外国人旅行者に対応することの困難に直面する．その困難を大学等との連携のなかで解決することを提案する．

　第3章と第4章，第5章は外・外発タイプのノットワーキングの進化を見事

に示している．第3章では，著者がハラルフードという外・外発タイプのビジネスを中・内発の地域経済振興に転換するためのノットワーキングの結び目の役とコミュニケーションの行為主体になり，しかも著者自身がその研究を総括している．地域の協働の未来像を示している．第4章は，地域おこし協力隊という外・外発タイプの農山村の新たな担い手が，政府と政治の意図とは異なって，日本の経済社会自体の「変容」「解体」，生活価値規範の多様化の中で，進化していく方向性（内・内発のノットワーキング）を示している．同じく第5章も，外・外発タイプである外国人労働者の地域社会への受け入れが，「異質性」「共通性」（人権）の相互の共鳴のなかで，地域の一員であること（membership）と地域共生社会の実現，つまり中・内発タイプに転換する可能性を示唆している．続く第6章では，地方自治体レベルで関係者グループ間の調整を行い，内・内発タイプ（地域固有の諸条件を反映させるカスタマイズ化）の再生可能エネルギーの生活についての対話，有効な手段，支援方法を提供できる地域経済付加価値分析を開発している．しかしその限定性も指摘する．

　次は中国の地域研究に移る．第7章は中国東北と遼寧省の経済の，1世紀にわたる経済史についての研究の貴重な成果である．それらの経済は一国経済に匹敵するほどの規模である．そのような地域をノットワーキングに協働する地域という分析視角で解明できるかどうか検討の余地はあるが，ここでも様々な様相をもつ中・外発／外・外発タイプの地域経済発展からの脱出の苦悩が総合的に析出されている．続く第8章では，2000年代以降の中国の地方財政調整制度の到達点が解明され，今ようやく，内・内発タイプの地域経済を生み出す可能性のある財政基盤の基礎が構築されはじめたことを明らかにしている．

　続く2つの章の研究は欧州に移る．第9章はフランスの広域行政組織の実態解明の研究である．生活圏と経済圏が拡大して，行政界の区域と一致しなくなったとき，市町村合併か，複数の市町村の連携としての広域行政の実現か，という2つの選択肢しか残されていない．後者を選択したフランスとストラスブール・メトロポールの実態が解明されている．ここでは，中・内発／外・内発タイプの地域（都市）経済が中・内発／外・外発タイプの要素を取り入れながら，転換している姿が明らかにされている．第10章は，EU加盟国の上位に位置するマクロ・リージョン（ドナウ河流域）のなかに存在するが，制度的には関連がなく，加盟国の下位に位置するミクロの越境地域協力の現状を地域アーキテクチュアという分析視角で描き出している．内・内発の深度が極めて異な

る国境地域がどのようにして外・外発タイプと外・内発タイプの諸資源を利用
して発展しようとしているのかが明らかにされている．その中で誕生した欧州
領域協力団体 EGTC に注目している．

　最後の第11章は特記すべき重要な研究成果である．これまでの章の分析では，
中・内発と外・内発（外発）という比較スキームのなかで両者をつなぐ要因に
ついては，グローバル都市論を除くと，検討の外に置かれていた．ここではじ
めてそれに触れる．両者のつなぎをイノベーション・プロセスとして押さえる
と，そこで重要な役割を果たすのは社会関係資本である．それに注目し，ス
ウェーデンの取組みも解明している．元々，社会関係資本の特性については閉
鎖性，クローズドな点が問題とされてきたが，グローバリゼーション等の外的
環境の変容と国家や公的機関の補完的機能のサポートのなかで（中・内発と外・
内発をつなぐ）正の外部性を社会関係資本は持つようになることを理論的かつ実
証的に解明している．

注
1）内発的発展論には，地域経済論以外，国際秩序と国際開発論，社会学の研究の流れが
　　あるが（鶴見・川田編 1989），ここでは扱わない．
2）地域とは何か，この問いにたいして，① 人間らしく生きる生活基本的圏域，② 自然
　　環境，経済，文化の総合性をもつ，③ 独自性と個性的存在，④ 住民を主人公とする
　　自律的で主体的存在，⑤ 開かれた存在，⑥ 重層的空間システム，⑦ 地域内の国際化
　　と外に向かう国際化，2 方向の国際化，地域のなかに世界がある，国際的・世界的存
　　在であるとされる．
　　　地域経済学とは，（1）国境を跨る政策手段を持たず，生産要素が自由に移動する
　　開放体系であり，（2）他地域との経済活動が盛んな相互依存関係の上に成り立ち，
　　（3）国民的大市場を対象とする規模の経済を活用し，（4）内外の企業間競争の活発
　　化により様々なイノベーションが刺激され，変動する経済ということになる．

参考文献
穴沢眞・江頭進 編（2013）『グローバリズムと北海道経済』ナカニシヤ出版．
NPO 法人観光力推進ネットワーク・関西，日本観光研究学会関西支部 編（2016）『地域
　　創造のための観光マネジメント講座』学術出版社．
エンゲストローム，ユーリア（2013）『ノットワークする活動理論』山住勝広他訳，新曜
　　社．
大城保（2007）「21世紀沖縄の社会経済の自立に向けて」，新垣勝弘 編（2007）『グローバ
　　ル時代の地域経済』沖縄国際大学公開講座16．
大西正志（2014）「地域創生を担うリーダーの育成」，湯浅良雄・大西正志・崔英靖 編著

『地域創生学』晃洋書房.

岡田知弘・川瀬光義・鈴木誠・富樫幸一（2001）『国際化時代の地域経済学』有斐閣.

岡田知弘（2005）『地域づくりの経済学入門』自治体研究社.

小田切徳美（2014）『農山村は消滅しない』岩波書店（岩波新書）.

北島茂（1998）『開発と地域変動──開発と内発的発展の相克──』東信堂.

久保隆行（2019）『都市・地域のグローバル競争戦略』時事通信社.

佐々木雅幸（2012）『創造都市への展望──都市と文化政策とまちづくり』岩波書店（岩波現代文庫）.

塩沢由典・小長谷一之（2008）『まちづくりと創造都市──基礎と応用──』晃洋書房.

シュルンツェ・ロルフ（2019）「地方自治体の FDI 誘致活動──判別分析でみた2005年〜2015年の変化──」（未発表ペーパー，2019年07月11日）.

神野直彦（2002）『地域再生の経済学』中央公論新社（中公新書）.

鶴見和子・川田侃 編（1989）『内発的発展論』東京大学出版会.

中嶋信（2007）『新しい『公共』をつくる』自治体研究社.

中村剛治郎編（2004）『地域政治経済学』有斐閣.

────編（2007）『基本ケースで学ぶ地域経済学』有斐閣（有斐閣ブックス）.

仲村政文・蔦川正義・伊藤維年（2005）『地域ルネッサンスとネットワーク』ミネルヴァ書房.

西口敏宏・辻田素子（2005）「中小企業ネットワークの日中英比較」，橘川武郎・連合総合生活開発研究所『地域からの経済再生──産業集積・イノベーション・雇用創出』第6章，有斐閣.

松岡俊二（2018）『社会イノベーションと地域の持続性』有斐閣.

宮本憲一（1989）『環境経済学』岩波書店.

────（1998）『公共政策のすすめ』有斐閣.

────（2007）『環境経済学　新版』岩波書店.

宮本憲一・横田茂・中村剛治郎 編（1990）『地域経済学』有斐閣.

三好皓一 編著（2010）『地域力──地方開発をデザインする』晃洋書房.

藻谷浩介（2007）『ニッポンの地域力』日本経済新聞社.

諸富徹（2010）『地域再生の新戦略』中央公論新社（中公叢書）.

山川充夫 編著（2017）『地域経済政策学入門』八朔社.

第1章
着地型観光手法による地域再生・創造の展開論

金 井 萬 造

は じ め に

　近代（マス）観光は19・20世紀と産業革命と交通機関の整備によって長足の進歩をしたが1980年前後から行き詰まり，ニューツーリズムの取組みが観光地の地元をベースにした着地型観光手法と結合して進展した．21世紀に入り，地域再生の取組みにおける観光の役割が期待されて，法整備と計画・事業振興の条件が整備された．この間の着地型観光手法の展開について検討する．

　1970年代以前の取組み，1980年代〜1990年代の取組み，2000年代以降の取組みの3つの年代での検討と対応についてその変化を検討した．

第1節　近代（マス）観光の行き詰まりと「もう一つの観光」の志向

1　観光客のニーズの変化・時代対応

（1）産業革命による近代観光の進展

　近代観光は1800年頃の産業革命の進展で輸送技術革新による内燃機関の発達で鉄道・船舶が発達し，併せて所得の向上や余暇時間の増大に対応して，マス観光としてより遠くへ安全・快適に移動が可能になり進展していった．1930年代の自家用車の開発や第2次世界大戦後の航空機の発達，そして，1960年代のジャンボジェット機の就航による対応で世界の観光が大きく進展した．そして，観光地での施設整備（文化施設・宿泊施設・飲食施設・土産物販売施設）ともてなし対応等のソフト施策と人材づくり対応が進展していった．

（2）マス観光の行き詰まりの到来と3つの解決すべき課題

　しかし，1970年代の世界のエネルギー対応の変化やドルショックによりマス観光は行き詰まり現象を見せることになった．観光客の観光ニーズの高度化や観光地の自然と文化的環境の破壊や観光地住民の意識の変化により，行き詰ま

りが顕在化した．これを乗り越えるために，３つの課題を解決できる新たな観光の取組みが検討された．

（3）1970年代からの時代対応と模索

　日本においても高度成長の弊害としての公害対応と環境改善技術の開発に取組み，環境改善の産業展開へとそれまでの高度成長政策の取組みから21世紀を見据えた時代対応的取組みがあらゆる分野で模索され出した．

　この取組みから観光事業面ではそれまでの物見遊山の観光から新たなニーズに対応した取組みが検討されていった．

2　３つの課題への取組みと「もう一つの観光」・理念的取組み

（1）観光の位置づけからの見直し　観光機能

　近代マス観光の行き詰まりへの対応の取組みは観光業界では死活の問題でもあり，その状態は，「もう一つの観光」（後に，「ニューツーリズム」と称する）の取組みで解決できるはずとの考えから真剣な取組みとそれまでを振り返ることになった．観光の歴史的取組みの変遷や観光機能の検討がなされた．「観光機能」の検討から「文化性（付加価値づくり）・経済性（市場流通と経済価値）・観光地のまちづくり」の３つの機能で構成されることが確認された．

（2）ツーリズムの構造と発地型と着地型の観光事業

　観光事業の取組みも検討されて，旅・旅行という観光の中身や目的に視点に併せて，ツーリズムとして捉えていくことが明確にされた．

　ツーリズムとは観光客が出発地（発地）から観光目的地へ移動して観光行動を経て出発地に戻る一連のコース（観光行動の行程）全体をさすと定義された．

　３つの課題は観光の目的地（着地）での行程で起こっていることから，観光商品づくりにおいて，課題に応える観光事業づくりが提起された．着地型の観光商品づくりの手法の開発が検討されていった．しかし，事業化の実績や対応は新たに創造していく必要があり，すべてが新しい取組みとなる．

（3）発想を観光地（着地）に設定しニーズと３つの課題に応える

　観光事業の取組みを観光目的地（着地）に置く取組みは海外では地域観光やコミュニティ観光として古くからの実績があるが，日本では明治以降の近代観光では産業の発展を目指す取組みとしてほとんどの観光商品づくりは観光客のいる発地で造成される場合がほとんどであり，コミュニティの観光資源・地元人材・観光事業組織・事業経営・運営面でのゼロからの取組みと事業化が課題

となる．しかし，課題解決の面からは観光地の環境の保全や住民の満足・共感を得る取組みは容易である．観光客の新たなニーズの把握と対応の課題が解決できれば，理念的には着地型観光商品づくりが可能である．

　この取組みは新たな模索から試行錯誤し，2002年に社会的に観光事業として政府・地方自治体・観光業界等で認知され，さらに取組みが進展して，十数年が経過し定着化している．観光客の観光に対するニーズの変化は2007年の『レジャー白書』「新たな旅」調査結果の再集計から着地との関連で回答率を見ると

　　生活（健康・歴史・文化・食文化・世界遺産）：　　　　　　60.5%

　　活動（文化・スポーツ・自己実現・世代間交流・創作・ボランティア）：　29.0%

　　生業（歴史・世界遺産・ものづくり・農漁業）：　　　　　　20.4%

　　環境（自然・世界遺産）：　　　　　　　　　　　　　　　　22.0%

　　（複数回答であり，調査対象は15才以上男女3000人，有効回答率82.4%）

で「新たな旅」は観光地（着地）での地域活動の体験・学習に向いている．

（4）着地型観光手法の構成と新事業づくり

　着地型観光手法は「もう一つの観光」としての理念的設定から観光地域での事業化の実践的取組みを積み上げて，多くのモデル的事業が定着化してきている．

　1990年代から地域の自然環境を活かした「エコツーリズム」や「グリーンツーリズム」等が事例として上げられる．

　ここで，着地型観光手法とは地域が観光事業の主役のツーリズムであり地域での取組み組織が地域資源を発掘して磨き上げて商品化し事業展開する取組みである．

3　着地型観光手法の仕組みと観光事業化の取組み

（1）観光事業システム構成

　着地型観光手法による観光事業のシステムは地域資源を活かした地域観光商品づくり，観光事業組織（地域主体づくり），商品の流通・販売とマーケティング及び観光客のもてなし対応，観光商品開発，人材育成等から構成される．

　取組みのストックはないことから創造・創作・実践の積みあげから事業モデルが形成されていく．持続し継承していくためには地域活性化や事業支援態勢

の構築や官民連携・制度活用・事業資金確保・情報化対応の取組みが大切である.

（2）事業化と定着化にあたっての工夫

着地型観光事業の取組みはその歴史も浅いことから既存の事業制度の活用による地域社会基盤のハード整備と連携しながら，ソフト対応・ハード（人材・教育）対応を重視し観光商品の付加価値を上げ，とくに，流通・販売と情報活用による発信と情報提供や感動・共感の取組みと地域ぐるみの支援と連携対応の取組みが重要である.

（3）観光事業化の実践的展開の取組み

観光事業の展開にあたっては地域の関係機関との連携・支援の体制づくりが重要であり地域再生につなげていくためにも事業の支援の取組みが大切である. 事業の体制が弱いことから商品の流通ルート対応での既存組織のルートの活用を図っていく. 官民連携による事業の展開にあてっての参加等の対応や地域間連携の推進による商品の魅力の向上を図る. 地域ぐるみの取組みを追求する.

（4）取組み事例の紹介

地域資源の調査は着地の人々が日常での生活・活動・生業の体験から楽しく進められる調査を地域の人の参加を得て行い，まとめは見える化対応で，地域マップ上で整理し分かりやすく表示を工夫する. 地図情報としての整理手法は観光地の関係者の捉え方を客観的データとして認識する方法として有効である. 資源マップ・課題マップ・観光素材マップ化から観光コースの表示をして観光商品とし，意見交換を行う. 地域の人々の知恵を集める取組みとして地域力の発揮として分析力・整理力・イメージ力・調整力・連携力等の力量の発揮が発揮できるように努力する. 出来上がった観光商品の観光コースを踏査して意見交換を行い，地域商品についての確信・自信や誇りの確認を行う.

4　着地型観光手法の30年の展開と社会の認知と時代状況の変化

（1）1980年代後半以降の各地の取組みと工夫

1980年代後半～1990年代：海外でエコツーリズムが注目され，日本国内で，1990年代にエコツーリズムの取組みが普及した.

1988年に青森県で「津軽地吹雪会」が冬の雪原での地吹雪を馬そりに乗って体験するツアーやストーブ列車に乗車して津軽弁での語りとスルメと地酒の接待のツアーが行われた.

　1990年代〜2000年代：農山村でのグリーンツーリズムとしての農林業体験と自然体験が行われた．

　2002年：着地型観光が政府・地方行政・民間で観光商品として認知された．

　2007年：観光立国推進基本法施行，2008年：観光庁発足，観光立国基本計画，広域観光圏計画．

　2000年代〜2010年代：各地で着地型観光手法を活かした取組みが進展する．

　2015年日本版DMO（観光地マネジメント機関）の組織で体制整備．

（2）政策面・事業面・事業経営面での展開

　政策面・事業面・事業経営面での取組みについて整理する．

　観光まちづくりは1980年代に取り組まれて，2000年前後に政府で使用されて2007年1月施行の観光立国推進法で位置づけされた．その後の観光庁設置と観光圏整備法（2008年），観光立国推進基本計画で具体化されていった．

　時代展開としてはまちづくり・地域づくりに観光的手法による魅力化対応が求められていった．

　事業面では，2015年には「日本版DMO」の確立と「まち・ひと・しごと創生基本方針2015」で地域での事業対応と事業経営面での取組みが始り展開している．着地型観光手法による観光事業の推進と観光地経営・地域再生の取組みは各地で展開している．

（3）2000年代の対応の劇的変化と定着化と国家的取組み

　以上の法律と制度，計画と事業面での取組みを整理したが2000年代以降の取組みは体制の整備と計画的取組みによって従来の進展に比較して劇的変化で進行している．制度的位置づけの確定しない時期での観光振興から，国家的取組みと併せて，地域独自の取組みによる地域ブランドを重視した取組みによる観光地の魅力化が課題となってきたことが特徴であり，取組みの主体にとってはまさに環境の劇的変化であり，取組みやすくなったといえる．

　地域における観光事業の推進と観光地経営を含めた地域運営面での取組みが人口減少対応等の地域再生・創生の取組みとも関係して新たな段階を迎えている．このように観光事業の推進は地域再生・創造の役割・課題に対応するという状況で進行中である．

　観光立国推進基本法制定以降の取組みは観光事業の役割は，「観光地域づくり」や「観光まちづくり」として，観光と「地域づくり」・「地域運営」・「地域経営」との関係での役割発揮の対応の時代を迎えているといえる．

第 2 節　大量（マス）観光の課題解決と
　　　　新たな時代で対応していくための取組み

1　着地型観光手法の事業展開から地域再生・創造に向けた視座

（1）「観光」の位置づけと時代対応の変化

1970年代後半からの近代観光の課題解決にあたっての「観光」の役割としての観光機能である「文化性・経済性・まちづくり」機能に加えて「地域と時代の要請」からの役割としての発展的な機能の総合的発揮が求められている.

地域の産業振興と地域資源を活用した観光事業起こし, 地域の生活文化の豊かさを体現する「生活文化観光」と共に, 地域再生（産業・人財・生活）と創造地域づくりへの観光的取組みによる貢献が新たな課題として浮上してきている. 観光事業から地域観光産業づくりと地域産業をつなぐ観光産業構造づくりへの貢献や21世紀の課題である情報革命や脳革命や健康・長寿等の多様な取組みに関連しての観光的手法の発揮が求められている.

（2）現段階（2019年）における「観光機能」と発展的付与機能（地域創造）

「観光機能」と21世紀の時代と地域の要請を現段階で整理する.

現段階の観光機能：「文化性（付加価値性）」,「経済性（市場流通での経済価値づくり）」,「観光地のまちづくり（地域創造）」の３つの機能と連携システム.

発展的付与機能：地域の産業, 生活, 文化活動, 自然環境の保全と発展機能が追加される. 既存産業と地域環境を結合した新たな産業起こし, 体験と学習と創造の取組みを観光商品化した活動, エコ・グリーン・自然ツーリズムの展開, これらは今後の研究開発のテーマである.

地域再生・創造につながる観光事業の新たな取組みにあたっての基本姿勢は,「地域の自立性」,「人材育成（教育の場）」,「参加と協働と自治」,「事業性と採算性確保」,「技術開発と持続性」の発展につながることで重要である.

観光事業の進行から観光地域づくりという地域運営・経営への視点や観光を活かした地域づくりの役割の発揮が求められてきている.

2010年代以降の観光地域の取組みは, 地域の主体性を発揮することが求められてきているが, それまでの取組みとして, 観光事業と地域づくりの取組みを1980年代からの実践例から振り返り, 課題を整理しておく必要があるといえる.

「マリンシティ推進協議会」組織づくりの経験

　1970年代後半からの取組みで石川県能登半島に位置する七尾市では，モータリゼーションの進展による広域交通網への対応の遅れや産業・流通基盤としての港湾機能の低下（金沢港への重点整備）等によりこの地域ストックの特性を活かした観光機能として活用した集客都市づくりを推進した地域づくりの推進に取り組んだ．

　課題になったのは地域の将来像づくりとしてのビジョンのコンセプト策定で地域住民が合意できる地域アイデンティティ（CI戦略策定）である．地域の歴史の取組みから「マリンシティ」のコンセプトの提示で共有化を達成した．

　七尾市は「マリン」という海（漁業）と輸送（物流）と生業に地域づくりの「シティ」を結合した「マリンシティ」でそれまでの数年間の市民検討を集約して地域づくりが新たにスタートした（このようなCI戦略は島国の日本での沿岸地域では共通の課題であり，各地で対応されているが，青森県八戸市の沿岸地域では，漁業・物流と陸域の都市形成として同様の取組みが進められている）．

　地域の将来計画づくりとしての総合計画・港湾計画と拠点施設整備につなげられた．地域の発信施設として「食祭市場」（後の道の駅施設）と地域づくりの都市軸としての交通基盤整備や地域活性化をめざすイベントが展開されて，「ひと・もの・こと」を活かした取組みから地域の雇用と経済面での地域産品づくりと情報発信・集客対応の観光事業へと進展し三十数年を迎えている．観光事業振興から地域の日常の海・川・暮らしの環境づくりや地域の賑わいと人材づくりとしての「人育て・学び合い」の教育・交流の場としての「御祓川大学」の取組みへと展開し広域からの集客と交流活動・研修の取組みが現在進行している．

　地域づくりの推進組織としての「七尾マリンシティ推進協議会」（設立から人財の育成，地域政策の提言，実践的事業の推進が担っている．）は先導役として海外研修・研究開発活動・環境整備活動・政策提言と実践活動を継続中である．

地域の文化資源ストック「黒壁スクエアー」からまちづくりの経験

　1979年に街の中心部にあった大型スーパーが郊外に移転し，モータリゼーションに対応できない（駐車場対応等）旧の中心市街地を活性化するために，地域の歴史文化施設である「黒壁」を保全して，官民が連携して組織で買い取った．地域の人財資源である町衆が知恵と行動力を発揮した．

　地域の交通基盤の未整備を逆に活かした中心市街地づくりとしての商業機能と歩くまちづくりと観光事業化に取組み，市場ニーズに対応したガラス製品の販売施設・モノづくり体験施設を核とした施設をネットワークし事業運営をしている．

　支援する組織活動と支援する取組みで地域の魅力向上を図り30数店の回遊性のあるまちと文化施設の整備と大学・学生や広域連携の取組みと地域の店のまち巡りの MAP 化と活用や NPO 組織のまちづくり役場や研修と人材育成の育成と交流を図っている．

　まちづくりのコンセプトは行政と商工会議所等が連携して「博物館都市構想」で歴史文化ストックを活かした展開をしている．市町村合併による市域の広域化に対応した地域間のネットワークを強化する取組みを推進している．新たな取組み課題として，地域産業の育成と連携した観光事業の推進と日帰り観光から宿泊型観光・滞在学習研修型観光への展開時期を迎えている．

大分県由布院温泉の「健康温泉づくり」（着地型観光手法のモデル）の取組み

　1955年頃からの地域経済の高度成長期に近代観光は輸送機関の発達によって発展した時期に大分県由布院温泉では「健康保養温泉」を目指した着地型観光の取組みが開始された．1960年代に地域資源の温泉・景観・地元農業を活かした手づくりの温泉地とまちづくりが取り組まれた．

　大分県由布院温泉は由布岳と南の盆地地形の農村と豊かな湯量の温泉からスタートし，地元の農村風景と農村の生活文化を大切にして，イベントの実施による参加者の中から人財づくりに取組み，イベントを継続発展させながら自然環境の保全と活かした文化活動を重視して，観光振興の体制を創り上げていった．宿泊施設の整備と観光事業者の研修やもてなしのソフト対応や基盤整備としてのアクセス網の整備を行っていった．地域の観光振興に取り組んできた指導者が健在であり，世代間の連携での継続・持続化対応が進行中である．

　また，観光地の産業振興として，食文化を大切にして，職人と食文化を大切にする人財育成に取組み，食関連産業起こしで地域産業や観光産業を新たに創生していっている．地域の自然環境と文化的取組みが人口の定着化と魅力向上に貢献している．観光事業を行う地域の将来ビジョンを大切にして「健康保養温泉」づくりと自然環境・景観形成に留意しながら地域づくりを推進している．これらの取組みは，着地型観光手法実践展開の先駆けであり，地域経済の高度

成長期から低成長期に移行する1980年代以降，観光事業振興と地域づくりのモデルとなった．

取組み事例からの教訓と課題の整理

　3つの取組み事例として，1960年代から1970年代の由布院温泉，1970年代から1980年代の長浜市黒壁スクエアー，七尾マリンシティの取組みを紹介したがここで，観光事業から観光地域づくりへの展開の教訓を整理する．

・観光事業を展開する観光地の「将来像」と「ビジョン（CI企画）」づくりが重視されてビジョンの方向性に沿って取組みが進められている．
・観光事業を支援する取組みとして，ソフトな「イベント」等が行われている．
・市場創出や滞在促進と「観光資源」の活用で「付加価値化」が進展している．
・人財の育成と「学び合い育ち合い」の取組みが実践されている．
・事業の取組みのために「推進組織」づくりと地域経営への貢献がされている．
・「地域ブランド」づくりと経済対応と情報発信・広域連携が取り組まれている．

2　着地型観光手法による地域観光商品づくり

（1）地域資源の活用と新たな文化資本機能の追加

　着地型観光手法の取組みで，観光客のニーズである観光地の実態である生業と生活・活動を体験・学習を目的とする関係から観光地の人財と生業・生活の関わり合いでの地域ストックである文化資本の働きを示す「文化資本」機能が大きな役割を果たしていく．「体験学習観光」の中身である人と地域の関わりに関係する文化資本（文化資源）を取り込んだ観光事業の機能が重要な役割を果たす．

　したがって，地域資源は，自然・空間（土地）資源，生業・産業，人財資源，歴史文化資源，事業資金の5つから構成される．

（2）地域観光商品づくりのシステム

　地域観光商品づくりのシステムは，観光商品の観光素材となる地域資源の発掘から資源を磨き上げて，魅力化と付加価値づけを行い，観光地の構成員である関係者の観光素材としての合意形成を図る．この段階で観光地が誇りとするブランドを創り上げる．その観光素材を組み合わせて，地域観光商品とする．観光地から実際に流通させる商品化はPDCAサイクルの取組みによってより

確実なものに仕上げていく取組みが残っている.

（3）付加価値を生む「地域ブランド」の取組み

地域観光商品づくりで重要なことは，他の競争相手の観光商品との差別化であり，地域に付加価値を生む「地域ブランド」形成の取組みが重要である.

「地域ブランド」とは観光地の魅力度を向上し観光客の集客率を高める吸引力の形成であり，再訪（リピーター）したいと思わせる誘引や魅力づくり，そして観光振興事業に携わりたいと思わせる力と観光地で滞在したい・住みたいと思わせる力で構成させる. 地域ブランドづくりは地域の歴史文化や取組みの中でコミュニティ・アイデンティティ（CI）となる地域個性・特性で関係者が合意できるものであることが重要である.

（4）観光客のニーズと21世紀に展開する観光対象分野の拡大

観光客の観光地に対するニーズは観光客を取り巻く環境や生活実態や時代状況等により，変化するものであり，21世紀における状況では，観光地の自然・生業・生活文化の「体験学習」に重点が置かれている. さらに，情報技術革新や人間の脳革命との変化に対応して多様な観光対象の分野が増加していく.

したがって，観光ニーズの多様化に対応して，観光地の地域個性に着目した主体的な取組みが重要になってきている.

3　地域活性化と地域振興に貢献する着地型観光の役割

（1）地域活性化展開式

地域活性化を図る取組みの展開は各地の取組み事例の検討から次の取組みが大切であることいえる（ここで，×は連携した取組みの関係を示す）.

地域活性化展開式＝情熱（危機感）×人財・組織化×地域資源×市場化

地域で情熱（危機感）を持った人財が集まり組織を結成する.

地域資源を発掘し，それを磨いて地域の誇り得る観光素材として，組み合わせて観光商品に創り上げて，PDCA過程を通じて実施可能な商品に仕上げて市場に流通販売し，経済的価値を獲得し，地域経済効果をもたらす.

4つのキーワードの構成要素については，取組み現場での経験から以下の構成要素で組み立てられると想定される.

危機感＝情熱（地域）×地域認識×生活・生業×地域連携

人財・組織化＝地域資源×調査研究×価値創造×発信（地域）

地域資源＝文化的景観×生活文化×生業（農業・技芸）×市場対応

市場対応＝地域商品×情報発信×流通システム×受け入れ体制（もてなし）

（2）観光事業支援対応式

取り組まれた観光事業が持続させるために，地域で事業の取組みを一過性事業で終わらせず，持続し発展する継続性を確保する事業の支援する態勢を組む.

事業支援対応式＝事業資金×行政支援（税財政）×制度活用×住民参加

地域で取組む観光事業が持続継続の支援態勢・応援態勢の取組みとして，事業資金の確保の工夫と地元の行政の税財政面での支援の要請と事業制度の活用と地域住民の参加で事業の持続化を応援していく.

支援対応は観光事業が継続し持続していくための応援の取組みであり，事業活動面での政策面と事業推進のための行政の税財政面と事業制度面と地域の官民の支援と参加による地域ぐるみの取組みを総合化して地域力を発揮する取組みである. ここで，事業資金の確保ついては多様な取組みが進行中であるが民間でのファンドつくり等の方法が開発されている. 制度活用は観光事業の制度化が時代的に遅れた関係で他の事業制度の活用や連携した取組みが重要である.

（3）地域再生・創生における観光の展開論

観光事業の取組みにおいて，観光機能を活かした観光地域の振興と再生・創造の取組みの展開論では，観光事業から観光産業づくり，そして地域の既存産業との連携による地域産業構造構築への貢献へと展開していくことが推測される. そのための対応として，2007年に施行された観光立国推進基本法と2008年の観光立国推進基本計画と広域観光圏計画がその出発点となっている.

観光事業面では地域内外の産業連携による内発的産業連関（表）づくりで，新たな地域経済システムの構築が地域産業構造構築に発展させていく可能性を持っている. 2007年以降の十数年の取組みは計画面・事業実施面での条件整備に対応した取組みの新時代を迎えている.

（4）着地型観光手法のシステム的活用パターン

着地型観光手法は1990年代以降，多様な分野での取組みとして実施されてきているが，観光地の生業・地域産業面，生活の体験交流面，自然体験観光面，学習創造行動面，研究開発面，集客・流通対応面，地域連携面，もてなし対応

面，情報交流面等，多様な展開を見せている．

　観光機能の対応とともに新たな期待機能の付与によって，あらゆる取組み段階で観光の機能が発揮されていく状況になってきている．地域資源と活動をつなぎ，結合して総合的魅力を発揮する時代に移行してきている．

　したがって，観光地の状況に合わせた観光商品・観光事業の創出を企画化と実践化していくシステムづくりが重要である．

4　地域振興に貢献する着地型観光手法の最新の取組み

（1）観光事業の推進と地域づくりの2つの課題の総合的推進

　観光事業が観光地での地域づくりに貢献していくことが地域の人口減少対応などを想定した取組みで地域力を発揮していく展開では，観光事業の推進と観光地域の生活の豊かさを目指す取組みの2つを総合して推進していくことが求められる．事業採算性から見ると観光地を豊かにしていく取組みは採算性が低いか採算に乗らない取組みであることが多いとも取れる．観光事業の展開は事業採算の取れる事業と地域づくりに貢献する取組みを結合して，地域の総合産業化をめざすものを追求していくことになる．地域内の内発発展型取組みから広域展開の地域産業展開となる．

　したがって，地域の構成員の参加を促し，できるだけ事業採算に近づける取組みが重要となる．また，観光事業で得た事業収益を地域の豊かさの向上のために使う取組みが重要となる．経済性に影響しないボランティア的取組みも加味した検討が大切となる．

（2）地域 DMO の展開と既存組織の革新と連携

　観光地での観光事業の展開にあたって，2015年の内閣官房まち・ひと・しごと創生本部と観光庁の手引きでは，「日本版 DMO は，地域の『稼ぐ力』を引き出すとともに地域への誇りと愛着を醸成する『観光地経営』の視点に立った観光地づくり」を推進するとしている．「着地型旅行商品の造成・販売やランドオペレーター業務の実施など地域の実情に応じて地域づくりと個別事業をしていくことも考えられる」としている．日本版 DMO は5つの課題の取組みを求めている．

　官民共同と地域の持続的な経済効果，官民の役割分担と権限と結果に責任を持つ，専門性を持つ人材による経営と業務遂行，安定財源の確保と利害関係者の連携，地域の連関産業と連携した観光地づくりの推進，である．

　これらの課題に対応していくためは，顔の見える組織としての生活点でのコミュニティレベルの DMO 組織づくりと既存組織である観光協会との連携や観光事業を支援する地域ぐるみの態勢づくりが必要になる．生活点での組織化は事業実施面での取組みが大切になることから，例えば，宿泊施設や流通販売施設や観光拠点施設，輸送対応事業者を核とした事業の連携ネットワークから事業の実施組織が形成されていく．

　実践的な取組み事例を紹介すると東日本大震災を経験した岩手県遠野市では，震災復興と女性の活躍する「産直市場」の取組みがある．

　後方支援基地の遠野ではそれまでの農産物の行商に対して，地域商品を集約し共同の組織で施設整備と運営を協働で行う取組みが進められている．

　地域産品に付加価値をつける加工品づくりや食関連製品の商品化で提供商品の多様化とニーズ対応の高度化に取り組んでいる．これらの取組みとも連携して農家民宿と農業体験と農業研修とグリーンツーリズムとの結合により，課題に応える取組みを進めている．

　ここで，課題となるのは，個々の民宿による事業展開とコミュニティ観光をつなぎ，結合するコーディネーターの役割を発揮する組織と担当する人材の地元の NPO 組織の機能発揮である．NPO 組織と所属する人財が観光協会や行政と連携させて地域としての事業面での実施体制と官民の連携や広域連携を推進していく．地域 DMO は，これらの既存の関係組織との連携を視野に地域の運営と経営に向けた対応をしていくことになる．地元の行政や既存組織は観光事業の実践を通して，必要な改革と創造の取組みを進めていくことになる．

（3）観光事業とまちづくりから地域経営への展開

　地域振興に貢献する着地型観光手法は，顔が見え，総合的魅力を発信する事業体として，コミュニティベースでの地域運営・経営対応を担う地域経営組織として「地域 DMO」を形成し，広域連携としての行政単位での DMO の取組みを進めていくことになる．まちづくりの視点を重視するならば事業の実施面での取組みと地域の生活の豊かさを追求する「地域 DMO」づくりと観光協会や利害関係者を結ぶ組織として，まちづくりによる観光地住民が協力し支援する態勢づくりを重視する地域運営・経営の視点からの観光事業の推進が得策である．

第3節　着地型観光手法の実践面での取組み

1　広域観光商品づくりに向けた取組み

（1）地域の特性把握と地域イメージ形成　SWOT分析とMAP化

　観光地の地域特性を把握する方法は地域の実態を統計的に把握する方法や地域の総合計画と観光資源との関係の検討と併せて観光事業の推進の観点から関係者が参加する地域の調査と地域資源の発掘と地図化に基に意見交換していくことが有用である．それらの資料を基に地域のSWOT分析を実施することによって地域イメージの形成と課題把握と展開方向を見定めていく．地域関係者が多数いることから地図化（MAP化）と知恵を出し合うシステムの活用が有効である．SWOT分析は地域内の条件の検討と地域外の社会環境の検討と相互関係の展開から構成される．

　　「強み」（Strength）：歴史文化資源・自然環境・人財資源等のストック
　　「弱み」（Weakness）：地域保有のポテンシャルの理解，観光の役割，地域
　　　　　　　　　　　　連携
　　「機会」（Opportunity）：多様な発展と連携の可能性，農業の6次産業化，魅
　　　　　　　　　　　　力連携の余地
　　「脅威」（Threat）：地域間競争，意欲・意思面での主体性の確立の弱さ，連
　　　　　　　　　　　　携の弱さ，地域個性・特性の発揮度

　MAP化にあたっては，地域資源MAP，課題MAP，観光素材MAP，観光事業MAP等，目的別に作成し意見交換の資料とする．

　地域イメージの形成にあたっては，地域のコミュニティ・アイデンティティの検討からコンセプトづくりを行う過程で意見交換を通じて形成していく．

（2）地域観光事業商品づくりの4ステップと工夫

　地域観光事業商品づくりは，多様な取組みが考えられるが一般的な取組み方法である4ステップでの方法を述べる．

　　第1ステップ：地域の資源を発掘して，観光商品の素材とする．
　　第2ステップ：地域資源を磨き上げて，地域を代表する宝としていく．
　　第3ステップ：地域の関係者の間での意見交換から「地域のブランド」と

する.

　第4ステップ：観光素材を組み合わせて商品づくりを行う.

　以上の4ステップは，地域調査・付加価値づけ・オーソライズ・商品構成へのステップを着実に，実践して仕上げていく.

（3）実行可能な商品化に向けた PDCA サイクルの実践

　作成された観光商品が事業化と社会に供給していくためには，1980年代の取組みの教訓から実行可能な段階の商品に仕上げていく取組みとして「PDCA サイクル」を実行する.

　PDCA サイクルとは，P（Plan づくり），D（Do 社会実験で意見を聞く），C（Check 改善・修正する），A（Action 実行可能にする）の4つの段階の取組みから実行可能な観光事業商品化を図る取組みである.

　観光市場の分析や観光地でのマネジメントの検討などとも併せて行い，さらにマーケット対応としての商品の価格，流通チャネル，販売促進の視点から検討を深めていく.

（4）地域観光商品づくりと商品の種類

　地域観光商品づくりと提供商品の種類の検討として，滞在型と周遊型の旅行の形態，季節性に合せた商品化，日帰り型と宿泊型の商品化，移動手段や観光地の施設（駐車場・トイレ・観光施設）対応などに応える商品づくりをめざす.着地型対応ではコミュニティの地域内での関係者の連携や広域連携の観光商品づくりへの展開を考慮していく.地域の観光の魅力化と併せて連携による多様化とリピーターへの対応を考えておくことが大切である.

2　地域観光事業の実行段階での取組み

　地域観光事業の実行段階での取組みで検討の必要なことは，新たな商品づくりと情報発信面で，新たな流通・販売のシステムの構築であり，観光地の行政や経済界としての各種組織のシステムを利活用して安定的な情報の発信と受け入れ体制と観光客をもてなし，満足と共感と感動を共に獲得していくマネジメント機能の発揮が重要になる.商品づくりと販売にあたっての市場調査や社会実験も積み上げて，実施可能で持続が見込める確実性を担保する取組みを事前に行っていくことが必要である.

　商品の情報発信と共に観光客のもてなし対応や進行管理ともてなしの技術習

得と研修によるレベルアップの取組みも併せて大切である．観光地での観光行動をサポートするガイドの養成と観光客のニーズに応えていく実践的な取組みも不可欠である．

3　観光客ニーズに応える観光事業と地域まちづくりの結合

観光客のニーズ対応にあたっては，観光客は観光地での地域住民や生業の実態や文化活動の実践状況について，現地での体験学習と共同の取組みを求めていることから，関連する課題についての専門家や地域ぐるみでの取組みで地域として温かいもてなしが重要である．現地での実践を学ぶ研修の場づくりの取組みもニーズに応えていくことに貢献する．これらの取組みが発展して，観光客と地元関係者が協働した地域づくりの取組みに発展し，観光事業から観光地のまちづくりが進展していくこともあり得る．由布院温泉の取組みでは食文化の関心から地元に定着し，食文化の職人の養成と地域づくりとしての食産業の振興に貢献する事例や遠野市では震災復興の支援者が地元に定住し，地域資源を活用してホップ生産の事業者として活躍している事例等がある．

4　着地型観光手法を発展させるための取組み

着地型観光手法は近代観光の大量（マス）観光の取組みの行き詰まりを乗り越える取組みとして，1980年代から理念的取組みの観光事業としての実態化に取組み，一定の事業として，実施できるものとして具体化できてきているが，21世紀に入り，地域再生・創造に貢献する取組みとしての役割の発揮が要請される時代と地域対応に対応していくためには，これまでの取組みに上乗せした付与機能を追加した取組みが重要になってきている．

観光機能と付与機能については，第2節で述べたが地域再生・創造の取組み姿勢を前提として，取組み体制での教訓を各地での実践からの教訓として整理する．

地域づくりにおいて地域住民が主導して取組みを進めていく地域の主体者等の人財づくりと組織化と地域ぐるみでの取組み体制をつくっていくことが重要で，地域人材面での学び合い・育ち合いの教育の場づくりが大切な取組みである．

その取組みを基にして，地域資源の発掘と付加価値づけとしての資源磨きの取組みと地域商品づくりが重要な取組み課題となる．

　観光客を迎えての観光地の場におけるもてなしの仕方の工夫や「体験学習」を重視することによる関心度の向上と再訪（リピーター）を促進していく取組みが大切である．観光事業が持続し継続し発展させていく地域の支援態勢の構築も重要である．

第4節　観光事業から観光産業へ，地域産業構造構築への貢献

　観光事業の発展から地域の既存産業との連携による新たな地域の観光産業として発展と観光機能と付与機能を合せて総合展開させて，地域の将来の観光発展事業としての地域産業構造構築への寄与・貢献に増進に向けた取組みの課題について整理する．

　近代（マス）観光の行き詰まりを受けて，ニューツーリズム（着地型観光手法の活用による）の取組みの進展の過程で21世紀の到来に合わせて，地域再生・創造の取組みへの対応が課題になっている．

　観光振興の取組みも法整備と計画と事業対応面での条件整備がされて，対応がし易くなった面があるが，目の前の課題を解決していく取組みが容易にその方法論が出ない状況にある．

　しかし，21世紀の明るい地域の展望を政策面・実践面で打開するためには，地域ぐるみでの地域経営的対応が必要である．

　その基本になる取組みについて整理する．

　新たな観光振興の出発点は2007年施行の観光立国推進基本法であり，その趣旨を活かした取組みの中から各地の取組み事例の検討とそれを参考にした取組みからモデル事業が出てくると思われる．そのような取組みが求められている．

　長年の取組みから，地域の将来ビジョンづくりと観光事業の果たす役割と効果からの進展の取組みが大切である．

　2015年に提起された日本版DMOの取組みは日も浅く，成果の活用の段階に至っていないが守備範囲でのDMOの役割の発揮の検討が重要であるが地域（とくに顔の見える信頼が形成できるコミュニティレベルでの地域）DMOの具体的検討と実践からの教訓を積み上げる取組みが重要である．

お わ り に

　着地型観光手法は，2007年施行の観光立国推進基本法と推進計画策定によっ
て，新たな条件の基での取組みを迎えている．観光事業と地域再生への発展的
取組みにおけるシステム対応の実践的取組みが求められている．
　地域 DMO の取組みにおける着地型観光手法の実践的積み上げを通して地域
再生に貢献が期待できる．

参考文献

池上惇（2017）『文化資本論入門』京都大学学術出版会.

梅川智也編（2018）『観光学全集　第 7 巻　観光計画論 1 ——理論と実践』原書房.

尾家建生・金井萬造（2008）『これでわかる！　着地型観光——地域が主役のツーリズム
　　——』学芸出版社.

観光力推進ネットワーク・関西，日本観光研究学会関西支部編（2016）『地域創造のため
　　の観光マネジメント講座』学芸出版社.

高橋一夫（2017）『DMO　観光地経営のイノベーション』学芸出版社.

西村幸夫編著，編集協力　日本交通公社（2009）『観光まちづくり　まち自慢からはじまる
　　地域マネジメント』学芸出版社.

日本交通公社編（2004）『観光読本（第 2 版）』東洋経済新報社.

日本交通公社（2013）『観光地経営の視点と実践』丸善出版.

日本政策投資銀行地域企画部編『観光 DMO 設計・運営のポイント』ダイヤモンド社.

第2章
観光地域づくりの現状と課題

峯 俊 智 穂

は じ め に

2018（平成30）年の訪日外国人旅行者数は3000万人を超えた．2003（平成15）年から開始されたビジット・ジャパン事業等のインバウンド政策により，海外からの旅行者数は増加し，旅行消費額も増大傾向にある[1]．

一方，訪日外国人旅行者を「受入れる側」である日本の総人口は，2008（平成20）年にピークとなって以降，減少が続いている．さらに地方では東京圏や都市部への人口流出も伴い，働き手の減少による地域経済縮小や地方財政悪化による社会生活サービス低下の危機にある．これに対して政府は，2014（平成26）年に人口減少の歯止めと東京一極集中を是正するために「まち・ひと・しごと創生法」を施行し，併せて「長期ビジョン」と「総合戦略」を策定した[2]．その後の国や各地方公共団体による関連政策[3]をみると，観光は地方創生の手段として位置づけられていることがわかる．また観光政策では，2016（平成28）年に「明日の日本を支える観光ビジョン」が策定されており，国を挙げて観光を日本の基幹産業へ成長させ「観光先進国」に挑戦することが掲げられている．

それでは，旅行者誘致によって地域経済を活性化させるためには何が必要か．例えば，事業者の収益を上げる，雇用を生み出す，そして税収等により地方公共団体の歳入を確保する等があげられる．ただし，これらの実現には，当該地域において旅行者による「消費」が大前提となる．そこで，地域内での観光消費を創出するために，国・地方公共団体・民間事業者等が連携した「観光地域づくり」が展開されている．このとき，地域における観光マネジメント機能が重要となってくるが，近年では観光振興を地域経済拡大へつなげるために「観光地経営」の機能が合わさり，地域の「稼ぐ力」を引き出すことを目的とした日本版DMO（Destination Management/Marketing Organization）の展開がみられる．

観光地経営には，行政や事業者に限らず，住民を含めた連携や協働が求めら

れている．これは「稼げる」地域を，地域全体で構築するためである．ただし，地域を主体とする取組みは，最近になってから始まったものではない．例えば「観光まちづくり[4]」のように，地域住民の内発性や持続可能性を重要とする取組みは2000年頃からみられた．しかし，地域における観光振興が盛んとなる一方で過疎化は変わらず進行し続けており，観光資源となる地域資源の持続性も困難となっている．

　本章では，国や地方公共団体（とくに基礎自治体）における観光地域づくりに関わる取組みを整理し，地域の現状を踏まえた課題提示を行う．事例として2005（平成17）年に市町村合併を経た和歌山県田辺市を取り上げ，とりわけ歴史的観光地である旧本宮町に着目する．

第1節　持続可能な地域経済の発展

1　持続可能な地域経済の発展に求められるもの

　地域経済の発展のために，観光振興はどのように関わることが可能であるのか．本節では，持続可能な地域経済の発展に求められるものは何かについて，関連する議論を用いて整理する．

　地域づくりについて岡田（2005）は，「地域社会を意識的に再生産する活動」であり，地域経済の持続可能な発展には「地域内再投資力」をいかにつくり出すかが重要であると言及している．岡田によると「地域」の最も本源的な規定は「人間の生活の場，一定の生活領域」であり，その「生活の場」での経済活動の結果として「資本の活動領域」が生み出されることで地域は存在していると捉えている．そのうえで，地域経済の持続的発展とは，地域内の経済主体が毎年地域内において生活と生産を繰り返し送るといった再生産が，維持もしくは拡大されるものであると言及している．また，地域内再投資力とは，仕事と所得が生まれるだけでなく，地域内の労働者や農家等の生活が維持できるような循環構築を指す．地域内へ投資された資金は，地域外へ漏出してしまうと地域内再投資力が高まらないため，「域内調達率」をあげる必要性についても言及している．

　「生活の場」に着目してみると，小田切（2014）は，農山村経済のあり方について岡田の議論を参考にし，新しい経済構造づくりには「地域資源保全型経済」が鍵となることを言及している．農山村の地域産業の基盤には「生産の

場」があり，そこには地形・気候等の自然条件下での農林地，河川，景観，そして生態系を含む地域固有の資源がある．そのため，地域資源の利活用は地域資源の保全と直結している．そこで「生産の場」を保全しながら活用するプロセスを，ひとつのストーリーとして構築・商品化し，消費行動へ繋げようと考える．

　以上より，持続可能な地域経済の発展には，「人間の生活・生産の場」としての地域の持続可能性が重要であることがわかる．ただし，現在の多くの基礎自治体は平成の大合併を経験しており，ひとつの行政区画のなかに複数の特性ある「生活領域」や「生産の場」が内包されていることになる．そのため，地域づくりを基礎自治体レベルでのみ捉えることは難しい状況にあることが窺える．観光地域づくりについても，対象とされる「地域」とは何かについて注意深くみていく必要があるだろう．

2　地域経済の構造を理解するための考え方

　地域経済の活性化を具体的に考えようとする場合，作業始めとして地域経済の構造を理解することが不可欠である．本節では，経済産業省により各地方公共団体が「地方版まち・ひと・しごと創生総合戦略」を策定するための資料として作成された「地域経済分析の考え方とポイント」[5]を用い，本章に関連する内容を提示する．

　本資料では，地域経済の仕組みを概観する際の考え方として，市場産業を域内と域外とに分けている．「域外市場産業」とは地域外を主な市場としており，製造業，農業，観光を含む．「域内市場産業」とは地域内を主な市場としており，日用品小売業，対個人サービス業を含む．両産業は地域経済へ対して異なる役割を担っており，両産業のなかでの資金の流れを円滑に促すことが地域経済成長の鍵になると言及されている．ただし，両産業のうち重要とされているのは「域外市場産業」である．この理由は，域外からの資金を域内へ流入させる地域経済の心臓部になるためである．そこで，域外から資金を稼いでくる産業の集積を促進し，競争力を強化することが重要であると示している．

　表2-1「域外・域内市場産業の特性」より，観光が含まれる「域外市場産業」の特性をみると，①国際経済情勢を始めとする外的な環境変化の影響を直接的に受ける，②外的要因に応じて成長・衰退する可能性がある，③外的要因による産業成長によって事業規模や雇用の維持・拡大が容易であるが，従

表2-1　域外・域内市場産業の特性

域外市場産業（例）製造業，農業，観光など

① 域内の市場規模からの影響は小さいが，国際経済情勢を始めとする外的な環境変化[*1]の影響を直接的に受ける産業が多い.

[*1] 財政制約による公的セクターの縮小，公共事業の減少による建設業の縮小，海外の工場への移転などの事態が該当.

② 外的要因によって域外市場産業が急激に成長し，域内経済の成長に大きく貢献することがある一方，同じく外的要因により急激に衰退し，域内経済の深刻化の契機となる可能性の両面を持ち合わせる.

③ 一部の産業の不振等により悪循環に陥っても，外的要因による域外市場産業の成長により，事業規模・雇用の維持・拡大が比較的容易[*2][*3]であり，悪循環の歯止めに効果的.

[*2] ただし，従業者を確保できない程度の人口減少が生じた場合などには事業の維持は不能.

[*3] また，国内外・他地域の同業種との価格競争，品質競争に直面する傾向があり，これに打ち勝つために，創意工夫（イノベーション）が必要.

域内市場産業（例）日用品小売業，対個人サービス業など

① 域内の市場規模が拡大（縮小）しない限り[*4]，産業は拡大（縮小）しない[*5]．国際経済情勢などの外的な環境変化の影響は間接的.

[*4] 域内需要が減少するケースとしては，人口の減少など地域内の要因による場合の他，地域外との移動時間・コストの低下，域外の魅力的な商業機能の存在によって域外消費が増加する場合もある.

[*5] 仮に，中心商店街が衰退しても，住民が存在する以上，少なくとも最寄品の需要は存在し，例えば，大規模小売店などで買い物がなされる.

② 域内需要が拡大すると，域内市場産業の事業の拡大，域内市場産業による雇用・所得の増大，雇用・所得の増加による域内需要の更なる拡大，域内市場産業の事業の拡大という好循環が生じる可能性がある.

③ 反対に，域内需要が減少[*6]すると，事業の縮小，雇用・所得の減少，域内需要の減少，更なる事業の縮小という，悪循環に陥る危険性もある.

[*6] 域内の人口減少，域外への消費の流出，域外市場産業の不振などの事態が該当.

出所：経済産業省（2014）「地域経済分析の考え方とポイント」5頁を筆者再作成.

業者を確保できない程度の人口減少が生じた場合は事業の維持が不可能，があげられている．このうち，特性③に該当するような人口減少が著しい地域は多くあるため，従業者の確保が難しく維持が困難な事業者も多いだろう．観光関連事業に当てはめると，宿泊業における人材不足は顕著である.

　また表2-2「地域の経済的成長への5視点」をみると，域外市場産業から域内市場産業へ連携した資金の流れを構築することの重要性がわかる．地域経済の発展には外部からの資金獲得が第一ではあるが，「域内調達」等への波及や域内再投資が不可欠であることが示されている.

表 2-2 地域の経済的成長への 5 視点

視点 1 　域外市場産業として域外マネーを獲得している産業は何か
☐ 域外から域内への資金の流れの把握に該当.
☐ 一般に製造業など域外市場産業は, 地域の比較優位や過去の産業立地に基づく集積が生じており, 地域に集積している産業が域外からマネーを獲得している産業である場合が多い.
☐ 産業連関表の移輸出・移輸入を見ることにより把握可能.

視点 2 　域外市場産業は持続的・安定的か
☐ 域外から域内への資金の流れが今後も継続的に見込まれるかを把握.
☐ 地域経済は国民経済と異なり, 規模の制約から, 限られた一部の域外市場産業に依存せざるを得ない場合が多い.
☐ 域外市場産業は外的要因（為替レート, 産業の国際的な比較優位の変化等）によって影響を受けることが多く, 地域経済を深刻な状況に直面させる契機となる可能性があるから, 域外市場産業の持続性・安定性を把握する.

視点 3 　域外市場産業で生み出された付加価値は域内に落ちているか
☐ 域外から稼いだ資金が地域住民の所得として流れの大きさを把握.
☐ 各産業で生み出された付加価値が, 地域内にどれだけ落ちているかによって, 地域経済に対するインパクトが異なる（出荷額が大きくても地域に落ちる付加価値が小さければ地域経済へのインパクトは小）.
☐ 域外市場産業は, 域内から調達等を行い, 域内経済に波及効果を有しているかについて実態を把握する.

視点 4 　域内市場産業は所得を生み出しているか
☐ 域内市場産業において, 所得上昇, 域内市場拡大を伴う資金の好循環が起きているかどうかを把握.
☐ 住民の日々の生活を支える域内市場産業は, サービス化の進んだ現代において, 地域の区別無く, 最大の雇用規模を持ち, 地域全体の所得水準を高め, 住民生活の質を高める上で, 域内市場産業の役割は大きい.
☐ 一方, 地域の競争環境や人口密度など外生的な要因によって, 一般的に, 域内市場産業の生産性, 成長力は低く, 必然的にその従業者の所得も低位で推移せざるを得ず, 生産性の向上が域内市場産業内の資金の好循環の鍵となる.

視点 5 　再投資は域内で行われているか
☐ 域内の経済活動の維持・拡大に不可欠の域内再投資の現状を把握する.

出所：経済産業省（2014）「地域経済分析の考え方とポイント」6 頁を筆者再作成.

第 2 節　観光振興による地域経済の活性化

1　観光振興による地域の経済効果向上のための視点

　日本交通公社編（2013：21）は, 観光経済波及効果の算出方法として次のような方程式を提示している.

　　観光経済波及効果＝① 観光客数（実数）×② 観光消費額単価×③ 域内調

　達率

　この方程式は，観光振興によって地域経済への効果が向上するためには３つの視点が重要であることを示すものとなっている．それは，① 観光客数を増やす，② １人当たりの観光消費単価を上げる，③ 域内調達率を高める，である．３視点のうち，③ 域内調達率とは「観光事業者が商品やサービスを生成する過程で，地域内から原材料や雇用者を調達する比率」（日本交通公社編 2018：91）を表している．① 観光客数と② １人当たりの観光消費単価を乗じると「観光消費額」となる．

　それでは，「③ 域内調達率」は何の役割を担うのか．この方程式が示しているのは，地域の経済効果向上のためには域内調達率も含めた３視点が相互に影響し合うことの重要性である．域内調達率が高くなるとは，地域内で食材や食材を用いた加工品等を調達でき，地域内での雇用が生まれる状態になることである．そのため，旅行者が地域で支払った金額の多くが地域内に留まり，地域内循環が生じる．一方，この比率が低くなると，地域外へ流出する金額が多くなることを意味する．つまり，観光振興による地域経済の活性化には，域外から入ってくる資金の流れの構築だけを重要視するのでなく，「域内調達力」の構築が鍵となる．

2　日本版 DMO

　それでは，観光による地方創生をどのようにして実現するのか．「はじめに」でもふれたが，近年の観光地域づくりでは，地域資源を最大限に活用し，国内外から効果的・効率的な集客を図り，観光需要を地域へ取り込む「稼ぐ力」を創出することが求められている．そこで，地方公共団体，観光関連事業者，そして地域住民が連携・協力し，科学的アプローチを取り入れた「観光地経営」の視点からの取組みがみられる．

　政府は地方創生のなかで，このような観光地域づくりを推進する主体として，舵取り役の法人である「日本版 DMO」[6]の形成・確立を推進している．観光庁は2015（平成27）年に，日本版 DMO の候補となりうる法人として「日本版 DMO 候補法人登録制度」を創設した．ここで，日本版 DMO へ至る流れを確認しておく．まず，DMO 機能を担おうとする法人は「DMO 形成・確立計画」を作成し，地方公共団体と連名で観光庁へ提出し，「日本版 DMO 候補法人」

として登録される．次に，法人は事業報告書の提出，形成・確立計画の更新などを行い，観光庁によって日本版 DMO の登録要件がすべて充足されていることが確認されると，「日本版 DMO」として改めて登録されることになる．

　登録の枠組みは次のとおりである．登録対象は，「地方公共団体と連携して観光地域づくりを担う法人」である．このとき，役割・目的，ターゲットなどに応じて，広域的なエリアから小規模なエリアまで，様々な単位のエリアをマーケティングしマネジメントすることが考えられるため，3 つの区分での登録が実施されている．

　① 広域連携 DMO
　　複数の都道府県に跨がる地方ブロックレベルの区域を一体とした観光地域として，マーケティングやマネジメント等を行うことにより観光地域づくりを行う組織
　② 地域連携 DMO
　　複数の地方公共団体に跨がる区域を一体とした観光地域として，マーケティングやマネジメント等を行うことにより観光地域づくりを行う組織
　③ 地域 DMO
　　原則として，基礎自治体である単独市町村の区域を一体とした観光地域として，マーケティングやマネジメント等を行うことにより観光地域づくりを行う組織

　また登録後の支援制度として，内閣府の地方創生推進交付金による支援の対象となり得ることや，観光庁をはじめとする関係省庁から重点的支援を受けることになる．

　日本版 DMO の登録要件は以下の 5 つである．

　① DMO を中心として観光地域づくりを行うことについての多様な関係者の合意形成
　② データの継続的な収集，戦略の策定，KPI の設定・PDCA サイクルの[7)]確立
　③ 関係者が実施する観光関連事業と戦略の整合性に関する調整・仕組み作り，プロモーションの実施

④ 法人格の取得，責任者の明確化，データ収集・分析等の専門人材の確
　保
⑤ 安定的な運営資金の確保

　さらに，日本版 DMO が必ず実施する基礎的な役割・機能（観光地域マーケ
ティング・マネジメント）として，次の3点をあげている．

① 日本版 DMO を中心として観光地域づくりを行うことについての多様
　な関係者の合意形成
② 各種データ等の継続的な収集・分析，データに基づく明確なコンセプ
　トに基づいた戦略（ブランディング）の策定，KPI の設定・PDCA サイ
　クルの確立
③ 関係者が実施する観光関連事業と戦略の整合性に関する調整・仕組み
　作り，プロモーション

　つまり当該制度は，① 行政と連携するだけでなく，地域内外の宿泊業・飲
食業農林漁業・交通事業者，商工業，地域住民等の多様な関係者が連携し，②
科学的アプローチを取り入れ，③ 観光地域づくりの「中間組織（プラット
フォーム）」となる法人づくりを行おうと試みるものであることがわかる．
　2019（令和元）年8月現在，「日本版 DMO」は，広域連携 DMO は10件，地
域連携 DMO は69件，地域 DMO は57件の合計136件が登録されている．また
「日本版 DMO 候補法人」は，広域連携 DMO は2件，地域連携 DMO は35件，
地域 DMO は81件の合計116件が登録されている．このように数は毎年増えて
いるが，取組み課題としてどのようなことがあげられるか．高橋 (2017) は，
海外 DMO の事例を整理することで，DMO の運営には以下の7つのマネジメ
ント特性が重要であることを提示している[8]．

① 意思決定機関の存在感の発揮
② 行政との機能分担の有無
③ プロパー職員による運営（専門人材の存在）
④ DMO による人事評価
⑤ 多様で安定した財源の存在
⑥ 多様なステークホルダーとの緊張感ある関係
⑦ 確かな評価指標

　日本版 DMO の取組みは，既存の観光協会や観光連盟などが軸となって運営されている事例が多い．高橋は，上述した海外 DMO の特性をふまえ，日本版 DMO が今後取組むべき課題の優先順位として「専門人材の確保・養成」と「多様で安定した財源の確保」であることを掲げている．この 2 点は，「域内調達力」構築の視点からもみていく必要があるだろう．

　第 3 節　観光動向

　本節では，観光動向について主な統計データを用いて確認しておく．

　1　訪日外国人旅行者数の推移

「観光立国推進基本計画（2017）」では，東京オリンピック・パラリンピック競技大会が開催される2020（令和 2）年度までの目標のひとつに「訪日外国人旅行者数：4000万人」を掲げている．本項ではビジット・ジャパン事業が開始された2003（平成15）年から2018（平成30）年までの訪日外国人旅行者数の推移を確認する．

　図 2−1 をみると，2003（平成15）年から2018（平成30）年までに約 6 倍増加していることがわかる．その増加速度をみると，2011（平成23）年まではゆるやかに伸びていたが，2015（平成27）年からは毎年約500万人の増え幅で急激に増加している．この理由としては，各国の経済成長，格安航空会社（LCC）を含

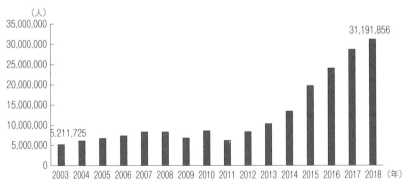

図 2−1　訪日外国人旅行者数の推移（2003〜2018年）

出所：日本政府観光局「ビジット・ジャパン事業開始以降の訪日客数の推移（2003年〜2018年）」をもとに筆者作成．

めた航空便数の増加，クルーズ船の寄港増，ビザ（査証）取得条件の緩和，外国人旅行者向け消費税免税制度の改正等があげられる．

　一方，前年比で減少した年にも注目したい．例えば主な出来事として，2009（平成17）年はリーマン・ショックの影響があり，2011（平成23）年は東日本大震災が発生した年である．これは**表 2-1**域外市場産業の特性②にも該当しており，観光関連産業は海外景気や天災地変など，不可抗力に対して弱い特性が表れている．

2　旅行消費額の推移

　日本国内における旅行消費額をみる際は，4 つの旅行形態に分けられる．①日本人国内宿泊旅行，②日本人国内日帰り旅行，③日本人海外旅行（国内分），④訪日外国人旅行，である．日本国内における旅行消費額の把握については，2003（平成15）年度から一般統計「旅行・観光消費動向調査」が実施されている．この調査は，旅行消費の経済効果についての世界標準的な統計手法である「TSA（Tourism Satellite Account）」に則られている．

　表 2-3 は，2011（平成23）年から2018（平成30）年までの旅行消費額の推移を取り上げたものである．これをみると，「訪日外国人旅行」による旅行消費額は，日本人国内旅行と比較すると低い割合であるが，訪日外国人旅行者数の増加に比例して年々高くなっていることがわかる．また，近年の日本人による旅行消費額は，消費税率が 8 ％へ引き上あがった2014（平成26）年に落ち込みをみせたが，これ以降は増加（回復）傾向にある．とりわけ「日本人国内宿泊旅行」は全体の 6 割以上を占めており，4 つの旅行形態のなかで最も高いことに注目したい．そのため，観光消費額の点からみると，インバウンド動向を見据えて対応しつつも，「日本人による宿泊を伴う旅行」の動向を看過できない現

表 2-3　日本国内における旅行消費額の推移（2010〜2018年）

（単位：兆円）

	2011	2012	2013	2014	2015	2016	2017	2018
日本人国内宿泊旅行	14.8	15.0	15.4	13.9	15.8	16.0	16.1	15.8
日本人国内日帰り旅行	5.0	4.4	4.8	4.5	4.6	4.9	5.0	4.7
日本人海外旅行（国内分）	1.2	1.3	1.2	1.1	1.0	1.1	1.2	1.1
訪日外国人旅行	0.8	1.1	1.4	2.0	3.5	3.7	4.4	4.5
合　計	21.8	21.8	22.8	21.6	24.8	25.8	26.7	26.1

出所：観光庁「旅行・観光消費動向調査」をもとに筆者作成．

状にある.

第4節　事例：和歌山県田辺市

1　和歌山県田辺市の概要

（1）市町村合併

　田辺市は2005（平成17）年5月1日に，それまでの田辺市（旧田辺市），日高郡龍神村，西牟婁郡中辺路町，西牟婁郡大塔村，東牟婁郡本宮町の5市町村が合併を行い発足したものである．平成の市町村合併に伴い，旧田辺市の海岸部から旧本宮町の山間部へ至るまで広範囲に展開することとなり，市の面積は近畿圏内で最大となっている．市庁舎（本庁）は旧田辺市内に所在し，議会機能が集約されている．ただし，旧町村役場は田辺市行政局として機能しており，現在も住民窓口の役割を担っている．

（2）人口推移

　図2-2は，市町村合併後の田辺市における人口推移を表したものである．これをみると，市町村合併の2005（2017）年以降，総人口，年少人口，そして生産年齢人口が減少傾向にあることがわかる．また，**図2-3**により生産年齢

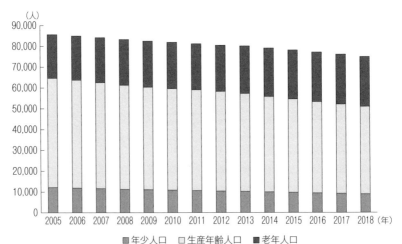

図2-2　田辺市の人口推移

注：数値は毎年3月末のものを採用.
出所：田辺市「住民基本台帳」をもとに筆者作成.

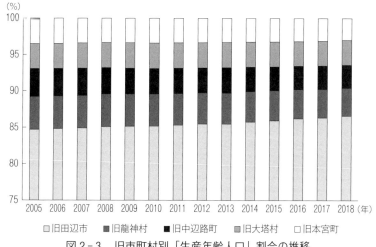

図2-3　旧市町村別「生産年齢人口」割合の推移

人口について旧市町村別の割合の推移をみたところ，旧田辺市以外は減少傾向にある．そのため，市庁舎（本庁）が所在する旧田辺市へ旧町村からの人口流出が増加し，一極集中が進んでいることが窺える．

（3）「田辺市人口ビジョン」で見込まれる労働力不足と地域経済の縮小

　田辺市の産業について，「国勢調査（2017年）」結果より産業別就業者数をみると「卸売・小売業」が最も多く，「医療・福祉」，「農業」，「製造業」，「建設業」，そして「宿泊業・飲食サービス業」が後に続いている[9]．そのため田辺市全体をみた場合，観光関連事業として分かりやすい「宿泊業・飲食サービス業」は基幹産業ではない．

　地域産業における労働力に関わるものとして，田辺市は2015（平成27）年12月に「田辺市人口ビジョン」と「田辺市まち・ひと・しごと創生総合戦略」を策定している．このうち「田辺市人口ビジョン」では，人口変化による地域の将来への影響についていくつか提示している[10]．以下に，本章に関連する4点について取り上げる．

　第一に，労働力不足である．将来的に生産年齢人口が減少していくことで，現在の主要な雇用の受皿となっている産業分野では，段階的に労働力不足が一層顕著となっていく可能性がある．

　第二に，地域経済の縮小である．労働力不足等による企業の成長力の鈍化や，人口減少に伴う個人消費の縮小等が懸念されている．地域外からの資金を獲得

する農業や製造業等の活動が鈍くなり，小売業やサービス業等における地域内の市場も縮小していくことが見込まれている．

　第三に，地域社会の維持である．2060年までに旧田辺市以外である旧龍神村，旧中辺路町，旧大塔村，そして旧本宮町では，それぞれ1500〜1900人まで人口が減少すると予測されている．またこれらの旧4町村内では，地域コミュニティの希薄化や，コミュニティとして成立できない集落等が生じる可能性がある．

　第四に，地方行財政である．人口減少に伴い，住民税や固定資産税等の地方税収は減る．これに伴い，社会保障費等の負担が大きくなり，地方公共団体が政策的に運用できる財源が不足し，財政の硬直化が進行すると見込まれている．

　以上のような見込みの原因となっている労働力不足は，高校卒業後に田辺市外への進学・就職に伴う社会増減に因るところが大きい．当該「人口ビジョン」には，田辺市内の高校生を対象として実施されたアンケート調査結果が掲載されている[11]．これをみると，進学希望者のうち約3割の高校生は，地元に戻らないと答えている．また，進学希望者であり地元に戻るつもりはない者の理由として，「やりたい仕事がないから」や「都会の暮らしが便利だから」があがっている．そのため，田辺市では地域経済活性化を図るうえで，将来の労働力構築のあり方が喫緊の課題となっている．ここに観光振興は，具体的にどのように関わることができるのか．

2　観　光　振　興

（1）産業戦略としての観光振興

　田辺市は，2004（平成12）年7月にUNESCOの世界遺産リストへ記載された文化遺産「紀伊山地の霊場と参詣道」の構成資産をはじめ，海水浴場や歴史的温泉地など，多様で豊富な観光資源を有している．

　観光振興については，合併前の2004（平成12）年6月に策定された田辺広域合併協議会「市町村建設計画」でもみられる．当時，政府によって進められていた訪日外国人旅行者の増加や地域経済の活性化等を目的とした観光立国政策をふまえ，観光は基本理念「自然と歴史を生かした新地方都市の創造」を実現するプロジェクトとして，そして地域経済を支える産業として捉えられている．その後，2007（平成15）年「第1次田辺市総合計画」，2015（平成27）年「田辺市まち・ひと・しごと総合戦略」，2017（平成29）年「第2次田辺市総合計画」に

おいても，まちづくりの基本方向として，農林水産業や商工業などを守りながら観光地づくりをすすめていくことが示されている．

　近年では，2017（平成29）年 3 月には，2026（平成38）年度までの10年間の観光計画として「田辺市世界遺産等を活かした魅力あるまちづくりの基本計画」が策定されている．これは，田辺市における人口減少，少子高齢化による山村地域での地域の担い手不足，街なかでの空き家・空き店舗の増加，そして中心市街地のにぎわいの衰退などが課題となっているため，観光とまちづくりを一体的に捉えたものである．世界遺産や地域資源に対する市民の認識を深め，日常生活や事業活動における地域資源の保全と，それらを活かした取組みが目指されている．

　この観光計画にもみられる「地域の担い手」といった人材育成に係る事業は，近年，農林水産省や総務省でもみられる．それでは，地域を「生活と生産の場」とする担い手育成について，観光がどのように関わることができるのか．

（2）田辺市熊野ツーリズムビューロー

　田辺市では官民協働による観光振興が図られており，田辺市全域の観光プロモーションを担う組織として，田辺市熊野ツーリズムビューロー（以下，ツーリズムビューロー）がある．当該ツーリズムビューローの取組みは国内／海外から高く評価されており，高橋（2017）によっても，日本版 DMO の優先課題である「専門人材と財源の確保」に向けて取組む先駆け事例のひとつとして取り上げられている．

　ツーリズムビューローの設立は，2006（平成18）年である．市町村合併がされた2005（平成17）年，新市の観光振興の核に「世界遺産熊野」を据えて取組むために，旧市町村内にあった各観光協会が構成団体となって田辺市観光協会連絡協議会が設立された．これが翌年にツーリズムビューローへ移行して設立されたものである．大きな特徴として，観光戦略の明確な基本スタンスを設定[12]したうえで，欧米豪からの FIT（外国人個人旅行者）をターゲットとしたインバウンド推進を図ってきたことがあげられる．取組みは，外国人スタッフの雇用，海外プロモーション，ホームページやガイドブック等の印刷物の多言語化，プレスツアーやファムトリップ誘致，受け入れ地のホスピタリティ研究など，多岐にわたる．[13]最近では，2014（平成26）年に田辺市はサンティアゴ・デ・コンポステーラ市（スペイン）と世界遺産の「巡礼路」という共通点を活かした観光交流協定を締結しており，これに伴う両市の連携した観光交流事業にも携わっ

ている．これらの結果として，田辺市を訪ねる外国人旅行者数は年々増加傾向
にある．

「専門人材と財源の確保」に関わるものとしては，2010（平成22）年に第2種
旅行業登録により着地型旅行会社である「熊野トラベル」を立ち上げたことに[14]
拠るところが大きい．これにより，インターネットによる予約・決済・キャン
セルのシステムが構築され，プロモーションによる誘客だけではなく，着地型
旅行商品を自らが「売る」仕組みが築かれた．その結果，外国人旅行者による
WEB予約の利用者も増加傾向にあり，旅行業務の取扱いによる売上も伸びて
いる．総収入のうちの大部分は，田辺市からの「プロモーション委託」と「旅
行業」との2つとなるが，収益事業収入が増えることで，市からの補助金頼み
ではなく安定した自主財源を確保できるに至っている．そして，この財源確保
によって，ツーリズムビューローの専門人材の雇用にも繋がっている．

さらに「地域DMO」として，2016（平成28）年に日本版DMO候補法人に登
録され，2019（令和元）年には日本版DMOに登録されている．現在，田辺市
におけるツーリズムビューローの役割は，観光プロモーションに限らず，田辺
市外の旅行者や旅行会社と田辺市内の観光関連事業者等とをつなぐ中間支援組
織となっている．地域経済の仕組みに当てはめてみると，域外からの資金を域
内へ流入させ，さらに，域内市場産業への資金の流れを構築する中間組織とし
ての役割を担っている．

3 旧本宮町の概要

それでは，資金の域内循環構築や域内調達率を高めるために，どのような取
組みや課題があるのか．本項では，「生活・生産の場」により近くなる旧市町
村単位での取組みをみてみる．とりわけ，旧本宮町に着目する．旧本宮町は，
田辺市のなかでも旅行者の受入れ地として重要な役割を担っている．

（1）町村合併

旧本宮町は，1956（昭和31）年9月30日に東牟婁郡内にあった三里村，本宮
村，四村，請川村，そして敷屋村の一部（大字小津荷と高山）が合併して発足し
たものである．さらに遡ると，編成を繰り返してきたことがわかる．

1878（明治11）年7月に三新法（郡区町村編成法，府県会規則，地方税規則）が制定
され，和歌山県における郡区町村編成法も1879（明治12）年1月20日に施行
されている．これにより，行政区画としての東牟婁郡が誕生することとなった．

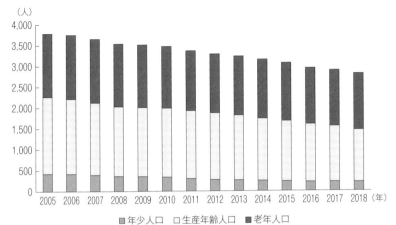

図2-4　旧本宮町の人口推移

注：数値は毎年3月末のものを採用.
出所：田辺市「住民基本台帳」をもとに筆者作成.

その後，1889（明治22）年4月1日に施行された「市制・町村制」では，町村の分割と併合が強行されている．これにより，旧本宮町域では請川村，四村，三里村，本宮村が発足することとなった[15]．

（2）人口推移

2005（平成17）年の市町村合併後の旧本宮町における人口推移は**図2-4**のとおりである．合併当時の2005年は3,785人[16]であったのに対し，2018年は2,806人[17]となっており，約1000人減少していることがわかる．高齢化率は48.0％[18]となっており，「限界集落」に近い数値となっている．また年少人口比率は7.5％である．尚，旧市町村のなかで高齢化率は最も高く，年少人口比率は最も低い．さらに，旧本宮町内の地区ごとの人口推移をみると，高齢化率が50％以上の限界集落となっているところも散見される．

（3）主な観光資源

旧本宮町は歴史的な観光地である．特徴として，世界遺産と熊野本宮温泉郷を有していることがあげられる．

世界遺産は，2004（平成12）年に，世界遺産リストへ「紀伊山地の霊場と参詣道」[19]が文化遺産として記載されている．この構成資産のうち，旧本宮町には熊野本宮大社，熊野参詣道（中辺路），つぼ湯（湯峰温泉）などが所在する．また，熊野本宮温泉郷は，湯峯温泉，川湯温泉，渡瀬温泉から成り，各温泉地には旅

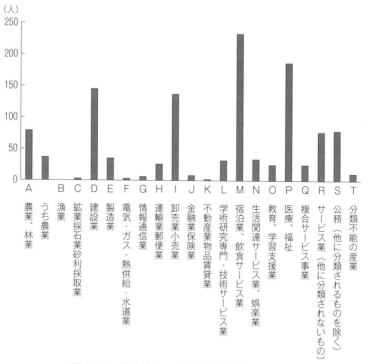

図 2 - 5 旧本宮町の産業別就業者数 (2017年)

出所：総務省「国勢調査（2017）」結果をもとに筆者作成.

館・簡易宿所（民宿）が点在している.

　以上の観光地を旧村別にみると, 熊野本宮大社は旧本宮村, 熊野参詣道のうち旧町内の主要なルートは旧伏拝村, 湯峯温泉と渡瀬温泉は旧四村, そして川湯温泉は旧請川村に所在する.

（4）産業別就業者数

　旧本宮町の産業別就業者数は,「国勢調査（2017年）」結果によると図 2 - 5 のとおりである. 田辺市全体とは異なり「宿泊業・飲食業」が最も多く, 雇用の受け皿となっている.

（5）熊野本宮観光協会

　田辺市では, 2005（平成17）年の市町村合併後も旧町村役場に行政局が設置されており, 住民窓口の役割を担っている. 旧本宮町には合併以前から熊野本宮観光協会が設立されており, 事務局長は本宮行政局産業建設課職員が担当し

ている. また事務所は，2009 (平成21) 年に田辺市が建設した「世界遺産 熊野本宮館」に入所している. 主な業務内容は，イベントの企画・実施，観光案内，そして観光事業者のツアー企画に連携するなどがある.

　事務局は，田辺市の専任職員をはじめ，有期雇用契約のスタッフも別途採用されている. 近年は外国人旅行者数が増加しており，熊野本宮館は旧本宮町を訪問する外国人旅行者のためのビジターセンターの役割も担っているため，英語対応スタッフも常駐している.

　当該観光協会の会員は，熊野本宮温泉郷に所在する旅館・民宿などを含む「宿泊業・飲食業」が最も多い. この他にも「卸売業・小売業」，「運輸業」など多岐にわたっており，旧本宮町内の事業者を網羅して構成されている. その取組みも多様であり，熊野参詣道の「道普請」を実施するなど，世界遺産保全にも関わっている. また，2014 (平成22) 年にはツーリズムビューローとともに「外国人おもてなし委員会」を設置し，行政 (和歌山県・田辺市) や消防本部との連携により，高齢化する事業者が多い一方で増加する外国人旅行者の受入れ体制の構築に努めている.

　地域経済の仕組みに当てはめてみると，① 域外から流入された資金を域内で循環させるための仕組みづくりと，② 雇用や観光消費に関わる域内調達率を上げるための地域内連携に取組んでいることがわかる. ただし課題として，観光地でありながらも限界集落化にあるため，安定した人材確保をはじめ，観光地周辺地域は「生活の場」として機能しなくなる危機に直面していることがあげられる.

4　旧本宮町の観光客動向

(1) 旅行者数の推移

　旧本宮町への旅行者数を「日帰り」と「宿泊」に分けてみてみる. まず，日帰り者数をみると，2018 (平成30) 年は149万9200人となっている. 世界遺産リストに記載された2004 (平成12) 年は98万3173人であり，前年の倍以上の増加となった. この大きな理由としては，世界遺産リスト記載を記念して，旅行会社により団体ツアーが催行されたことがあげられる. 世界遺産ブームが落ち着いた後は，2011 (平成23) 年に台風に因る紀伊半島大水害の影響で大幅減少となったが，その後は毎年増加傾向にある.

　一方，図2-6より宿泊者数の推移をみると，世界遺産リスト記載後も減少

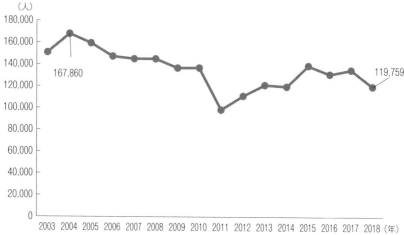

図2-6　旧本宮町における宿泊者数の推移

出所：熊野本宮観光協会からの提供資料をもとに筆者作成.

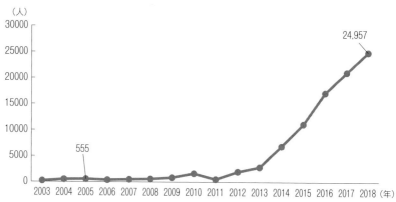

図2-7　旧本宮町における外国人宿泊者数の推移

出所：熊野本宮観光協会からの提供資料をもとに筆者作成.

傾向にあることがわかる．理由のひとつとしては，交通アクセスの変化があげられる．例えば，2007（平成19）年に阪和自動車道が全線開通したため，関西圏からは自動車での日帰り観光が可能となっている．

　しかし，図2-7をみると，外国人宿泊者数は増加傾向にあることがわかる．とくに近年の増加は著しい．これは，ツーリズムビューローの旅行会社としての機能展開と比例しており，域外からの資金が域内へ流入している連係がみられる．ただし，総宿泊者数に対する外国人宿泊者数の割合は約21％であり，日

本人宿泊者には未だ及ばない．そのため，イン
バウンド政策のなかにあって外国人旅行者によ
る消費対応と同時に，日本人による国内旅行の
動向や消費動向も見据えて取組んでいく必要が
ある．

（2）宿泊施設

　宿泊者数の動向には，宿泊施設の軒数や収容
定員が関わるところが大きい．旧本宮町におけ
る宿泊施設の軒数と定員は**表2-4**のとおりで
ある．

　特徴として2点あげられる．第一に，全体的
に宿泊施設の定員が少ないことである．収容力
的にみて，団体客を主として受入れることは難
しい．第二に，この10年間で民宿（簡易宿所）
が増えていることである．ツーリズムビュー

表2-4　旧本宮町における宿泊施設と収容力（2018年）

ホテル	軒数	0
旅　館	軒数	12
	定員	1,242
民　宿 （ゲストハウス含む）	軒数	25
	定員	427
合　計	軒数	37
	定員	1,669

注：『和歌山県観光客動態調査報告書』
　　では貸別荘やキャンプ場等も掲載さ
　　れていたが，本章では旅館業法の区
　　分のうち「ホテル」「旅館」「民宿
　　（簡易宿所）」にあたるものだけの数
　　値を抜粋した．
出所：和歌山県商工労働観光部観光局
　　『和歌山県観光客動態調査報告書』
　　をもとに筆者作成．

ローの基本スタンスでは「個人客」にターゲットを絞った観光戦略が図られて
いるが，受入れ地となる宿泊施設の環境に沿ったものであることが，ここから
わかる．

　旧本宮町において，宿泊業は重要な雇用の受け皿である．そのため，① 減
少する日本人宿泊者数，② 増加する外国人宿泊者数，③ 不可抗力に伴う旅行
者の減少の可能性，そして④ 人口減少に伴う人材不足のなかでの安定した経
営と雇用，に関わる取組みが課題となるだろう．

おわりに

　本章をとおしてみると，地域経済の拡大へ資する観光地域づくりには「域内
調達力」の構築が重要であることがわかる．これには大きく2つの課題が提示
できる．

　第一に，地域が「生活領域」や「生産の場」として持続的に機能することで
ある．「まち・ひと・しごと創生法」の施行以降，基礎自治体においても人口
減少対策や地域産業の活性化策が練られている．しかし，基礎自治体は合併後
の広範囲を対象とするため，実質的な観光地でもある旧町村のコミュニティ機

能の維持まで手が回っていないのが現状であるかと窺える．旧町村のなかで雇用の受け皿となっている産業を軸とした構造分析と，旧町村内や旧町村と域外（基礎自治体を含む）との資金の流れを再整理する必要があるのではないだろうか．

　第二に，日本版 DMO のように地域の「稼ぐ力」を多くの産業が関わりながら構築する仕組みづくりに併せ，人口減少傾向のなかにあって観光客の「受け入れ体制」の構築をどのようにするかである．訪日外国人旅行者の増加や体験型・交流型の観光形態など多様化するニーズ対応だけでなく，人口減少に伴う労働人材不足への対応が急がれる．

　以上の課題解決は，基礎自治体だけでは難しいだろう．近年は，大学との地域連携の事例が多くみられるようになったが，大学は旧町村レベルと基礎自治体レベルのそれぞれの地域経営のなかで「つなぎ役」となることが可能である．また，このなかに高大連携をつなげることで，産学官連携による「地域の担い手育成」も可能になってくる．例えば，地域魅力を知ることから始まり，事業経営に関わる能力の醸成や，若者が地域で安定して稼ぐことができる仕組みづくり等があげられる．大学が，地域経営の視点から観光地域づくりへ貢献することが期待できる．

　注
　1）2002年2月の第154回国会における小泉純一郎内閣総理大臣施策方針演説の冒頭で，「海外からの旅行者の増大と，これを通じた地域の活性化を図る」と提示された．さらに2003年1月の第156回国会における小泉内閣総理大臣施政方針演説では，「日本の魅力再生」として政府を挙げて観光振興に取り組むことが示された．同年には，観光立国懇談会が開催され，訪日外国人旅行者の増加を目的とした訪日プロモーション事業であるビジット・ジャパン事業も開始されている．事業開始年の訪日外国人旅行者数は521万人であった．
　2）まち・ひと・しごと創生法では，各地方公共団体において国の総合戦略を勘案しつつ，当該地方公共団体の人口の現状と将来展望を提示する「地方人口ビジョン」と，これを踏まえた今後5年間の目標や施策の基本的方向，具体的な施策をまとめた「市町村まち・ひと・しごと創生総合戦略」の策定を求めている．
　3）国の政策では，例えば「まち・ひと・しごと創生基本方針」，「まち・ひと・しごと創生総合戦略」，「日本再興戦略」，などがあげられる．
　4）「観光まちづくり」については，アジア太平洋観光交流センター（2001）『観光まちづくりハンドブック』を参照されたい．
　5）経済産業省では，2014（平成26）年4月から「日本の『稼ぐ力』創出研究会」を開催

し，地域経済のあり方について議論された．本資料は都道府県・経済圏の地域経済分析が作成されるに併せて作成されたものである．

6）例えば，「まち・ひと・しごと創生総合戦略（2014）」「日本再興戦略（2015年改訂版）」「まち・ひと・しごと創生基本方針2015」等の国の政策のなかでの言及がみられる．

7）Key Performance Indicator（主要業績評価指標）の略．

8）高橋（2017：98）を参照されたい．

9）総務省『平成27年 国勢調査』．

10）田辺市（2017：43-44）を参照されたい．

11）田辺市（2017：36）「（3）進路に関するアンケート調査結果（概要）」の図45，図46，図47を参照されたい．

12）①「ブーム」より「ルーツ」，②「乱開発」より「保全・保存」，③「マス」より「個人」，④世界に開かれた「上質な観光地」．

13）具体的な取組みは，多田（2014）を参照されたい．

14）「着地型旅行」とは，詳細は尾家・金井（2008）を参照されたい．

15）詳しくは本宮町史編さん委員会（2004：630-633）を参照されたい．

16）田辺市「住民基本台帳 町別人口世帯数」のうち，2005（平成17）年4月末の数値．

17）田辺市「住民基本台帳 町別人口世帯数」のうち，2018（平成30）年3月末の数値．

18）田辺市「住民基本台帳　町別・年齢別（5歳刻）人口」のうち2018年3月末を参照．尚，旧田辺市は30.1%，旧龍神村は41.4%，旧中辺路町は44.2%，旧大塔村は35.7%となっている．

19）2016（平成28）年10月，一部資産が追加登録された．これにより，田辺市内に所在する闘鶏神社が含まれることとなった．

20）熊野本宮観光協会事務局長は田辺市本宮行政局産業建設課参事が兼職している．

参考文献

尾家建生・金井萬造（2008）『これでわかる！ 着地型観光——地域が主役のツーリズム——』学芸出版社．

岡田知弘（2005）『地域づくりの経済学入門——地域内再投資力——』自治体研究社．

小田切徳美（2014）『農山村は消滅しない』岩波書店．

高橋一夫（2017）『DMO観光地経営のイノベーション』学芸出版社．

多田稔子（2014）「熊野古道に外国人個人旅行者を呼び込む着地型旅行会社」，高橋一夫ほか『CSV観光ビジネス——地域とともに価値をつくる——』学芸出版社．

田辺市「住民基本台帳　町別人口世帯数」．

田辺市「住民基本台帳　町別・年齢別（5歳刻）人口」．

田辺市（2015）「田辺市人口ビジョン」．

田辺市（2017）「田辺市世界遺産等を活かした魅力あるまちづくりの基本計画」．

日本交通公社編（2013）『観光地経営の視点と実践』丸善出版．

日本交通公社編（2018）『——育て，磨き，輝かせる——インバウンドの消費促進と地域経済活性化』ぎょうせい．

本宮町史編さん委員会（2004）『本宮町史 通史編』本宮町．

和歌山県商工観光労働部観光局（2010）『観光客動態調査報告書 平成21年』.

和歌山県商工観光労働部観光局（2010）『観光客動態調査報告書 平成30年』.

アジア太平洋観光交流センター観光まちづくり研究会編（2000）『観光まちづくりガイドブック』アジア太平洋観光交流センター.

観光庁「日本版 DMO とは？」〈http://www.mlit.go.jp/kankocho/page04_000048.html〉（2019年9月29日閲覧）.

経済産業省（2014）「地域経済分析の考え方とポイント」〈http://www.meti.go.jp/policy/local_economy/bunnseki/index.html〉，（2018年1月5日閲覧）.

日本政府観光局「ビジット・ジャパン事業開始以降の訪日客数の推移（2003年～2018年）」〈https://www.jnto.go.jp/jpn/statistics/visitor_trends/index.html〉，（2019年9月29日閲覧）.

第3章
ハラルフードによる地域経済の活性化

黒川清登

はじめに

1　外国人の増加とイスラム教徒への対応の必要性

　日本政府は，外国人観光客を積極的に取り組む政策を掲げ，2020年には年間4000万人の目標を掲げている．2018年8月の訪日外客数は前年同月比4.1％増の257万8000人で，8月として過去最高を記録し，市場全体は順調に成長している．しかし，外国人観光客数を増加させるのみならず，その観光客による消費を地域経済の振興へと波及させ都市と農村の経済格差を是正していくことが重要である．本書の課題である，ノットワーキング（knot-working）は，チームやネットワークから境界を越えて結び合い，変化しつづける諸活動を指すが，このハラルフードによる地域経済の活性化は外国人観光客，外国人労働者が増えている今日に於いて，喫緊の課題である．

　ハラルフードは，イスラム教の戒律によって食べることが許された食べ物を指す．「ハラル」は，聖典クルアーンに称されている言葉であり，「イスラム法において合法である」という意味である．その逆の不法は「ハラム」と言う．近年のインバウンドの増加に伴い，改めてこの問題が地方レベルでも認識されるようになった．中小企業庁では，地方の訪日インバウンド振興における商店街の取組みに焦点を当て，外国人旅行者受け入れの実態や，地域ごとの具体的な取組み事例を調査「商店街インバウンド実態調査」（中小企業庁 2018年）として公表しており，今や地方の商店街でも，地域経済の活性化にイスラム教徒への対応が不可欠である，という認識が徐々に広がってきている．なぜハラルフードに着目するのか，それはローカルフードの場合は，バリューチェーンが短く，トレースが容易であるという利点があるからだ．大量生産する加工食品では，トレーサビリティを確保するのは容易ではない．しかし，地産地消型のローカルフードであれば，トレースは比較的容易である．

　これには，外国人旅行者のみならず，外国人留学生の増加も大きく寄与している．とくに筆者の勤務する立命館大学経済学部は，滋賀県草津市に位置し，このキャンパスだけでも500名を超える留学生が周辺地域に居住しており，家族帯同者も少なくない．

　また，ハラルを認定には，諸外国ではハラルロゴが使用されているが，これには統一されたものがなく，表示の偽装問題もはらんでいる．内閣府の調査(2009) によれば，「最近の食品関連の事故・事件に関して，日本経済の低迷による企業の利益確保の優先や低価格競争の激化によるコストの削減などから，本来重視すべき食品の安全・安心がなおざりにされ，不当表示，食品偽装などが多発していると捉えている．」等の報告があり，これらの食品全般の不当表示問題にも連なる課題である．

2　ハラルフードビジネス研究の 4 つの目的

　本章では，ハラルフードビジネスのもたらす地域経済振興の視点での経済効果を以下の 4 つの目的で解説する．

（1）インバウンドツーリスト

　インバウンドの取り込みは容易なことではない．我が国政府の支援策の中では，例えば，宿泊施設インバウンド対応支援事業の中で，「ムスリム受け入れマニュアル」の作成補助が掲げられている．しかし，その内容は各作成者に一任されており，千差万別である．とくに本章では，インバウンドの中身をひとつとして考えるのではなく，カテゴライズする必要性を明らかにし，ムスリム系のインバウンドに焦点をあてる．

（2）在留外国人の活用

　外国人留学生，労働者を使ってインバウンドを拡大できないか，その方策を探る．これまで，国内に居住する外国人がインバウンドの吸引役になっているという議論は限られてきた．筆者は日々外国人留学生を指導する立場にあることから，これら居住者の役割を明らかにしたい．

（3）日本人の外国の食文化への理解の重要性

　日本人のムスリム食生活への理解を通じて，ハラルフードビジネスを拡大できないかを探る．多くの日本人，とくに地域経済振興に携わる方々は，郷土の

食文化への誇りが高い．外国人には熱心に日本料理の良さを広める機会を設ける．しかし，例えば南西アジアの香辛料が強い食文化には，味覚が合わないことから，関心が極めて低い．

（4）タイとマレーシアのハラルフードビジネスにおける政府と大学の役割を明確にする．

筆者はこれまで，タイのハラルフードビジネス振興について研究を重ねてきた．今日では，多くの食品，とくにコンビニエンスストアで販売される商品にハラルロゴが普及している．仏教国であるタイがなぜハラルフードビジネスに取り組んだのか，その地域経済への浸透から日本が学ぶべきことは何かを考える．

3　地域経済振興にかかわる4つの研究仮説

上記の問題意識を踏まえ，本研究における研究仮説は，以下の3つで構成される．

（1）ハラルフードビジネスはインバウンドの増加の必須事項であるが，その内容は十分議論されていない．

（2）外国人留学生・労働者は，インバウンドを拡大させ，ハラルフードビジネス振興に寄与する．

（3）日本人自身がムスリムの食生活を理解することが地域活性化につながる．

（4）仏教国タイがマレーシアと連携して進めるハラルフードビジネスは，我が国のモデルとなる取組みである．

本書のテーマである，ノットワーキング（knot-working）の視点から，これらの仮説がこれからの新しい地域経済の振興にどのようにチームやネットワークから境界を越えて結び合い，変化しつづけているのかを明らかにしたい．

第1節　ハラルフードビジネスの先行事例研究

ハラルフードビジネスの先行研究は，すでに多くの先進国で取組みがあるのみならず，タイなど観光振興を国策としている開発途上国でも多くの先行研究

がなされている.

1 世界のハラルフードマーケット

　世界のハラルフード市場は,2021年までに1.9兆ドルに達するとされる (Thompson Reuters 2017). 我が国をはじめ先進諸国は,少子高齢化社会の到来を迎えているが,ムスリム系の人口の伸びは著しい. また,JETRO では,我が国からの農林水産物・食品輸出額でみた,イスラム圏の主要各国において,新たな規制が行われているリスクを日系企業に警鐘している.「経済政策として世界のハラル産業を自国に集中化させる動きや,自国のハラル認証基準を国際的に広めようとする動きもある」(JETRO 2018).

　筆者はかねてから,タイとマレーシアが連携してハラルビジネスを推し進めていることを報告してきた (Kurokawa 2011). ここでは,仏教国であるタイがなぜハラルフードビジネスを国策として,マレーシアと連携する必要があるのかを明確にしている. それは非ムスリム諸国が農産品ビジネスを世界で展開するためのモデルと言える. マレーシアはブミプトラ政策（土地の子との融和）の関係もあり,豚肉を好む中華系とムスリムの共存のためにハラルロゴの必要性が高く,一方,農産品の輸出では,タイが農業大国であることから,両国の強みを補完しあうことが可能となったのである. ブラジル等のムスリムではない新興国でもハラルフードビジネスは盛んで,我が国で売られているハラルチキンもブラジル産を多数目にする.

　ハラルは肉だけの話ではない. タイでは魚の缶詰や化粧品にもハラル認証を

写真3-1　タイの缶詰

魚の缶詰であるが,ハラルのロゴが付与されている.

筆者撮影,場所：バンコク市内.

見ることができる．これは製造過程もハラルの概念に合致していることを示している（**写真3-1**）．

2　インバウンドツーリズム

（1）なぜインバウンドツーリズムが地域経済振興に重要か

　インバウンドツーリズムの増加は，東京オリンピックに向け重要な課題である．しかし，その地域経済への貢献には課題がまだ多い．観光庁によれば，「訪日外国人の宿泊先は，ゴールデンルート（東京，富士山，名古屋，京都，大阪）に偏っており，インバウンドの経済効果を全国へ広げるには，他の地域への誘客が重要となっている」（観光庁 2016）．

　しかし，このゴールデンルート以外では，インバウンドの受け入れ態勢は，まだまだ不十分である．地域経済へのインパクトは，7人の外国人旅行者の受け入れが，1人の定住者を受け入れることに匹敵するとの試算もある一方で，2016年の円高，中国政府の関税の引き上げにより，爆買いブームは収束したとの報告もある（みずほ総研 2017）．

　政府の設置した観光立国推進戦略会議の報告書（2004）によれば，その推進には以下の4つのプランのイメージが提示されている．

　　① 仕組み・仕掛けに工夫あり　【ビジネスモデルの変革】
　　② プログラムに工夫あり　　　【コンテンツの強化】
　　③ ネットワークに工夫あり　　【広域観光圏の形成】
　　④ コンセプトに工夫あり　　　【観光地モデルの変革】

　このなかでも，本章で取り上げたい，地域経済の振興に重要となるのは，③のネットワーク，広域観光圏の形成である．それは地域資源の不足に悩む地方が連携することで，地域経済の振興に取り組むことで，ものづくり探訪，産業観光，旧街道などテーマ，人物，歴史等でストーリー化した広域連携モデルの形成を指す．滋賀県では，隣接する市の連携としては，長浜市・米原市・彦根市・高島市4市連携共同宣言（2011年）があり，教育・文化・産業・観光など相互の交流を通じて地域の発展を目指している．例えば，湖北地域への移住定住を支援する広域連携として，滋賀県湖北地域移住・交流サポートシステム構築事業があり，「いざない湖北定住センター」は長浜市，米原市の連携が行われている．また，長浜市には，「長浜市多文化共生・国際文化交流ハウス

(GEO（ジオ））」が，1996（平成8）年から設置され，国際交流の活動拠点となっている．しかし，そのムスリム系の旅行者の活用は，まだまだ十分ではない．筆者がこのハウスを調査した限りでは，館内に利用者向けのキッチンがあり，ムスリム系利用者自身にハラルフードを自炊させる体制はある．もちろん，豚肉などを扱った食器等は，敬遠される可能性があるため，使い捨ての食器を用意する等の対策は必要と思われるが，活用不可能ではない．

（2）インバウンドツーリズムにおけるハラルフードビジネス

インバウンドの地方都市への展開には，受け入れ側で多くの課題が議論されている．とくに外国語への対応がこれまで議論され，都市部では地下鉄などの英語，中国語，韓国語などでの多言語化は進んでいる．また，ムスリムの旅行者への対応策は，「ムスリムおもてなし」というウエッブサイトで，ハラルロゴの表示，みりん・料理酒等の不使用などの現実的な対応策が具体的に示されている．例えば，食器やグラスについての配慮では，ムスリムの中には飲酒に使用されたグラスや，ハラームな食事に使用された食器やカトラリーを嫌がる人がいるので，その場合は専用の物，もしくは使い捨ての物を備えておくと良いとしている．

一般社団法人ハラルジャパン協会では，ハラルビジネス交流会，ムスリムフレンドリー推進店の拡大，ムスリムモニターツアーなどを開催し，地方レベルでもハラルフードビジネスの浸透を図っている（ハラルジャパン協会 2018）．

筆者は，ムスリムの留学生を含めた学生の国内のスタディーツアーを引率して各地を巡っている．そこで判明した飲食店の理解は，ムスリムを菜食主義と誤解する，うどん・そば類を勧めるが多い．インバウンドツーリストへの対応も恐らく同様と思われるが，この誤解は早急に解く必要がある．

3　外国人留学生・居住者のインバウンドへの影響

（1）ムスリム系外国人留学生の現実的な対応

法務省（2018）によれば，2017（平成29）年末の在留外国人数は，256万1848人で，前年末に比べ17万9026人（7.5％）増加となり過去最高となった．では，彼らは如何に食材を購入しているのだろうか．留学生を観察していると，食品表示の単語（日本語表記）を見て判断しているのが分かる．日本に留学している外国人留学生は中国韓国系を除くと，ほとんどが英語教育の課程での留学生であるが，それでも日本語の基礎は学んでいる．彼らにとって，日本の食品表示

は「豚肉」,「ゼラチン」などの重要な単語さえ識別できれば,食べることのできる食品かの一応の判断は可能である.

　また,外食では,外国人の我が国の居住に伴い,インド料理店等は飛躍的に増加している.これらの多くは,ハラル対応の表示を掲げ,ムスリム系の居住者,観光客を取り込んでいる.筆者の居住する滋賀県においても,農村部でもこれらのハラル対応のレストランを多数見かけるようになっている.

（2）ハラル食材の販売

　日本に居住するイスラム教徒が如何にハラル食材を入手するかは,大きな課題である.都市部では,外国人が個人で経営するハラル食材の店舗は多々あるが,地方では,ハラル食材はなかなか手に入らない.しかし,近年は外国人留学生,外国人労働者の増加により,大手のスーパーマーケットでもハラル食材を取り扱うようになっている.また,インターネットを通じての入手も可能で,外国人留学生のハラル食材入手への不安は小さくなっている.地方都市に位置する本学の場合でも,ハラル食材の入手困難性はあまり大きな問題ではなくなってきている.むしろ,留学生が問題とするのは,食品成分表示が日本語でしか書かれていないことの方が大きい.

　しかし,我が国においては,毎年各種の改定がなされてはいるものの食品表示基準において「邦文（原則,漢字,平仮名,片仮名,アラビア数字）をもって,当該食品を一般に購入し,又は使用する者が読みやすく,理解しやすいような用語により正確に行う.」（消費者庁 2018）との法規定があり,勝手に英文訳を付けることはできない.

　我が国や先進国では,ハラル表示とは別の視点で,食品のアレルギーの表示義務がある.食品表示法では,食物アレルギー症状を引き起こすことが明らかである食品のうち,症状の重症度が高く,表示する必要性の高い食品 7 品目を「特定原材料」として定め,表示を義務づけている.さらに,20品目を「特定原材料に準ずるもの」として,可能な限り表示するよう推奨している（表3-1参照）.ここで注目したいのは,ムスリムがハラルか否かを見る情報がここにも入っていることである.

　このような食品表示を意識した商品開発の中で,ハラル対応を行っている日本企業も現われている.例えば,レトルト食品では,グルテンフリー（小麦粉不使用）,MSG フリー（化学調味料不使用）のカレーと並んで,ベジタリアン向けの野菜カレーをハラル対応と称して販売している業者もいる（Maharaja Currey

表3-1　加工食品のアレルギー表示対象品目

表示の義務があるもの 特定原材料7品目	えび, **かに**, 小麦, そば, 卵, 乳, 落花生
表示が推奨されているもの 特定原材料に準ずるもの20品目	あわび, いか, いくら, オレンジ, カシューナッツ, キウイフルーツ, 牛肉, くるみ, ごま, さけ, さば, 大豆, 鶏肉, バナナ, **豚肉**, まつたけ, もも, やまいも, りんご, **ゼラチン**

出所：消費者庁　食品表示法　2018.

（日印食品開発有限会社）など）.

　日本に長期滞在する留学生の多くは，この食品表示を活用し，鶏肉・豚肉・ゼラチンの使用を確認している．短期的な滞在となるムスリム旅行者には，この日本語で書かれた食品表示の意味が理解できれば，食材の入手は容易になろう．例えば，日本語と英語の対比表があれば，活用が簡単になる．

　ハラルフードは決してベジタリアンを意味しない．むしろ，ムスリムの多くは牛肉や鶏肉は，好んで食べる．典型的なイスラム教の国である，パキスタンでもシークカバーブは，スパイスを加えた挽肉の串焼き料理として，好んで食される．筆者は年末に我が家に留学生を招き，彼ら自身にハラル食材を用いて郷土料理を作ってもらっているが，鶏肉は皮を丁寧に剥ぎ，調理する．その腕前もさることながら，鶏肉を堪能している様子を見れば，彼らが草食主義ではないことは明白である．

　もし，この食品表示に，豚肉やゼラチンを使用せずに，牛肉・鶏肉が輸入したハラルのものであることを表示できれば，さらにこの食品表示を活用して，ハラルフレンドリーな販売が可能になる．筆者としては，一刻も早く，彼らが満足の行く食事ができる環境を整えたいと考える．

（3）大学のハラルフードへの対応の一般化

　我が国の基幹大学は，外国人留学生の受け入れを年々拡大している．2000年代ではハラルフードを提供できる学内の学食は極めて限られていたが，「2005年には名古屋大学，2006年には東京大学，2007年には東北大学でハラルフードが提供されている」（岸田 2009）．京都大学では，食堂「カフェテリアルネ」に，「メックケバブ」という常設のコーナーを2009年から設置している．最近ではどの大学にもハラルフードコーナーやハラル表示のある食材を用意している．岡山大学では，イスラム圏出身の学生で作る「イスラム留学生会」の上部組織「留学生協会」が，学食を運営する同大生協にハラルフードの提供を要望し，

ハラルフードの提供につながった．大学でのハラルメニューは，まだ種類は豊富とは言えない．その多くがハラルカレー，ハラルチキンなどである．チキンはブラジル産のハラルチキンの冷凍がスーパーでも手掛けているところが出始めていることによると思われる．

　しかし，課題も残されている．厳格なハラルフードを求めるムスリムにとっては，豚肉などが使用された調理器具・食器類も敬遠する．最も望ましいのは，食堂をムスリム向けと一般とを完全に分離することであるが，そこまで徹底している大学はほとんどないのが実情である．さらには味覚面での課題もある．ムスリム系の国々は香辛料を多用することを好むが，我が国での対応がそこまでできていない．望ましいのは，日本人ではなく，香辛料を好む国の調理人を起用することであろう．残念ながら，多くの留学生は，大学内のハラルフードを購入するよりも，自宅で調理・持参したランチパックを利用している．

4　日本食文化と外国の食文化の受け入れ

（1）食文化交流

　我が国では，自治体とその関連団体で各種の国際交流プログラムが実施されている．とくに食文化では，我が国の食文化を紹介するものが多く，季節の行事として，流しソーメン，餅つきなどのほか，各地の食材を使ったローカルフードによる国際交流も行われている．日本食が海外でどう思われているか，日韓の認識の差に着目したミツカンによる調査がある．そこでは，韓国の主婦の72.7％が「日本で韓国料理は人気だ」と答えたのに対し，「韓国で日本料理は人気だ」と答えた日本の主婦は38.0％しかなく，日本料理が海外でどのように評価されているか，日本人は疎いとされている（ミツカン 2002）．

　もてなす日本側は，これらの日本食文化を紹介することで，日本食が食べられるようになることも期待しており，実際，お寿司，お刺身などを食べられるようになる外国人は多く，その評判は良い．しかし，外国人がすべて同じ反応ではなく，ムスリム系の学生の反応は，日本人の期待しているものとは大きく異なる場合がある．とくに私のこれまでの留学生を観察した経験からは，そば・うどん類に対するムスリム系の評価は残念ながら一様に低い．これは辛さに対する嗜好が大きいが，仮に唐辛子を入れても，その味には満足がいかない．彼らによると風味（フレーバー）が足りないようである．

（2）異文化交流から調理体験ビジネスへの拡大

　異文化交流としての料理教室は盛んに行われている．しかし，その内容は中国，韓国などの我が国に近い極東アジアから徐々に東南アジア，南西アジア，さらにはアフリカへと拡大している．

　草津市では，2018年1月14日（日），草津市民交流プラザにて「ハラル料理Cooking」イベントが開催された．料理はバングラデシュ出身の留学生とその奥さんが担当し，筆者は，ハラルの文化や東南アジアにおけるハラルビジネスについてなどの講義を行った．

　2015年頃からインバウンド旅行者，とくに中国人の爆買いが話題となったが，2017年頃からは，実際に何かを作る，行うなどの体験型の観光の人気が高まっている．調理体験では，お寿司を握る，ラーメンを麺からこねる，和菓子を作るなどが，広く行われている．しかし，上記のハラル料理教室のような，外国の料理を日本で作ってもらい一緒に楽しむという企画は，民間の商業ベースではほとんどない．

第2節　地域経済振興の視点からのハラルフードビジネスの事例比較

　本節では，我が国の自治体で行われているハラルフードビジネスの事例，および，大学の夏季集中講座として開設されているタイ東北における事例を取り

写真3-2　草津市でのハラル料理教室（バングラデシュ料理）
筆者撮影．場所：草津市．

上げ，これらの事例を地域経済振興の視点から，本研究の目的に沿って比較し，その特徴を明らかにしていく．

1　我が国の事例研究
増える体験型観光とハラルフードビジネスの可能性
（1）京都府　京都市
京都市は，その知名度と外国人観光客の多さから，ハラルへの対応はそれなりに進んでいる．すでにハラル対応のラーメン店，焼き肉店なども開業しており，ムスリム系の留学生の間では有名になっている．また，市民や商工会など，地元向けにも，「京都ハラル協議会」などの啓蒙を行うグループもあり，京都大学の小杉教授らがユーチューブなどで動画のハラルフードの課題の啓蒙を行っている．

京都ではすでにハラルラーメン店も存在しているが，ハラル焼き肉「成田屋」（京都市東山区）を2016年に開店した．その肉はすべて和牛を提供し，海外産のハラルビーフではなく，和牛による日本の味を提供している．

（2）滋賀県　草津市と大津市
草津市では，立命館大学の外国人留学生とその家族，および，パナソニック，ダイキン工業などの工場が立地することから，人口13万人のうち，外国人が1841名（2017年）居住している．同時に草津本陣などの観光資源も抱えているため，商工会や草津市国際交流協会（KIFA）などによりインバウンドツーリストの取り込みも試みられている．

なお立命館大学のびわこ草津キャンパスは，草津市と大津市に跨っており，留学生のための国際寮は大津市に位置している．大津市は人口33万人のうち4075人（2012年）が外国人居住者である．我が国の約500件のハラル対応レストラン情報を公開している，「ハラルグルメジャパン」（運営：ハラルメディアジャパン株式会社）によると，滋賀県には7店舗のハラルレストランがある．そのうち3店舗が大津市，1店舗が草津市である．

筆者は，草津市の要請を受け，2018年4月21日土曜にハラルセミナーを草津市役所会議室で開催した．市内の食品取扱業者のなかには，近江牛のハラル化を検討しているところもあり，相談をいくつか受けた．しかし，ハラルの認定には多くの誤解があり，最大の問題は，ハラルの認定を一度の認定のみと誤解しているところにある．タイでは，生産工程への認定（Hal-Q）は，あらゆる生

産工程で，例えば，消毒・洗浄にアルコールを用いない，豚肉などハラムとされているものと，工程を共有しないなどが認定される．これは日本の工業規格のようなもので，一回認定を受ければ，その効力はある期間は持続する．しかし，生肉をハラルと認定するためには，一頭一頭の「と殺」の段階がハラルでなければならず，生産工程の話とは別であることを十分認識する必要がある．このため，ムスリムによると殺を継続的に実施できる体制を日本国内で確立することは，容易なことではない．

　滋賀県では，ハラルへの対応は遅れているものの，「中小企業の経営戦略としてのSDG'sセミナー」〜SDG'sをうまくビジネスに「活用」する方法とは？〜（2018年11月12日（月）に開催）等，SDG'sを行政施策に取り入れる動きは，県，および，市町でも広まっている．SDG'sの中には，「目標8（経済成長と雇用）生産活動や適切な雇用創出，起業，創造性，およびイノベーションを支援する開発重視型の政策を促進するとともに，金融サービスへのアクセス改善などを通じて中小零細企業の設立や成長を奨励する．目標12（持続可能な生産と消費）持続可能な開発が雇用創出，地元の文化・産品の販促につながる持続可能な観光業にもたらす影響のモニタリングツールを開発・導入する．」（外務省 2015）等があり，その枠組みの中で，このハラルビジネスが検討される可能性はある．

　在留外国人には，多くの自治体が日本語の学習の機会を提供している．草津市では，日本語ひろば「きずな」は毎週土曜に日本語教師ボランティアの協力により，大学内の留学生のみならず，周辺の工場で働く外国人も参加し開催されている．ここでは，単に日本語の教育を行うのみならず，食文化交流もなされている．

（3）東京都　急増するハラルフードビジネス

　2018年3月に東京で急増するハラルフード取扱店，ハラルレストラン，ハラル認証機関のヒアリング調査を実施した．ウエッブサイトでは，すでに多くのハラル関連の情報が公開されている．例えば，「都内のハラル認証飲食店情報」は，旅行者向けの「ボンボヤージュジャパン」でも公開され，適宜更新もされている．

　ハラル対応の都内のレストランの数は，2014年には49店が2018年7月現在で386店にも急拡大している（ハラルグルメジャパン 2018）．

　羽田空港第二ターミナルの「ミセスイスタンブール」は，ハラルのトルコ料

理店である．ケバブ料理等は，「日本アジアハラル協会」のハラル認証を得ている．この日本アジアハラル協会では食品，宿泊施設，レストラン，化粧品等のハラル認証に関し，認証発行，認証取得コンサルティング，各種講演，教育など様々な活動を行っている．しかし，認証に有効期限があり，認証のための諸手数料が必要となる．

「近江牛 DINING いやさか」（東京都品川区）では，日本で初めてハラル対応の近江牛を提供している．この店では，ムスリムフレンドリーポリシーとして，以下の情報を開示し，上記とは異なる対応を行っている．

① 第三者機関によるハラル認証は受けていないこと．
② 厨房は一般調理も行うため，ムスリム専用ではないこと，
③ ムスリム対応メニューにおいて，食肉はハラル認証を受けたものを使用．
④ ムスリム対応メニューにおいて，調味料もハラル対応したものを使用（但し，ハラル認証がないものは内容成分を確認して使用）
⑤ まな板や包丁，ボール等の調理器具は分けて使用
⑥ 食器は一般メニューと同じものを使用しますが，希望がある場合は使い捨ての食器やコップ・フォーク・ナイフ・割り箸の対応可能

この対応は，簡易な対応方法としては，非常に参考になるもので，筆者がこれまで多くのムスリム系留学生が受け入れられる対応策である．

（4）新潟県の事例

新潟県は国際大学（新潟県南魚沼市）があることで，外国人留学生が比較的多い県である．その外国人のうち，ムスリム系が多いのは，インドネシア（365人／2015）パキスタン（277人／2015），マレーシア（91人／2015），バングラデシュ（76人／2015）となる．

新潟市内では，新潟大学の留学生もおり，「アンヌールモスク新潟」（新潟市西区）では，礼拝のみならず，ハラルフードの提供も行っている．「べいめん屋ハラル」（2017年開店，新潟県上越市）店主は日本人でイスラム教徒ではないという点で注目に値する．みりんの代わりにはちみつ，水あめを使うなどの工夫をしている．また，「エコライス新潟」（新潟県魚沼市）では，ハラル認証を取得した災害対策用のアルファ米を開発．「キューピット大和店」（新潟県南魚沼市）は，国際大学の留学生がいることから，2013年からハラルコーナーを設置して

いる．なお，法務省在留外国人統計（2016年6月時点）によると，我が国に在留するインドネシア人は，4万6350人にもなっている．

2　タイ王国

（1）チュラロンコン大学ハラル研究所等の取組み

タイは「世界の台所」（"The Kitchen of the World"）を掲げ，食糧・加工食品の輸出に取り組んでいる．タイのハラルへの取組みは，内務省地方管理局（Ministry of Interior, Provincial Administration Dept）と文化省宗教局（Ministry of Culture, The Religious Affairs Dept）が，中央イスラム委員会（The Central Islamic Committee of Thailand（CICOT））を管轄する形になっている．ハラルの認定は，中央イスラム委員会（The Central Islamic Committee of Thailand）の指導のもと，ハラル基準認定機構（The Halal Standard Institute of Thailand）が認定を行っている．そのなかで，チュラロンコン大学（Chulalongkorn University）はハラルサイエンスセンター（Halal Science Centre（HSC））を2003年に設置し，科学的・技術的な検証を担っている．同時に，ハラルフードビジネスの振興拠点として，ハラルビジネス振興のためのトレーニング，啓蒙活動，さらには食品工場などへのハラル基準に見合った生産工程の認定を行う「Hal-Q」などスタンダードの普及に努めている．

ハラルの認定ロゴは，それぞれの認定機関が独自に定めており，世界的に共通のものではない．タイの認定ロゴは，上述のように政府ベースで行われているため，あたかも工業規格のように厳格になっている（図3-1参照）．

また，タイ政府の取組みは，マレーシア政府とのハラルビジネス推進に関する連携が強く関係している．タイは言わずと知れた仏教国であり，ハラルの知見は限られている．一方，マレーシアには，豚肉を好む中華系とムスリムが混在しており，ハラルを認定する強い必要性がある．しかし，食糧を海外に輸出するような農業国ではない．このため，タイとマレーシアが連携し，ハラルビジネスを推進することは，両国にとってメリットになる．

実際，マレーシアのムスリム人口は，約2007万人でムスリム比率67％になる．一方，タイのムスリム人口は，約300万人，人口の5％程度（外務省 2018）に過ぎない（なお，日本のムスリム人口は，推計方法による誤差は想定されるが，店田廣文（2015）によれば，2012年末時点で約10万人である）．

筆者は，このムスリム人口が5％ではあるが，タイに存在することも，ハラ

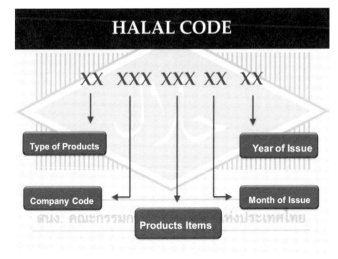

図3-1　タイのハラル認定表示

出所：Surayuth Songsumud（2017）Bureau of Livestock Standard and Certification, Department of Livestock Development, Thailand.

ルビジネスを推進することに成功している要因と考える．このハラル研究所のスタッフには，タイのムスリム系のスタッフを充当している．今後日本でもムスリム在住者が増加し，この種の検査業務に従事してもらえれば，我が国でのハラル認証も不可能ではない．

（2）コンビニエンスストアのハラル認証取組み

タイでは，セブンイレブン，ロータス（Lotus）等で扱う食材のハラル認証が全国的に浸透している．その対象は，食品にとどまらず，ペットボトルの水，歯磨き粉，化粧品などにも及ぶ包括的なものである．タイの旅行に関しては，フェイスブック等のSNSで多くのムスリム旅行者の投稿を見ることができる．多くが共通して，ハラルラベルのある食品，レストランがどこにあるかの投稿である．多くの投稿では，モスクの周辺を探す，専用のハラルレストランを探すアプリを使用する，ムスリムの販売している屋台を探すなどの方法がとられているが，最後の手段として，多くの投稿がセブンイレブン，ロータスなどのコンビニエンスストアを探すことである．ハラル認証のあるスナック，カップ麺などは簡単に見つけることができる．

（3）タイの一村一品運動（OTOP）でのハラル認証の取組み

タイでは，日本の一村一品運動をヒントに独自のまちづくり手法として，

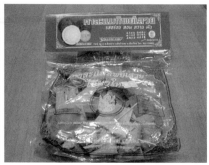

写真3-3　OTOPのスイーツ

OTOPのロゴとハラルのロゴが付与されている.
筆者撮影. 場所：チェンマイ.

OTOP（One Tambon One Product）という取組みがある. これはかつてのタクシン政権（2001~2006年）に大々的に導入され, 政権崩壊後も政策としては存続し, とくに各地方政府レベルで引き継がれた. とくにマレーシア, インドネシアからの観光客が多いチェンマイでは, 地方政府レベルでの簡易な認証が行われている. OTOPのお土産として販売されているスイーツは, 大量生産されている工業製品と異なり, 原材料が地元のもので, その種類も限られており, ハラルの認定を行い易い. そこでタイ政府が行っているハラル認定とは異なる基準で, 簡易な認定を行っている（写真3-3参照）.

第3節　経済振興策としてのハラルフードビジネス

1　ハラルフードビジネスへの提言

（1）地域経済への浸透と現実的な対応策

　ハラルフード, および, それに類するムスリム向けへの対応という視点では, すでに我が国の地方経済にも浸透していると考えられる. しかし, 都市部のハラル対応レストラン, ラーメン店などがムスリムに浸透しているのに比べ, 地方部でのムスリム対応の在り方は, 受け入れ側, 訪問側双方にまだまだ改良の余地がある.

　タイの事例から見えてくることは, 国家戦略としてのハラル認証の重要性であり, 地方ではコンビニエンスストアでのハラル認証食品の存在である. また, 簡単なスイーツには, 簡易なハラル認定が行われていることも, 見習う必要が

あろう.

（2）食文化の理解，とくに辛み文化の理解の必要性

　ハラルビジネスの中での気づきは，単に宗教的な背景や製造工程だけの話ではない．もっとも重要なのは味覚の相違を認識することである．バングラデシュの留学生を指導していて判明したことは，インド料理であれば，たとえハラル認定がなくても好んで食べることである．うどん・そば類は，ムスリム系留学生は食べることは味覚の上で不可能である．多くの日本人は，和食を疑いなく美味しものとして外国人に勧める．一方で，辛いタイ料理やコリアンダー（Coriander）を受け入れられない日本人もいる．タイの留学生によれば，タイ料理が世界に受け入れられているのは，味覚を外国人に合わせて調理するからだそうだ．実際，私が毎年引率するタイのスタディツアーでは，タイ側は辛くないタイ料理を用意することに腐心している．

（3）食材表示の多言語化・ハラルフレンドリーの表示

　ハラルの正式な認証を取ることは，諸手続き，諸費用も含め簡単ではない．とくに日本の認証機は地方レベルでは普及しておらず，活用は難しい．食品表示の多言語化は，法律の改正が必要であり，これも容易ではない．しかし，日本語教育にこの食品表示の読み方を優先的に加える，店内に読み方の簡単な表示を掲示するなどの対策はすぐにでも実行できる．また，中央政府による統一したハラル認証も重要であるが，タイのチェンマイで行われているように，地方政府，商工会議所レベルでも実施できる施策もある．

（4）大学の果たすべき役割

　大学では，学内にハラル対応メニューを用意したり，お祈りの場所を用意したり，すでに相応の対応が進んでいる．しかし，留学生の生活エリア全般に目が行き届いているわけではない．日本での生活をより快適にするには，ムスリムの学生団体と大学，市民団体の連携は不可欠である．

2　残された課題

（1）ハラル認証の国際連携

　ムスリム国ではない我が国がハラルビジネスに取り組むには，タイとマレーシアのような国際連携が不可欠である．一方，地域経済振興については，国家間の国際連携よりも地域間の連携が重要となる．都市部では，多くのムスリム対応の食材店，レストランが開業をはじめており，地方都市へこれらを如何に

広めていくかは，今後の課題である．

（2）ハラルフレンドリーの表示

　早急な対応が求められているのは，ムスリム向けのハラル表示の導入である．しかし，現実的には，我が国に在留している外国人は，食品成分表示を見て対応している．一部で非公式で表示されているハラルフレンドリーの表示をどのように広めるかは今後の課題である．

（3）食品表示法のさらなる活用

　ハラルとは異なる視点での食材へのこだわりは，我が国では，グルテンフリー（小麦粉不使用），MSG フリー（化学調味料不使用）などの需要がある．これらの食品表示には，日本企業は国際的にも通じる強みになる可能性がある．これらをムスリムがどのように評価活用していけるかは，今後の課題である．

参考文献

観光庁（2016）「宿泊旅行統計」（2015年確定値）．

観光立国推進戦略会議（2004）「観光立国推進戦略会議 報告書〜国際競争力のある観光立国の推進〜」平成16年11月30日．

岸田由美（2009）「留学生の宗教的多様性への対応に関する調査研究：イスラム教徒の事例を通して」金沢大学．

経済産業省（2016）「観光の現状と付加価値を高めていくための今後の課題」．

店田廣文（2015）イスラーム教徒人口の推計 2013年 IMEMGS（Institute for Multi-ethnic and Multi-generational Societies）WASEDA UNIVERSITY, Tokyo, Japan May, 2015.

内閣府国民生活局（2009）「フードチェーンにおける安全性確保に関する食品産業事業者アンケート調査結果」．

観光戦略実行推進タスクフォース（2018）「訪日ムスリム旅行者対応のためのアクション・プラン〜「多様な宗教的，文化的習慣を有する旅行者への受入環境等の充実」による「世界が訪れたくなる日本」の実現〜」〈https://www.kantei.go.jp/jp/singi/kanko_vision/pdf/h300522actionplan_honbun.pdf〉（2018年11月8日閲覧）．

JETRO（2018）「ハラル調査〜農林水産物・食品の輸出と海外のハラル産業政策動向〜」日本貿易振興機構（ジェトロ）クアラルンプール事務所，ジャカルタ事務所，ドバイ事務所，イスタンブール事務所，バンコク事務所，サンパウロ事務所 農林水産・食品部 農林水産・食品課〈https://www.jetro.go.jp/ext_images/_Reports/02/2018/fc6966b6374be2ca/halal_201803_rev.pdf〉（2018年11月5日閲覧）．

消費者庁（2018）「食品表示法に基づく 栄養成分表示のための ガイドライン」消費者庁食品表示企画課〈http://www.caa.go.jp/policies/policy/food_labeling/food_labeling_act/pdf/food_labeling_act_180518_0001.pdf〉（2018年11月5日閲覧）．

ハラルジャパン協会（2018）〈http://www.halal.or.jp/halalnews/category/event_report/〉（2018年11月3日閲覧）．

法務省入国管理局（2018）「平成29年末現在における在留外国人数について（確定値）」
　〈www.moj.go.jp/nyuukokukanri/kouhou/nyuukokukanri04_00073.html〉（2018年11月
　5日閲覧）.

ミツカン（2002）「日本と韓国の主婦に聞く，相手国料理の好感度・摂食実態」──日本
　と韓国の主婦に聞く，相手国料理の好感度・摂食実態──

ムスリムおもてなし（2018）「訪日ムスリムが求めるものとは」〈http://plus.feel-kobe.jp/
　muslim/omotenashi/about.html〉（2018年11月1日閲覧）.

Kurokawa Kiyoto（2011）"Challenge of The Halal Food Certificate for Food Marketing-
　Implications from the Local Branding strategy of Thailand"

Thompson Reuters（2017）The State of the Global Islamic Economy Report 2016/17

第4章

「田園回帰」の社会的背景と論理
——戦後日本の都市化過程に着目して——

宮下聖史

はじめに

　いわゆる「地方消滅」論が衝撃を持って受け止められてから5年が過ぎた[1]．ナショナルレベルでの人口減少局面を迎えたのは2005年以降と見られるが，こうして全体のパイが縮小するなかで，東京圏への人口流入は続いており，そのダブルパンチにより，地方の存続危機が顕著になる，というのが「地方消滅」論による警鐘である．地方，とりわけ農山村地域の高齢化に伴う共同作業の維持の困難性については，2007年ごろから「限界集落」という概念が人口に膾炙し始め，大きな反響を呼んできた．後に詳しくみるように，「地方消滅」論は，この問題群を国全体の構造的な側面から把握し，さらにすべての市区町村の将来人口予測を提示したところに独自性がある．

　この「地方消滅」論への批判のなかに，「田園回帰」の潮流を考慮していない，というものがある（小田切 2014b）．この農山村への移住を中心とした「田園回帰」（あるいは「ふるさと回帰」）の現象は，すでに農村計画や農業経済学，社会学，行政，ジャーナリズムなどの分野から広く注目され，その実践の成果や意義が公表されている．

　確かに「田園回帰」の実績は着実に積み重ねられている．他方で，東京圏への人口流入は一貫したトレンドであり，「地方創生」の掛け声にも関わらず，東京圏への社会増に歯止めはかかっていない[2]．

　このような構造的な現状理解のうえで，東京への一極集中と「田園回帰」という相反するベクトルの同時並行的な進行は，次のような仮説を導き出すことができる．それはすなわち，人々の地域間移動，あるいはそれに伴うライフスタイルに対する価値観の分岐・多様化が進んでいるのではないか，という点である．さらに近年は，二拠点居住，あるいは観光以上定住未満で地域に関わるいわゆる「関係人口」も注目されるなど，生き方・働き方が多様化するなかで

地域に対する関わり方も多様化，流動化している．

　本章ではマクロで見ればいまだ限定的なインパクトではあるものの，しかし着実に増加している地方・農山村への関心・そして移住に関わる社会的背景や論理を探究したい．そのことは，昨今の支配的な政策論理となった資源の効率的な配置論に終始したうえからの「選択と集中」とは異なるオルタナティブとしての，市井に生きる人々の豊かな社会生活の実現に向けた方策を明らかにすることに途を拓くと考えられるからである．

　以上の内容を論じていくために，本章では移住・定住を志す人々の属性や意識の特徴を探るとともに，かかる動向を歴史的・社会的な背景，マクロ的要因のなかに捉えなおしていきたい．高度経済成長期以降一貫して深化していった都市化が，「地方消滅論」によって完成形態を迎えようとするなかで，しかしその都市化の論理のなかから，いわば逆説的に「田園回帰」が生み出されつつあることを論じていくことになる．

第1節　地方・農山村へと向かう人々

1　農山村地域を支える新たな担い手

（1）長野県の地域おこし協力隊調査

　地方・農山村への移住・定住を政策的に後押ししているのが地域おこし協力隊制度である．地域おこし協力隊とは，いわゆる地方創生政策の一環に位置づけられており，総務省が所管する制度である．その目的は，「一定期間，地域に居住して，地域ブランドや地場産品の開発・販売・PR 等の地域おこしの支援や，農林水産業への従事，住民の生活支援などの『地域協力活動』を行ないながら，その地域への定住・定着を図る取組」と定義されている．改めて整理すると，① 当該地域において，地域おこしや生活支援活動を行うこと，② それらの活動を通じて移住・定住を図ることの2点が含まれており，とりわけ②が主な目的と見て取れる．

　地域おこし協力隊制度は2009年度に始まっている．この時点での隊員数は89名，受け入れ自治体は31団体であったが，その後増加の一途を辿り，制度発足から10年が経った2018年度は隊員数が5530名，受け入れ自治体は1061団体となっている（図4−1）．

　受け入れ自治体には，隊員1人当たり400万円を上限とする特別交付税措置

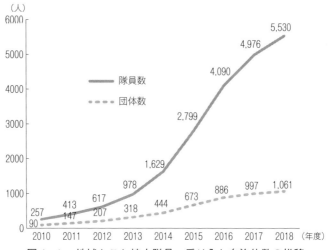

図4-1　地域おこし協力隊員，受け入れ自治体数の推移

出所：総務省資料.

があり，その内訳は報償費等200万円，その他の経費200万円である⁴⁾. 総務省の
調査によると，協力隊員の年代は20代が31.5%，30代が38.2%で，合わせて7
割を占めている．そして「概ね1年以上3年以下」とされる任期を終えた隊員
の約6割が同じ地域に定住しているとされる⁵⁾．上記の特別交付税の予算額から
明らかなように，協力隊としての収入は高くはない．にもかかわらず，この調
査からは，若い世代を中心に，地方・農山村を仕事と生活の場として主体的に
選択していることが伺える．

　それでは彼ら／彼女らは，どのような意向をもって協力隊員を志望したのか．
筆者らは，移住希望地として常にトップクラスに上げられ，地域おこし協力隊
の受入れ人数でも北海道に次いで2位となっている長野県内の地域おこし協力
隊員を対象とした質問紙調査を実施した⁶⁾．

　調査は2017年10月現在，長野県内で活動する協力隊員322名全員を対象とし
て実施し，171名から回答を得ることができた．回答者の基本属性は**表4-1**の
通りである．性別では男性がやや多く，年代では20代，30代を合わせて7割近
くを示している．最終学歴を見ると，大学卒が60.2%であり，加えて大学院卒
が1割を占めるなど，高学歴の傾向が見て取れる．

（2）**所得選好によらないライフコースの選択**

　この調査を実施するにあたって，筆者らの主要な関心のひとつに，協力隊員

の志望動機とキャリア形成にかかわる
展望を探ることがあった．それを論じ
る前提として，着任前後の世帯収入の
変化を聞いている．その結果を示した
のが図4-2である．「減った」が64％，
「やや減った」が13％なのに対して，
「増えた」8％，「少し増えた」8％，
「変わらない」7％となっており，8
割近い回答者が世帯収入を減らしてい
る．これに関連して，収入にもとづく
暮らし向きの変化を聞いている（図4-
3）．その結果，「やや苦しい」41％，
「苦しい」25％，「やや満足」24％，

表4-1　回答者の性別・年代・最終学歴

	回答者数	割合（％）
男性	102	59.6
女性	67	39.2
無回答	2	1.2
20代	39	22.8
30代	71	41.5
40代	44	25.7
50代	13	7.6
60代	4	2.3
高校	15	8.8
短大・高専，専門学校	32	18.7
大学	103	60.2
大学院	17	9.9
その他	2	1.2
無回答	2	1.2
合計	171	100.0

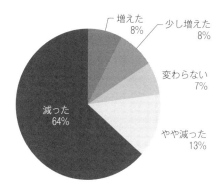

図4-2　着任前後の世帯収入の変化

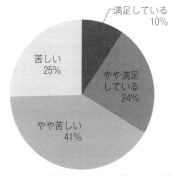

図4-3　収入にもとづく暮らしの評価

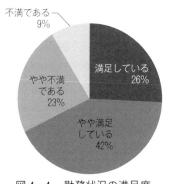

図4-4　勤務状況の満足度

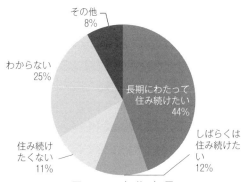

図4-5　定　住　意　思

「満足」10％となり，7割近くの回答者が収入にもとづく暮らし向きが苦しい状況にあることが明らかになった．

　しかしである．勤務状況の満足度を聞くと，「満足している」26％，「やや満足している」42％となり，両者を合わせて約7割が満足と回答している（図4-4）．また今後の定住意思については，約6割が住み続けたいと答えている（図4-5）．これは現役隊員による意向調査であるが，任期終了後の「6割定住」という総務省の全国調査とも類似する結果である．

　世帯収入を減らし，暮らし向きも苦しいという隊員が多数となるなかで，満足度は高く，定住意思もある．地方・農山村への移住・定住を志向する人々の価値観やライフスタイルのあり方を探る観点から，これは重要な発見である．

（3）地域おこし協力隊の志望動機

　それでは，彼ら／彼女らは地方・農山村に何を求めていたのか．協力隊への志望動機と着任した市町村を選んだ理由をそれぞれ複数回答で聞いている（図4-6，図4-7）．まず志望動機として最も多かったのが「都市の慌ただしい生活から脱出しようと考えていたから」であり，「地域の課題を解決しようと考えていたから」「この自治体に定住するためのきっかけと考えていたから」と続く．次に現在の市町村を選んだ理由として，「自然環境が豊かな地域だったから」「自分の条件に合った仕事があったから」と続く．

　ここで着目したいのは，「地域・社会問題の解決」への志向性が「やりたい仕事」として捉えられていることである．いくつかの自由記述を紹介したい．

　　「世界や日本の課題解決の実験場と考えたから」
　　「自身が社会に対して課題としてとらえている事象を解決するための環境，できる体制だったから」
　　「これからの日本にとって地域コミュニティが大切．そのためのことが仕事としてできることに魅力を感じたので」
　　「地域の人たちがやりたいと思うことを実現する力になりたいと思ったから」
　　「少子高齢化による人口減少が原因で狩猟者・林業・農業が減っていくのを少しでも良い方向に改善したかったから．例えば，高齢者から農業や狩猟の事を若い私が積極的に教えて頂き，それを実践してみたい」

　このように，地域や社会の問題解決を自身のライフスタイルに内在化し，主

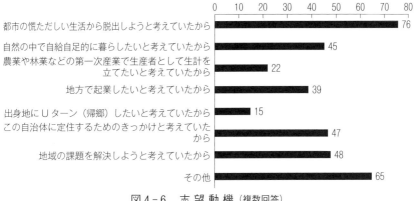

図 4-6　志望動機（複数回答）

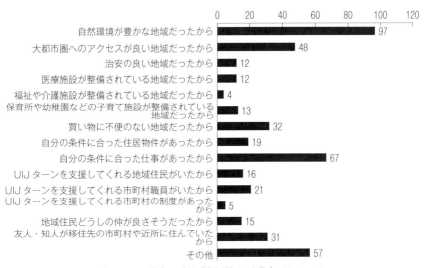

図 4-7　現在の市町村を選んだ理由（複数回答）

体形成が図られているところに，新たな担い手としての地域おこし協力隊員の意識の特徴があるといってよいだろう．

2　「田園回帰」は進んでいるのか

「田園回帰」は多数の文献や雑誌等で取り上げられており，その動向が注目されている．もっともこれまで，多数の実践報告が注目を集めながら，マクロ的にかつ客観的に移住動向の量的把握はされてこなかった．この点を初めて明

らかにしたのが，総務省の『「田園回帰」に関する調査研究報告書』（2018年）である．過疎地域自立促進特別措置法が規定する過疎地域への移住者の推移を国勢調査（2000年，2010年，2015年実施分）から再集計したものであり，我が国の最も規模の大きい社会調査である国勢調査の個票を用いたことにより，包括的な結果が示されることになった．

　これによると，全国の移住者（5年前の常住地が現在の市区町村以外）のうち，都市部から過疎地域への移住者の割合は，2000年が4.18％，2010年が3.83％，2015年が3.76％とほぼ横ばい・微減である．各分野からの大きな注目に反して，「田園回帰」は客観的には増加していない．

　しかしここで注目したいのは，農山村への関心の高まりである．移住には，就職・転職，結婚，実家に戻るなどを含めたライフコースに応じた様々な要因があるが，上記総務省の研究会が実施した都市部から過疎地域への移住者のうち，「地域の魅力や農山漁村地域への関心が影響した」との回答者の割合は37.3％となり，これは都市部以外からの移住者より16ポイントほど高くなっている．さらにＩターンやＪターンでは，5割近い回答率となっている．また移住相談・支援を行う認定NPO法人ふるさと回帰支援センターへの問い合わせ・来訪者の件数は増加の一途を辿っている（図4-8）．

図4-8　認定NPO法人ふるさと回帰支援センター（東京事務所）**における問い合わせ・来訪者の推移**

出所：認定NPO法人ふるさと回帰支援センター　2018年度年次報告書 p. 5．

第2節　「都市化テーゼ（職業・地域の序列化）」の成立と解体

1　いかに社会は「統合」されてきたか

（1）地域・階層のうえからの「統合」

さて，ここから「田園回帰」が進んでいく構造的要因を論じていくことになるが，そのためには，歴史的な都市化の動向を押さえておく必要がある．いわゆる「田園回帰」が進展している一方で，看過できないのは，東京一極集中もまた進んでいるという点である．そして量的に見れば，後者の方がはるかに大きいトレンドである．また両者の同時並行的進展を統一的に把握する議論の枠組みは未整備だといってよい．そこで本節では，かかる議論の枠組み構築を企図する観点から，我が国日本の都市化の背景と論理を，国民生活の特質や社会統合様式のあり方から論じてみたい．

戦後，我が国日本が民主主義社会としての歩みを進めるなかで，独自の様式とも呼べるような社会統合が形成されてきた．概略的に示すと「企業」→「家族」を基軸として，「国家」が「地域」を包摂するという形態である．まず統合様式の基軸としての「企業—国家」セクターの論理とは以下のようなものである．

「企業」による統合を端的に示すのが，男性勤労者を前提とした日本的経営／雇用システム（終身雇用・年功序列・企業内福利厚生・企業別組合）である．終身雇用と年功序列を基軸として，自身と自身の家族の生活を保障してくれる職場という共同体への帰属意識の強まりは，経済成長を前提として資本・経営者と被雇用者による利害の衝突を希薄化してきたといってよい．そしてこのことは，政治体制としての55年体制＝「1カ2分の1政党制」と親和的であった．

そして東西冷戦の国内的反映としての55年体制は，政権交代も憲法改正もない政治的「安定」状態にあった．政官財のトライアングルによって得られた成長の果実は地方や一次産業に分配され，法的規制と行政指導によって市場競争は統制されてきた．後藤道夫はこれを自民党型「福祉」と呼んだ（後藤 2001：59）．

全国総合開発計画に象徴される中央集権的な地域政策の展開によって，地方政治の主要な課題は上部機関とのパイプづくりとなり，町内会を支える新旧中間層へと連なる草の根保守の分厚い裾野を形成することになる．広範な産業・

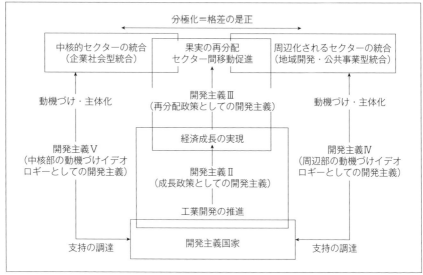

図4-9　戦後日本における開発主義の論理構成モデル

出所：町村（2004：129）.

階層・地域が国家へと統合されるこの様式については，「開発主義」などといった概念のもとに議論されてきたものである（図4-9）[8].

（2）「標準的ライフコース／ライフスタイル」

　上記の統合様式は，家族を包摂し，「標準的ライフコース／ライフスタイル」あるいは「モデル家族」（以下，「標準的ライフコース」と表記）と呼ぶべきものを形成していた．「標準的ライフコース」とは次のようなものである．

　まずサラリーマン世帯である．男性勤労者の多くは学卒と同時に正社員・職員として就職し，結婚し，子どもをもつ．終身雇用・年功序列の雇用形態によって自身の将来と家族の生活は保障される．妻は専業主婦か，家計を補うパート労働に従事する．自営業者の場合は，家業が経済的に成立しており，跡取りの子どもがいて，持ち家であるということが想定されている．多くの男女が結婚をして，離婚もせず，男性は主に経済的な稼ぎ手となり，女性は子育て—介護といったケアを担う．こうして日本では，人々の生活基盤を支えるための企業—家族の役割が大きく，国家が行う公的な社会保障は，上記の枠組みに入らない者への補完的な措置として位置づけられてきた（山田 2009）.

2　「統合」様式の解体

（1）「改革」の背景と実際

　1990年代以降，上記の社会統合様式は大きく解体・縮小へと向かう．1990年代は，それまでの日本社会を規定してきた冷戦・55年体制・経済成長が揃って終焉したことで，経済・政治・社会の構造が大きく変容するターニングポイントである．本格的な経済のグローバリゼーションの時代を迎え，国内的には55年体制に代わる保守2大政党制が志向されるようになる．この頃から始まった一連の「改革」は，規制緩和や民営化，地方分権を基調とした「小さな政府」を志向して進められる．これは経済のグローバル化に合わせる形で財界による新たな資本蓄積のための条件整備を目指したものとして特質づけられる．政府による公共領域からの選択的撤退（民営化と規制緩和）とともに，これによって活動の幅が広がった資本が，権限・財源の拡大した地方自治体・都市自治体と手を組むことで都市再開発が進展する．

　雇用をめぐる動向として1995年，日経連（当時）は「新時代の日本的経営」を提唱，フレキシブルな労働力が求められることで終身雇用が空洞化していく契機となる．政官財のトライアングルを通じて広範な産業・階層・地域に目配りをしてきた政治的な再配分は「利権」や「バラマキ」として怨嗟されるようになるが，福祉国家としての基盤が弱く，企業が勤労者とその家族の経済的側面を担保してきた日本的統合様式に対する新自由主義的改革の導入は，不安定な雇用にある人々を一気に生活不安に追い込むことになる．

　1990年代以降は市民セクターが拡大し，上記の統合様式から漏れていく人々を包摂する役割を担うようになるが，この時期以降，大衆が社会に包摂される「統合」から，権力への動員を求められる「統治」へとも言うべき合意形成・支持調達の様式へと変容していく．各種の資金配分や認証・資格付与などの「評価」を通じて，国家は間接的に影響力を保持しながら，社会問題の解決に向き合う市民セクターを「主体化」していく（町村 2016）．

（2）生き方・働き方の危機と多様化

　上記のような統合様式の解体は，「標準的ライフコース」の解体を同時に意味することになる．かつて非正規雇用は，正社員・正職員の夫（配偶者）に扶養された妻が家計を補うものとして位置づけられており，その点において短時間・低賃金の仕事であることに問題はなかった．しかしポスト・フォーディズム時代とも言われるような，単純労働者を柔軟に雇用する必要性が高まると，

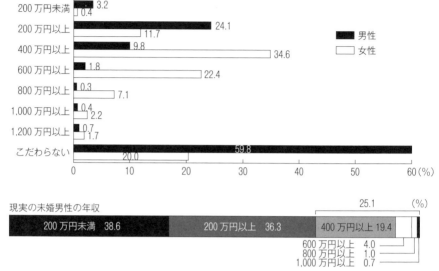

結婚相手に望む年収

図4-10　結婚相手に望む年収と現実の未婚男性の年収の比較

資料：明治安田生活福祉研究所『生活福祉研究』号．データは2010年の「結婚に関する調査」（全国ネット20～39歳，4120名の未婚者が回答）．

出所：山田（2013：113）．

家計を担うべき層の人々が非正規雇用で働く事態が生じる．そのことで貧困問題は顕在化し，とりわけ家計を担うことが期待されることの多い男性にとっては，一定以上の所得がないと結婚が困難となっている（図4-10）（山田 2013）．

　他方，「標準的ライフコース」の解体は危機である反面，生き方・働き方の多様化の進展をも意味している．先にみた所得選好によらないライフコースの選択などはその典型例であろう．

（3）世代を跨いだ「都市化」の完成

　さて1990年代以降，上記のように大規模な統合様式の解体とそれに連動するライフコース／ライフスタイルの危機と多様化が進展してきたが，しかし時期によるジグザクを経ながらも一貫して続いてきた社会的現象がある．それが東京圏への人口の社会増である（図4-11）．

　なぜ統合様式とライフライフスタイルの変容を経てもなお，東京圏に人々が集まり続け，またとどまり続けるのか．この一貫した東京圏への人口移動の社会的な背景と要因について，社会学者の山下祐介は，「職業威信の序列化，地

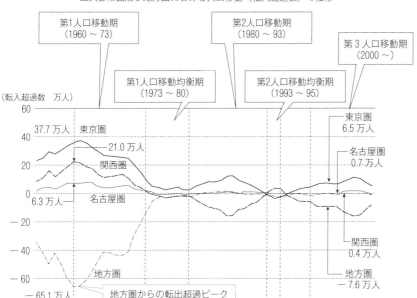

図 4 -11　人口の社会移動の推移

資料：総務省「住民基本台帳人口移動報告」
注：上記の地域区分は以下の通り.
　東京圏：埼玉県，千葉県，東京都，神奈川県　名古屋圏：岐阜県，愛知県，三重県　関西圏：京都府，大阪
　府，兵庫県，奈良県　三大都市圏：東京圏，名古屋圏，関西圏　地方圏：三大都市圏以外の地域
出所：増田編（2014：20）.

　域間の序列化」に求め，これを少子化の要因と併せながら政治行政や産業界の
仕組み，そして主要な世代に着目した社会史的な視点から叙述している（山下
2018：68-124）.
　「序列化」とは何か．それは官庁・自治体，民間企業ともに東京圏（首都圏）
を頂点として，大都市，中小都市，その他の地方・農山漁村へと連なる価値規
範を形成する．この「序列化」を世代の特性から見ると，現在の最高年齢世代
である「大正末から昭和一桁生まれ世代」は，その多くが農林漁業を中心に家
業をそのまま親から継承していたが，それに続く「団塊世代」に至ると，農村
から都市，地方から中央，そして農林漁業から工業・商業・サービス業への社
会移動が常態化し，職業威信の序列化が進行する．「団塊ジュニア世代」は子
育て場所が都市部へと移され，学歴主義の固定化とともに，就労先の高次化が

進み,「平成生まれ世代」がそれを引き継いでいる. ゆえに,「戦前生まれ世代」が平均寿命に達し, その世代が担ってきた仕事を埋めようとしても, 若い世代の就業意向とのミスマッチが生じている, ということになる.

こうして都市部への人口滞留, あるいは流入が連綿と続いてきた. ではなぜいま「田園回帰」なのか. 地方・農山村への移住の論理に着目する本章の関心からここで補助線を引いておきたい. それは団塊ジュニア世代の都市に留まるメンタリティについてである. それ以前の世代(とりわけ地方・農山漁村の次男・三男)の経済成長を背景とした向都離村は, 都会で仕事や家族を得て, 自分の人生を実現するためのもの, 夢や希望を伴うものであった. かつそれは社会的にも「標準的」な選択であった.

他方で団塊ジュニア世代が労働市場に参入する頃の事情は変わる. 1990年代からの雇用改革, 2000年代に入って競争主義・効率主義が徹底されるようになり, 自己の生存を政府や市場に委ねる世代にとって, 大都市に留まるのは「個としての安定を求め, 安心を求める」(山下 2018:118)ためということになる. この山下の見解に従えば, 都市への人口流入・滞留は変わらないトレンドであったとしても, その意味づけは大きく変容している, ということになる.

第3節　少子化対策としての「地方創生」

1　地方の人口減少に関わる問題群の変遷

第2節では, 日本型の広範な社会統合がどのような内実をもったものとして形成され, それがどのように変容していったのかを論じてきた. にも関わらず, いくつもの世代に跨って, 社会の再生産の基盤を掘り崩すように, その深部で拡大していったのが都市化である.

地方・農山村の人口減少について, 高度経済成長期の1960年代には,「過疎」問題として把握されていた. 1990年代に入ると, 社会減に加えて自然減が問題になるようになり(山下 2012:24), 大野晃が「限界集落」という概念を使い出すのもこの時期である.

「限界集落」という概念は1988年に初めて提起されたが(大野 2015:ii), 広く人口に膾炙し始めたのは2007年とされる. 2000年に始まる「三位一体の改革」の結果としての地域間格差問題がクローズアップされるようになり, この年の参議院選挙の大きな争点となったことでマスコミにも大きく取り上げられ

たためである（山下 2012：33-36）．

　そして2014年 5 月，元総務大臣の増田寛也氏が座長を務める日本創成会議・人口減少問題検討分科会が「成長を続ける21世紀のために――『ストップ少子化・地方元気戦略』――」を公表する．いわゆる「増田レポート」=「地方消滅論」の提起である．こうして地方の人口減少をめぐる問題機制は，「過疎」から「限界」，そして「消滅」へと推移する．多くの地方・農山漁村の深刻な後継者不足――地域存続の不可能性――がいよいよ現実的な問題として可視化されるに至る．

2　「地方消滅」論の提起

（1）「増田レポート」の提起

　「増田レポート」は主に 2 つの柱から構成されている．第一の柱は現状認識としての「極点社会」論である．国立社会保障・人口問題研究所の推計にもとづいて，2010年から2040年の30年間に若年女性（20～39歳）の減少率が 5 割を超える自治体を「消滅可能性都市」と定義，これによれば全体の49.8％にあたる896団体が「消滅可能性都市」に該当する．さらにそのうち，人口 1 万人未満となることが予測される523団体は「消滅可能性が高い」とされている．そしてこのままでは，子育て環境の不充足から出生率が際立って低い東京などの大都市に人口が吸い寄せられ（=「極点社会」化），そのことによって国全体としての人口減少がさらに加速するサイクル，「人口のブラックホール現象」（増田編 2014：34）が起こると警告している．「過疎・過密」から表現の強さが増した「極点社会」という把握である[9]．

（2）なぜ人口減少が起こったのか

　よく指摘されるように，ナショナルレベルでの人口減少局面に入った最も大きな構造的要因は，団塊の世代，団塊ジュニアの世代につぐ第 3 次ベビーブームが起きなかったことである（山下 2018）．戦後まもなく出生した団塊世代（=第 1 次ベビーブーム，1947～1949年），その子ども世代に相当する団塊ジュニア世代（=第 2 次ベビーブーム，1971～1974年）という 2 回の人口ボーナス期を経て，団塊ジュニア世代の多くが子どもに恵まれ，親になっていれば，第 3 次ベビーブームが招来されるはずだが，実際はそうはならなかった（図 4-12）．

　なぜか．団塊ジュニアは苦難の世代であった．まず学卒・就職時にバブル経済の崩壊による氷河期に遭遇する．1998年の消費税増税による景気の冷え込み

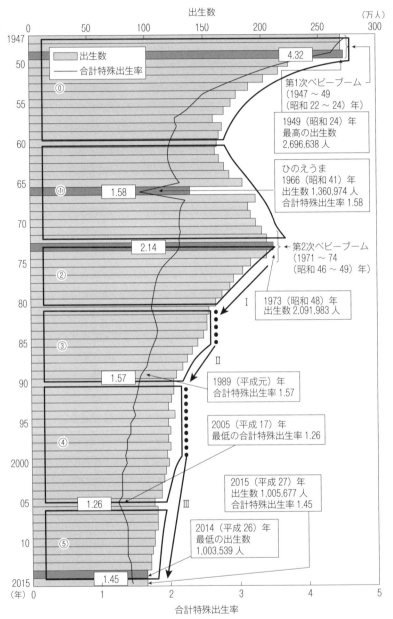

図 4-12 戦後日本の出生数の推移

資料：『平成29年版 少子化社会対策白書』（内閣府ホームページ，HTML 版）により作成.
出所：山下（2018：95）.

と金融危機に加えて，建設業においては1990年代半ば以降の公共事業の縮減によって，製造業においては安い労働力を求めた海外への移転によって，地方圏の雇用の受け皿が喪失する．さらに市町村合併や行財政改革に伴う自治体職員の新規採用減も重なり，若年層が出生率の低い東京に滞留する要因となる（坂本 2018）．さらに経済的に自立できず，結婚もしていない当該世代が年齢を重ね，高齢の親が面倒を見なくてはならない7040，あるいは8050問題が発生している[10]．こうしてナショナルレベルでの人口減少という未曽有の現象に直面し，政府が打ち出したのが，いわゆる「地方創生」である．

3 「地方消滅」論から「地方創生」へ

（1）「地方創生」の政策目標と枠組み

「増田レポート」の公表から半年後の2014年11月，「まち・ひと・しごと創生法」が公布・施行される．その目的として，「少子高齢化に歯止めをかけるとともに，東京圏への人口の過度の集中を是正し，それぞれの地域で住みよい環境を確保して，将来にわたって活力ある日本社会を維持していく」ことを定め，都道府県と市町村には，地方版総合戦略の策定が努力義務とされる．

「増田レポート」の公表から「地方創生」の内容的・人的連続性については，既に指摘されている（小田切 2014b，岡田 2014）．実際，「まち・ひと・しごと創生長期ビジョン──国民の『認識の共有』と『未来への選択』を目指して──」（2014年12月27日）では，「増田レポート」による地方自治体の「消滅可能性」の現状認識を共有し，「増田レポート」に示された「長期ビジョン」と「総合戦略」の策定，「総合戦略部」の設置，「地域版長期ビジョン」や「地域版総合戦略」の策定，そして「地域自らのイニシアティブで多様な取組を行うこと」といった事業推進の設計や方針は，ほぼ実際の「地方創生」政策において実施されている[11]．

（2）4つの基本目標

「地方創生」政策は「長期ビジョン」「基本方針」「総合戦略」の3層構造になっており，毎年，「基本方針」と「総合戦略」が策定・改訂を重ねるという形で進められている．「長期ビジョン・総合戦略」に示された4つの基本目標は以下の通りである．

基本目標① 地方における安定した雇用を創出する

> 基本目標② 地方への新しいひとの流れをつくる
> 基本目標③ 若い世代の結婚・出産・子育ての希望をかなえる
> 基本目標④ 時代に合った地域をつくり，安全なくらしを守るとともに，地域と地域を連携する

　基本目標①から③は，地方に雇用を作ることで（①），人口の社会増（②）と自然増（③）を実現する，「しごと」と「ひと」の好循環を創り出すというストーリーとして読み解くことができる．そして④「まち」は，その好循環を支える役割が期待されている．そしてそれぞれの具体的な施策が，上記基本目標のもとに体系化されており，KPI（成果目標）と PDCA（検証と事業の見直し）をかけていくこととされる．

　検討したい内容は多岐にわたるが，「田園回帰」をテーマとした本章の関心[12]に即して「目標② 地方への新しいひとの流れをつくる」について触れておきたい．この目標のもとに，「まち・ひと・しごと創生基本方針2018」では「わくわく地方生活実現政策パッケージ」の策定・実行が掲げられている．そのなかで地域おこし協力隊は「6年後に8千人」に拡充される方針が示されている．

　「地方への新しいひとの流れをつくる」という目標は首肯できるとして，しかし実際には政府の KPI 検証チームが，2016年時点で東京圏の転入超過が約12万人に上るなど，「現時点では効果が十分に発現するまでに至っていない」（『まち・ひと・しごと創生総合戦略の KPI 検証に関する報告書』）と認めざるをえないほどに，東京一極集中は続いている．この構造を打ち破ることができないまま，地方における社会増を推進しても，それは東京圏以外の減少していく人口を地域・自治体間で奪い合うことにしかならない．

　さらに東京圏の大学定員を抑制するような規制強化，あるいは地元に就職すれば奨学金が免除される，各種行政サービスの無償化によって他の自治体との差別化を図るなどといった経済的な優遇策で居住者を確保しようとする試みは，一定の有用性を認めつつも，本質的な解決策とは言えない．私たちの人生はもちろん，様々な社会的制約から自由ではないが，しかし規制強化でライフコースを制限すればよいというものでもないし，助成金によるメリットは他の地域・自治体と代替可能なものにすぎない．いま私たちにとって豊かな社会生活とはどのようなものと捉えればよいのだろうか．

第 4 節　豊かな社会生活の実現に向けて

1　「標準的ライフコース」解体による価値観の分岐

　最後に改めてなぜ「田園回帰」に注目するのか．過疎から消滅論にいたるまでの問題群が社会構造的的の要因によって生じたものである以上，これを押しとどめる動きもまた，社会構造上の視点から論じられなければ実効性は乏しい．その点において，「田園回帰」の動きには，社会意識の変容・多様化を踏まえた豊かな社会生活のあり方について，大きな示唆が得られる[13]．

　ここまでの議論を整理したい．経済成長と55年体制を条件として浸透した幅広い産業・階層・地域の統合様式は，1990年代以降の変容期を迎える．「田園回帰」をめぐる実態からは，第 2 節で論じた「権威の序列化」とは異なる論理が見いだせる．都市に向かう・留まる人々の論理が夢を追うものから生活防衛へと変容すると同時に，男性勤労者の終身雇用と年功序列，着実な家族形成と子ども世代の階層間の上昇移動によって特質づけられる「標準的ライフコース」の解体が招来される．より幅広い自己決定が可能に，かつ求められるようになったことで，旧来型の「序列」意識と並行して，その反転として自ら農山村への移住，離都向村に人生の活路を求めている人々が現れ，価値規範の分岐が起きている．

2　豊かな社会生活の実現に向けて

　「増田レポート」では，人口減少対策として，各地に「地域拠点都市」を作ることを提言している．「増田レポート」が言うように出生率の低い東京圏に人口が集中することでさらに人口減少が加速するという把握が正しいのであれば，なおのこと，「増田レポート」が提唱した，各地に「ミニ東京」を作るような「地域拠点都市」構想は問題の本質をすり替えていると言わざるをえない．実際，表 4 - 2 に見るように，大都市の出生率は，地方・農山村に比べて高くはない．

　坂本誠が「人口の自然増減はその時代における人々の『くらし』の安定度と将来見通しに左右される」(坂本 2018：45) と述べるように，「人口減少対策」とは，住民生活や自治の営みをボトムアップで作り上げ，支えていくことであろう．そこで地域での社会生活に着目することは，かかる地域・自治体の「選

表4-2 「全国小さくても輝く自治体フォーラムの会」参加自治体および
主要都市の合計特殊出生率（2008～2012年）

フォーラムの会参加町村	合計特殊出生率	主要都市	合計特殊出生率
ニセコ町	1.45	東京都区部	1.07
東川町	1.43	札幌市	1.08
訓子府町	1.54	仙台市	1.21
西興部村	1.33	新潟市	1.29
羽後町	1.44	さいたま市	1.34
大玉村	1.49	千葉市	1.32
矢祭町	1.69	川崎市	1.30
上野村	1.45	横浜市	1.29
神流町	1.46	相模原市	1.27
下仁田町	1.30	静岡市	1.40
南牧村	1.40	浜松市	1.57
川場村	1.46	名古屋市	1.35
酒々井村	1.19	京都市	1.16
関川村	1.57	大阪市	1.25
原村	1.55	堺市	1.42
阿智村	1.67	神戸市	1.28
根羽村	1.53	岡山市	1.44
下條村	1.63	広島市	1.46
栄村	1.52	北九州市	1.50
泰阜村	1.52	福岡市	1.24
白川村	1.52	熊本市	1.49
朝日町	1.72	船橋市	1.34
日野町	1.58	鹿児島市	1.42
甲良町	1.48	八王子市	1.20
多賀町	1.40	川口市	1.42
岩美町	1.51	姫路市	1.55
海士町	1.64	松山市	1.36
福崎町	1.48	宇都宮市	1.51
勝央町	1.64	東大阪市	1.34
奈義町	1.67	松戸市	1.34
西粟倉村	1.48	西宮市	1.32
上勝町	1.47	倉敷市	1.60
大豊町	1.44	市川市	1.33
本山町	1.47	大分市	1.50
土佐町	1.61	金沢市	1.39
九重町	1.74	福山市	1.71
綾町	1.82	尼崎市	1.47
木城町	1.68	長崎市	1.32
諸塚村	1.71	全国平均	1.38

注：主要都市については，政令指定都市及び人口の多い都市を上位から選択．網かけは，全国平均
　　を下回る自治体．
出所：小山（2014：35）．

択と集中」路線のオルタナティブを構想するための示唆を与えてくれる.

　その点からも,自らの価値基準で離都向村を目指す(若者たちを中心とした)「田園回帰」は,向都離村が夢や希望を伴う「標準的」なものとして準備されていたこととは異なり,多様な生き方のモデルを示している.

　また人々による自発的に,前向きに地方・農山村に移住したり,関係を深めていったりする「田園回帰」は,当該地域に住む人々にとっても,旧来の「序列化」を解体し,地方・農山村の価値を見直すきっかけにもなる.価値の多様化と主体的なライフスタイルの選択可能な社会環境の進展は,地域再生と豊かな社会生活を実現させるための社会的条件となっていると言えるだろう.

注

1)　2014年5月,日本創成会議・人口減少問題検討分科会によるレポート「成長を続ける21世紀のために――『ストップ少子化・地方元気戦略』」が公表された.これに『中央公論』掲載の論文や対談などを加えて増田編(2014)として書籍化されている.

2)　総務省が公表した2018年10月現在の人口推計によると,都道府県別で人口が増加したのは東京都,沖縄県,埼玉県,神奈川県,愛知県,千葉県,福岡県であり,改めて東京圏(埼玉,千葉,東京,神奈川)への一極集中が続いていることが明らかとなった.東京都における生産年齢人口の割合が65.7%で最も高く,22年連続で転出より転入が多い「社会増」が続いている.なお,出生数が死亡数を上回る「自然増」になったのは,全国で沖縄県だけである.

3)　総務省HP http://www.soumu.go.jp/main_content/000610488.pdf

4)　これに加えて,協力隊員の起業・事業継承に要する経費が1人当たり100万円上限,協力隊員の募集等に要する経費が1団体当たり200万円上限,「おためし地域おこし協力隊」に要する経費が1団体当たり100万円上限が措置される.

5)　総務省「平成29年度 地域おこし協力隊の定住状況等に係る調査結果」.

6)　調査はユニベール財団研究助成を受けて,相川陽一・長野大学准教授と共同で実施した.本文で触れている協力隊員対象の調査に加えて,長野県内の77市町村すべてを対象とした質問紙調査も同時に実施した.研究成果は宮下・相川(2018)にまとめられている.この論文では,地域おこし協力隊が担う地域活動を“ソーシャルな働き方”と捉え,その実態や課題を論じたうえで,自治体との協働の内実のあり方を問うている.さらに今後は,協力隊員に出身地や前住地の分析によって,地域を支えるネットワークを明らかにしたり,協力隊員の活動年数に応じた意識の変化に着目したりするなど,分析を深めていきたいと考えている.

7)　例えば『シリーズ田園回帰』全8巻(農山漁村文化協会),『JC総研ブックレット』(筑波書房),小田切(2014a).

8)　開発主義の概念を包括的に整理したものとして,町村(2004)を参照.さらに筆者は,かかる統合様式を近代国家成立以後のダイナミズムのなかで捉え直している(宮下2014).

9）紙面の都合上，「増田レポート」の分析には触れないが，関連する論考として宮下（2015a，2015b）を参照．

10）不遇の世代としてのアラフォー・クライシスについては，NHK のクローズアップ現代＋でも 2 回（2017年12月14日，2018年 6 月 4 日）に渡って特集されているほか，NHK「クローズアップ現代＋」取材班（2019）として書籍化されている．

11）「地方創生」政策によって，地域の資源や個性を活用した振興策の立案と，自治体が独自に地域の将来を具体的に展望する機会の定着化に寄与したという点は評価できる．しかし他方で，ゲームのルールを決め，ボトムアップであがってくるアイデアに対して評価をするのは国である．財政的な誘導になって，事実上すべての自治体がこのゲームに参加することを余儀なくされながら，自ら設定した KPI の達成状況に対する結果責任を負うのも自治体である．財源や権限は国が保持し続けながら，国策としての「地方創生」（＝人口減少対策）に，各自治体が自主的・主体的な創意工夫を求められ，国の評価のもとに自治体間競争が繰り広げられる，そんな新たな中央集権の形が作られたことになる．

12）宮下（2018）では，4 つの基本目標についてより詳しい分析を試みている．

13）「田園回帰」による地域の持続性を示したものとして，藤山浩による「田園回帰 1 ％戦略」が注目される（藤山 2015）．藤山は，国全体の人口構造の把握から，「地域に 1 ％の人口と経済」を取り戻すことで地域は持続的になるという明確な政策論を示し，これを各地の実践と結び付けて論じることに成功している．全体社会の構造的な把握から人口増減のメカニズムを説明しているものの，地域住民生活を一切視野に入れない「極点社会・地方消滅→地域拠点都市」論，他方で個別の実態分析に埋没するがゆえに得られた知見を普遍化する枠組みを有していない「限界集落→地域再生」論（大野 2015など）の限界を乗り越え，マクロ－ミクロを融合させた体系的な政策論を打ち出した点で評価できる．

参考文献

NHK「クローズアップ現代＋」取材班（2019）『アラフォー・クライシス「不遇の世代」に迫る危機』新潮社．

岡田知弘（2014）『「自治体消滅」論を超えて』自治体研究社．

大野晃（2015）『山・川・海の流域社会学――「山」の荒廃問題から「流域」の環境保全へ――』文理閣．

小田切徳美（2014a）『農山村は消滅しない』岩波書店（岩波新書）．

―――――（2014b）「『農村たたみ』に抗する田園回帰」『世界』No. 860．

小山大介（2014）「『第19回全国小さくても輝く自治体フォーラム in 九重』に参加して」『住民と自治』616号．

後藤道夫（2001）『収縮する日本型〈大衆社会〉――経済グローバリズムと国民の分裂』旬報社．

坂本誠（2018）「人口減少時代の地域政策　人口減少問題の構造的理解 ①」『住民と自治』660号．

藤山浩（2015）『田園回帰 1 ％戦略――地元に人と仕事を取り戻す――』（シリーズ田園回帰 1 ）農山漁村文化協会．

増田寛也編（2014）『地方消滅——東京一極集中が招く人口急減——』中央公論新社（中公新書）.

町村敬志（2004）「開発主義の終焉か，新しい開発主義か」渡辺治編『変貌する〈企業社会〉日本』旬報社.

————（2016）「『評価国家』における統治の構造——政治的合理性・プログラム・テクノロジー」，遠藤薫ほか編『社会理論の再興——社会システム論と再帰的自己組織性を超えて——』ミネルヴァ書房.

宮下聖史（2014）「地域政策の歴史的展開と現代地域政策の特質（下）——〈開発主義〉から新自由主義への変容と地域ガバナンス——」『長野大学紀要』36（2）.

————（2015a）「『人口減少社会』の地域政策・地域づくりに関する一考察——『選択と集中』路線に対抗するための理論と実践——」『長野大学紀要』36（3）.

————（2015b）「『増田レポート』の検討と『選択と集中』路線への対抗軸の形成」『信州自治研』No. 278.

————（2018）「地方創生政策の特徴・問題点と“よいコミュニティ”にもとづくこれからの地域づくり」『信州自治研』No. 321.

宮下聖史・相川陽一（2018）「地域おこし協力隊のキャリア形成と新しい地域コミュニティづくり——長野県地域おこし協力隊員と自治体担当者へのアンケート調査から——」，公益財団法人ユニベール財団編『豊かな高齢社会の探究（調査研究報告書）』Vol. 26.

山下祐介（2012）『限界集落の真実——過疎の村は消えるか？——』筑摩書房（ちくま新書）.

————（2018）『「都市の正義」が地方を壊す——地方創生の隘路を抜けて——』PHP研究所（PHP新書）.

山田昌弘（2009）『ワーキングプア時代——底抜けセーフティーネットを再構築せよ——』文藝春秋社.

————（2013）『なぜ日本は若者に冷酷なのか——そして下降移動社会が到来する——』東洋経済新報社.

第5章
外国人労働者の受入れと地域共生社会

佐 藤 卓 利

は じ め に

　2018年12月8日，外国人労働者の受入れ拡大を目的とした改正出入国管理法（以下，改正法と略す）が，参院本会議で可決成立した．安倍内閣が11月2日に改正法案を閣議決定し国会に提出してから，わずか1カ月余りという短期間の審議であった．改正法に基づく新しい制度の詳細は，法案審議の過程で明らかにされず，年末になって示された．新制度は，2019年4月1日から実施される．

　本章は，この間の国会での改正法の審議過程と，その後の外国人労働者受入れを巡る議論を，新聞などのマスメディアからの情報に基づいてフォローしながら，「外国人との共生」に関するいくつかの論考を参照し，外国人労働者の広範な受入れが，日本社会と「日本人」に対して提起している問題——それは日本で生まれ育ち，日本で働き暮らしている日本国籍を有する多くの人々が，普段気にもかけず，また気が付いても気が付かないふりをしているかも知れない問題——について考察する．

第1節　改正出入国管理法のねらい

1　外国人労働者の概況

　政府が国会に提出した改正法案の内容は，これまで技能実習生などに限っていた単純労働分野での外国人の就労を初めて認めるもので，新たな在留資格として「特定技能」を設け，「特定技能1号」は在留期間が通算5年までで家族の帯同不可，「特定技能2号」はより高い能力を条件とし，定期的な審査を受ければ事実上，永住が可能で家族の帯同も可というものである（『日本経済新聞』2018年11月3日付）．「特定技能1号」は，介護や建設など労働力不足が深刻な分野14業種に限定されるとのことだが，業種については改正法には盛り込まれず，

出入国管理及び難民認定法上，以下の形態での就労が可能．

「専門的・技術的分野」に該当する主な在留資格	
在留資格	具体例
教授	大学教授等
高度専門職	ポイント制による高度人材（学歴・年収・職歴等によるポイント）
経営・管理	企業等の経営者・管理者
法律・会計業務	弁護士，公認会計士等
医療	医師，歯科医師，看護師
研究	政府関係機関や私企業等の研究者
教育	中学校・高等学校等の語学教師等
技術・人文知識・国際業務	機械工学等の技術者，通訳，デザイナー，私企業の語学教師，マーケティング業務従事者等
企業内転勤	外国の事業所からの転勤者
介護	介護福祉士 ※平成29年9月から新たに追加
技能	外国料理の調理師，スポーツ指導者，航空機の操縦者，貴金属等の加工職人等

①専門的・技術的分野　　　　約23.8万人
・一部の在留資格については，上陸許可の基準を「我が国の産業及び国民生活に与える影響その他の事情」を勘案して定めることとされている．

②身分に基づき在留する者　　約45.9万人
（「定住者」（主に日系人），「日本人の配偶者等」，「永住者」（永住を認められた者）等）
・これらの在留資格は在留中の活動に制限がないため，様々な分野で報酬を受ける活動が可能．

③技能実習　　　　　　　　　約25.8万人
技能移転を通じた開発途上国への国際協力が目的．

④特定活動　　　　　　　　　約2.6万人
（EPAに基づく外国人看護師・介護福祉士候補者，ワーキングホリデー，外国人建設就労者，外国人造船就労者等）

⑤資格外活動（留学生のアルバイト等）　約29.7万人
・本来の在留資格の活動を阻害しない範囲内（1週28時間以内等）で報酬を受ける活動が許可．

計　約127.8万人

図5-1　我が国における外国人労働者の内訳

注：外国人雇用状況の届出状況（2017年10月末現在）による．
出所：内閣府「外国人労働力について」（2018年2月20日）〈https://www5.cao.go.jp/keizai-shimon/kaigi/minutes/2018/0220/shiryo_04.pdf〉（2018年12月24日閲覧）から引用．

成立後に省令などで決定する予定であるという（『朝日新聞』10月30日付）．

　まず内閣府の資料に基づき外国人労働者の概況を確認する．

　これまで就労目的の外国人の受け入れは，①専門的・技術的分野（大学教授や弁護士など），②身分に基づき在留するもの（定住者，日本人の配偶者，永住者など），③技能実習，④特定活動（経済連携協定（EPA）に基づく外国人看護師・介護福祉士候補者など），⑤資格外活動（留学生のアルバイトなど）に限られていた（図5-1）．これらの外国人労働者に加えて，改正法は，「特定技能1号・2号」という新たな範疇を設け，単純労働の受入れを進めることになった．法案審議の過程において示されなかった受入れ人数は，国会閉会後の12月17日に開かれた自民党法務部会で，2019年4月から5年間で，34万5150人を上限とすることが政府により示された（『日本経済新聞』12月18日付）．

　すでに技能実習生やブラジルなどからの日系人労働者，さらに留学生のアルバイトなど，単純労働の利用が広がっている．もはや彼ら・彼女らの就労なしには営業が成り立たない分野（外食・コンビニ・農業など）が多数ある．近年の労

○我が国における直近外国人労働者数者は，急速に増加し，昨年には，128万人（対前年比18%増）.

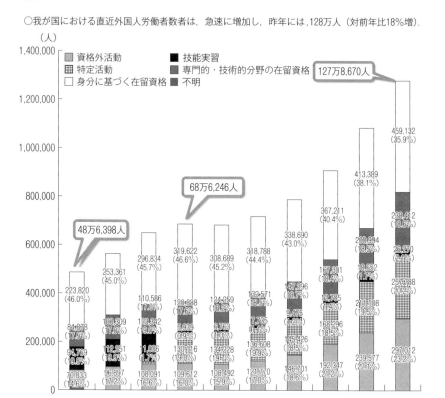

図 5-2　我が国における外国人労働者数の推移

注：厚生労働省「「外国人雇用状況」の届出状況まとめ」に基づく集計（各年10月末現在の統計）.

出所：内閣府「外国人労働力について」（2018年 2 月20日）〈https://www5.cao.go.jp/keizai-shimon/kaigi/minutes/2018/0220/shiryo_04.pdf〉（2018年12月24日閲覧）から引用.

働力不足が，ますますこうした状況に拍車をかけている．2017年の外国人労働者の数は，約128万人である．9 年前の2008年は約49万人であったから，この間に2.6倍となった（図 5-2）.

　その中でも技能実習と資格外活動の増え方が急なことが分かる．内閣府の資料によれば，2012年から2017年の 5 年間に我が国の雇用者数は306万人増えたが，そのうち60万人，約20%が外国人労働者の増加によるもので，さらにその増加の過半は，留学生のアルバイトなどの資格外活動や技能実習生の増加である（図 5-3）．このようになし崩し的に進んできた単純労働分野への外国人の受入れを，ある程度の限定を付けて認めようというのが，改正法の趣旨である.

○我が国における直近5年間の雇用者数の増加の2割は外国人労働者の増加．その増加の過半は，留学生のアルバイト等の資格外活動や技能実習生の増加．

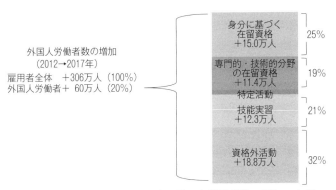

外国人労働者数の増加
（2012→2017年）
雇用者全体　＋306万人（100%）
外国人労働者＋ 60万人（20%）

身分に基づく
在留資格
＋15.0万人　　25%

専門的・技術的分野
の在留資格
＋11.4万人　　19%

特定活動

技能実習
＋12.3万人　　21%

資格外活動
＋18.8万人　　32%

図5-3　最近の外国人労働者数の増加の内訳

出所：内閣府「外国人労働力について」（2018年2月20日）〈https://www5.cao.go.jp/keizai-shimon/kai-gi/minutes/2018/0220/shiryo_04.pdf〉（2018年12月24日閲覧）から引用．

2 「骨太方針2018」

そもそも今回の唐突な改正法案の国会提出は，安倍内閣が6月15日に閣議決定した「骨太方針2018」（「経済財政運営と改革の基本方針2018」）が発端であった．その「第2章　力強い経済成長の実現に向けた重点的な取組」の一環として「4．新たな外国人人材の受入れ」の項目が盛り込まれた．

　「中小・小規模事業者をはじめとした人手不足は深刻化しており，我が国の経済・社会基盤の持続可能性を阻害する可能性が出てきている．このため，設備投資，技術革新，働き方改革などによる生産性向上や国内人材の確保を引き続き強力に推進するとともに，従来の専門的・技術的分野における外国人材に限定せず，一定の専門性・技能を有し即戦力となる外国人材を幅広く受け入れていく仕組みを構築する必要がある．

　このため，真に必要な分野に着目し，移民政策とは異なるものとして，外国人材の受入れを拡大するため，新たな在留資格を創設する．また，外国人留学生の国内での就職を更に円滑化するなど，従来の専門的・技術的分野における外国人材受入れの取組を更に進めるほか，外国人が円滑に共生できるような社会の実現に向けて取り組む」（26ページ，下線は引用者によ

　るもの）.¹⁾

第2節　「移民」として受け入れるのではないという政府の考え

1　安倍政権のジレンマ

　単純労働分野での人手不足は深刻であり，その解消手段としてこれまで例外的な扱いとして技能実習生や留学生アルバイトを使ってきたが，そうしたなし崩し的対応では最早問題は解決できないという，切羽詰まった事業者の声が高まり，その声は中小企業だけでなく大企業からも寄せられている.²⁾ 安倍政権はそうした声を無視することはできない.　しかし，外国人を大量に迎え入れることは，安倍政権を支える保守層の意識と相容れない.　ここに安倍政権のジレンマがある.

　このジレンマを回避する言い訳が，外国人労働者は「移民」ではないという政府の見解である.　改正法案の審議に先立って，11月5日の参院予算委員会で「入管法改正案を移民政策と言いたくない理由はあるのか」との野党議員の質問に対し，安倍首相は「期限を付して，限られた業種に限定的に外国人を受け入れるので，いわゆる移民政策ではない」と答弁した（『朝日新聞』11月10日付）.改正法案の国会提出に先立つ衆院本会議でも，安倍首相は「国民の人口に比して一定程度の外国人や家族を期限を設けず受け入れることで国家を維持する政策は考えていない」と答弁していた（『日本経済新聞』10月30日付）.　与党である自民党の中でも「移民」受入れに対する否定的意見は強く，10月22日から審議が始まった自民党法務部会での議論でも慎重意見が相次ぎ，「自民党が移民受け入れを認めたと有権者に思われたら党の支持者が離れ，参院選に影響する」との意見が続出したという（『同上』）.

2　「本音と建前の使い分け」の限界

　しかし，すでに私たちの周りには，多くの外国人が働き，暮らし，学んでいる.　そのことを日常的実感する事例のひとつがコンビニである.　業界最大手のセブン-イレブンでは，約39万人の従業員のうち約3万1000人，率にして7.9％が外国人で占められている.　大手4社の計では，約81万4000人の従業員のうち約5万5300人，6.8％が外国人である.　コンビニは技能実習生制度の対象外なので，コンビニの現場では，週28時間の労働制限がある留学生の資格外活動が

中心になっている．コンビニで働く外国人の多くは専門学校や日本語学校など
に通うアジア系の学生である（『毎日新聞』（2018年9月15日付）．

　もはやコンビニ業界は，彼らの労働なしには成り立たない．その彼らは「学
ぶ」ことが本業の留学生である．留学生という本来の在留資格の活動を阻害し
ない範囲内で，週28時間（春・夏の長期休暇中は週40時間）以内のアルバイトが認
められているのである．留学生を単純労働力として恒常的に利用している先進
国は，日本以外にないであろう．日本は，単純労働力は受け入れないが，留学
生は積極的に受け入れる．しかし留学生が単純労働力として働くことは，「資
格外活動」として限定的に認め労働力不足への対応として利用する．[3]

　留学生は本来の労働力ではないが，労働力として活用したい．技能実習生も
日本へは技能を身に着けるために来たのであり，本国へ戻ってその技能を活か
してもらうのが制度の趣旨である．しかし現実は，農業・建設業・製造業など
で単純労働力として必要不可欠な存在となっている．これを「本音と建前の使
い分け」と言わずして何と言うのか．

　この「本音と建前の使い分け」が限界に来ていることを示すのが，今回の改
正法である．しかし，改正法は外国人労働者を労働力としてだけでなく定住し
て暮らす人々として迎え入れるという趣旨ではない．改正法の下での「特定技
能」は，「移民」を認めるものではないと安倍首相は言う．この「移民」を認
めないという考えは，日本で一時的に就労する目的でやって来る外国人は「移
民」ではないので，結婚・出産・育児・教育・市民権などの問題は生じないは
ず，日常生活の上で生ずる生活習慣・価値規範の違いからのトラブルは，滞在
が一時的であるのだから日本人の生活スタイルに順応してもらうことで解決す
るしかない，という考えと結びつく．

3　外国人労働者の「フロントドア」からの受入れ

　「平成30年6月末の在留外国人数は，263万7,251人で，前年末に比べ7万
5,403人（2.9%）増加となり過去最高」と法務省入国管理局は報道発表したが，[4]
この数は「中長期在留者数」と在日コリアンなどの「特別永住者数」の合計で
あって，「移民」は含まれないというのが法務省の見解である．

　しかし指宿（2018：87）によれば，「移民の定義は多様であるが，国際的には
1年以上の在留をする者は移民と定義されることもある」という．技能実習生，
資格外活動としてアルバイトをする留学生，日系人などの身分に基づき在留す

る定住者などは，その多くが非熟練労働として働いている．指宿（2018：91）は，「このような非熟練の外国人労働者受入れを，バックドアからの受入れ，もしくはサイドドアからの受入れという．『単純労働者』は受け入れないという政府の方針に縛られて，フロントドアからの受入れはしないが，バックドアないしサイドドアから受け入れるというまやかしが約30年続いてきた」が，「今回の受入れ制度は，これまで政府が受入れないとしてきた『単純労働者』の受入れであるという点で『新たな』制度なのである」と指摘している．

　しかし単純労働者を「フロントドア」から受け入れる「新たな制度」の下で，さらに矛盾が広がる．彼ら・彼女らを「移民」という範疇で見るか否かにかかわらず，一定期間日本の社会で働く人たちは，この社会で暮らす人たちでもあるという当たり前の事実から，目を背けることはできない．期限付き滞在者として外国人労働者を扱うことは，彼ら・彼女らの生活の範囲を狭め，人間としての要求と権利を抑圧することになりはしないだろうか．

第3節　社会保障制度の在留外国人への適用について
──公的医療保険を中心に──

1　健康保険の扶養家族への適用問題

　外国人であっても日本で働けば，日本人と同様に税金を納め，社会保険料も負担しなければならない．「中長期在留者」のなかで家族帯同を認められない人々は，税金や保険料を支払いながら，社会保障の給付については平等ではないという問題が生じる．ここでは，この問題を公的医療保険に限定して考察する．

　公的医療保険のうち被用者が加入する健康保険は，扶養家族もカバーしている．外国人労働者が家族を本国に残している場合，健康保険は国籍に関係なく海外に住む扶養家族にも使えるので，扶養家族が海外在住でも一定の条件を満たせば「高額療養費制度」や「海外療養費制度」が使え，医療費の負担は軽減される．つまり在留外国人が健康保険に加入し，その扶養家族は本国にとどまっていても，その医療には日本の健康保険が適用され，日本国内で医療を受けた際に給付される医療と同等の医療に見合う費用が支払われることになるはずである．

　ところが，厚生労働省は，「保険を使える扶養家族を日本国内に住む人に限る方向で検討している」と言う（『朝日新聞』2018年11月29日付）．「もし保険を使

える扶養家族を『日本居住』に限れば，多くの日本人の家族は使えるのに，家族の帯同を認められない特定技能などの外国人は使えなくなる」（同上）．また健康保険からは，国籍に関係なく，健康保険の被保険者や扶養家族が日本国内外で出産した場合に，出産育児一時金が支給されるが，もし「健康保険を使える扶養家族が日本に住む人に限られれば，家族帯同を認められない『特定技能１号』の外国人の妻は支給対象外となる」という問題も指摘されている（『朝日新聞』2018年11月８日付）．税金や保険料は日本人と同様に徴収するが，給付については制限するという不平等が制度的に定着することにもなりかねない．⁵⁾

2　国民健康保険の不正利用問題

　留学生が加入している国民健康保険（国保）は，本人のみが被保険者であるが，この国保について不正利用が問題視されている．「治療目的で入国した場合，医療費は全額自己負担になる．医療機関からは，留学などと偽って入国し，治療を受けていると疑われる事例が報告されている」という．ただし「ただ実態ははっきりしない．厚労省は昨年３月，外国人の国保利用の実態を調査し，『不適正事実を疑う事例は，ほぼ確認できなかった』と結論づけた」（『朝日新聞』2018年11月29日付）．

　新田（2018）によれば，「合法的滞在外国人で在留期間が３カ月を超える者は日本国内に住所を有すること（国内居住要件）を被保険者の要件とする国民健康保険（国保）法，国民年金（国年）法，介護保険法については日本人と同じ要件で被保険者となる．……さらに日本国内の企業の事業所などに勤める者には，日本人と同じ要件で，健康保険（健保）法，厚生年金保険（厚年）法，雇用保険法，労働者災害補償保険（労災保険）法も適用される．……すなわち社会保障制度のうち社会保険制度は，基本的にすべての合法的滞在外国人について日本人と同様に適用される」．在留外国人に対して日本人と同様に社会保障が適用されることが基本原則である．

　しかし，正確な実態が把握されていない「国保の不正利用」を理由に，在留外国人の国保利用を問題視するかのような風潮が広まっている．安倍首相の参院予算委員会（11月７日）での「本来のあるべき形以外の形で我が国へ来て，直ちにそれ（高額療養費制度）を使う方が実際におられた」（『朝日新聞』2018年11月29日付）との発言も，そうした風潮を背景にしているのであろう．

第4節　在留外国人と地域共生社会

1　「骨太方針2018」と「ニッポン一億総活躍プラン」

　改正法の発端となった「骨太方針2018」は，「共助社会・共生社会づくり」の項で，「全ての人々が地域，暮らし，生きがいを共に創り高め合う地域共生社会を実現する」（45ページ）と宣言しているが，ここに言う「全ての人々」の中に家族の帯同を許されない外国人労働者や「永住権」を得て家族とともに暮らす在留外国人は含まれているのであろうか．

　「骨太方針2018」では，経済成長の手段として新たな外国人人材の受入れを促進すると言っているが，彼ら・彼女らが地域に定住し地域社会のメンバーとして暮らす生活者であることをとくに想定しているとは思われない．一時的に滞在し経済成長に貢献してくれる「お客さん」ではあっても，地域で共にくらす「隣人」としては配慮しないということなのか．

　「地域共生社会」というスローガンが広く流布するようになった契機は，安倍内閣が2016年に閣議決定した「ニッポン一億総活躍プラン」である．そこでは「地域共生社会の実現」が，次のようにうたわれている．

　　　「子供・高齢者・障害者など全ての人々が地域，暮らし，生きがいを共に創り，高め合うことができる「地域共生社会」を実現する．このため，支え手側と受け手側に分かれるのではなく，地域のあらゆる住民が役割を持ち，支え合いながら，自分らしく活躍できる地域コミュニティを育成し，福祉などの地域の公的サービスと協働して助け合いながら暮らすことのできる仕組みを構築する．また，寄附文化を醸成し，NPOとの連携や民間資金の活用を図る」（16ページ）[6]．

　「地域社会のあらゆる住民」のなかに在留外国人は含まれるのだろうか．文脈上，在留外国人は意識されていない．もっと広く見れば「ニッポン一億」の中にも約264万人の在留外国人の存在は意識されていない．

2　外国人を含む地域共生社会

　外国人労働者の受入れ拡大と地域共生社会の実現は，切り離すことのできない私たちの課題である．地域共生社会を実現するひとつの指標は，外国から

やって来て日本で暮らしている人々とのお付き合い，助け合い，支え合いが，従来から暮らしている人々と異ならない程度に豊かなものになることではないだろうか．そこに至る過程には，様々な障害があると思われる．そのひとつが地域や学校などでの「ものごとの決め方」の曖昧さではないか．日本人でも「よそ者」が良く理解できない「ものごとの決め方」は，言葉が不自由で文化や習慣が異なる外国から来た人々にとっては，一層不可解なものであろう．

　小熊（2018）は，「外国人との共存」というテーマで次のように問う．「この国は，何を守りたいのだろう」．そして「守りたがっているのは，『ずさん』で『不透明』な状態そのものかもしれない．ルールが不明確で，密室で決定でき，不服申し立てを許さず，責任が問われない」この国のあり方だという．「ルールの明確化と透明化は，外国人との共存に不可欠だ」，そして「これは，外国人との共存だけの話ではないのだ」と主張している．

　外国から多くの人々を隣人として受け入れることは，受け入れる日本社会のこれまでのあり方をあらためて振り返り，法・制度・政策を国際的視点から見直すことが差し迫った課題となっていると，「日本人」に気付かせることになる．

　外国人との「共生社会」の実現について，今から10年ほど前の第168国会（臨時会）において「少子化高齢化・共生社会に関する調査会」が設置され（2007年10月5日），3年間にわたる調査がなされた．その1年目に「外国人との共生」について調査が行われたが，その調査に先立って，以下の点が検討のポイントとして提起された．（1）外国人労働者が移民問題に進展する懸念がある．（2）外国人労働者がコミュニティを形成することで新たな異質なエリアがあちこちに出現することになる．（3）社会の二層構造化を招き，将来的には年金，福祉問題においてコスト増につながるおそれがある．（4）スムーズな雇用構造，産業構造の転換を妨げる．いずれも外国人労働者の受入れを消極的側面から見る視点の提起であって，「共生社会」実現に向けての積極的姿勢を示すものではない．しかしこれらのポイントをいかに克服するかが，10年後の現在において私たちに突き付けられている喫緊の課題なのである．

3　「誰にでもわかるルール」の形成と合意

　4つのポイントのうち地域共生社会を考える際の参考として（2）の内容を紹介しよう（山内 2008：140）．

　「『ゴミ出し』問題で明らかなように，文化・伝統や生活慣習，考え方の異なる人々と地域社会内において共存することが様々な軋轢を生じさせる．また外国人は集住する傾向が顕著で一定規模の外国人社会が形成されると，それを母体とした受入れが加速される．同じ国籍の滞在者間のネットワークが形成されると，就業や住居等の斡旋が行われるようになり，「とりあえず日本に行けば何とかなる」という土壌が作られ，不法滞在者を含め外国人労働者を受け入れる組織が形成される．これらが滞在者間の搾取・被搾取の関係に発展しかねず，社会不安や犯罪の温床ともなりうる」．

　確かに，外国人労働者は地域住民にとっては異質な存在として現れる．生活習慣・価値規範（宗教など）の異なる人たちが，ひとつの集団となって生活するようになれば，その地域の人々が不安に思い，警戒するのは自然の成り行きである．地域社会を構成する人々の変化・多様化にともなって，それまでに無かった，あるいは有っても潜在化していた諸問題が，目に見える形で現れる．「ゴミ出し」問題のような生活習慣の違いに起因する問題の多くはそのようなものである．「日本人」の社会の中にもあったし今でもある問題である．多様な人々を含む地域共生社会は，自然に形成されるわけではない．地域共生社会の形成，そしてその基礎としての地域住民が合意し合えるルールの形成と承認は，その必要性について住民同士が理解し合える程度に左右される．

　近年，地域共生社会が声高に唱えられる際に意識されているのは，主に少子高齢化に対して政府＝公だけではなく，民＝地域住民もお互いに生活を支え合う努力をしなければならないという上からの「規範」である．しかしそのような上からの「規範」が，異なる生活習慣・価値規範を持つ在留外国人をもメンバーする地域共生社会を形成するための「規範」となるのであろうか．外国人の定住が広がることは，それぞれの地域で以前から暮している人々に，自分たちの地域を別の視点からも検討するよう求めている．それは政府による「規範」の押し付けではなく，また異質な人々を排除するのでもなく，いかにして地域住民自らが「誰にでもわかるルール」を形成し合意に至るかという視点である．

第 5 節　持続可能な地域共生社会の含意

1　共生社会の含意

　共生（symbiosis）という言葉は，もともと生物学の用語で，「異なった生物が同一環境の中で共存していくこと」を意味し，「こうした生物学の用語を人間社会に援用したのが『共生社会』である」という．ただし，「生物学の共生は互いに利益を得る『相利共生』だけでなく，……一方だけが不利益をこうむり他方には無害な『片害共生』や，一方が利益を得て他方が不利益をこうむる『寄生』も含むが，……『共生社会』はもっぱら規範概念として扱われるため，多くの場合，片害共生や寄生は想定されていない」と武川（2018：38）は指摘している．

　現実の社会はどうであろうか．地域共生社会が行政から（上から目線で）語られるとき，それが「規範」や「理想」として現実の社会の有り様と切り離してイメージされてはいないだろうか．私たちが日々暮らす現実の社会には，「片害共生」も「寄生」もあり，また不利益をこうむる場合もあれば利益を得る場合もある．そうした社会の有り様をひとまず受け入れ，多少の不都合はお互いに許容し，それぞれがより快適な暮らしを実現するために，様々な属性を持った人たちが理解を深め合い，地域での暮らしを共有できる社会へ向けて，無理のない程度に努力していくことが，地域住民の立場からは望ましいのではないか．

　持続可能な地域共生社会とは，地域住民に「規範」が押し付けられ，その実現を「目標」として，「みんなで一緒に取り組もう」というスローガンが充満する社会ではないであろう．持続可能な社会とは，そこに暮らす普通の人々が無理や我慢をせずに生きていける社会であり，それは，一人ひとりが自分の意思にもとづいて，その固有の暮らしを人生の最期まで維持できるような社会ではないだろうか．中央政府が上から主導し，地域住民がひとつの目標に向かって統合されるような社会は，息苦しい社会であり，そのような社会が持続可能であるとは思えない．

2　地域の含意

　ところで地域という言葉で，人々は何をイメージするのであろうか．○○町内，○○学区という空間的なあるいは地理的なイメージだろうか．または自分

の町内や学区内に住んでいる人々をイメージする場合もあるかも知れない．前者の場合，英語では district が対応すると思われる．この言葉には行政区的な意味もある．後者の場合は，community だろうか．この言葉には地域共同体というニュアンスがある．さらに local という言葉もある．形容詞としては，地元の・現地のという意味であり，名詞の複数形の locals は，地元の人々という意味である．市町村は，国＝中央政府（central government）対して地方政府（local government）であるから，地域という言葉には，中央に対峙する意味合いもあるかも知れない．

　地域共生社会の正式な英訳は何か知らないが，地域という言葉には様々な意味があり，人々がこの言葉によってイメージする内容も様々であろう．したがって「共生」をどの範囲のどんな内容としてとらえるのかも様々であろう．住民が自分たちの暮らす地域について，あるいはその地域の必要性（有難み）について意識する機会は，通常それほど多くはないと思われる．したがって地域共生社会へ向けての出発点は，そうした地域住民がお互いに知り合う機会を増やすことであり，お互いの暮らしぶりや考えについて，はじめから「共通性」を意識するのではなく，まず違いや「異質性」を理解したうえで，「異質性」の基礎には「共通性」があることに気が付くことではないか．身近に多くの外国人が暮らすことになれば，まず「異質性」を意識することになるが，そこにとどまらず意識的な相互理解の努力は，様々な出来事を通じて「共通性」へと認識を深めることになる．そして「共通性」の基盤を形作る営みは，何よりも相互に人権意識を共有し合うことから始まる．

第6節　在留外国人の人権

1　在留外国人への社会保障

　多くの外国人労働者とその家族を地域住民として受入れ，生活支援や子供の教育，地域づくりに努力してきた基礎自治体が構成する「外国人集住都市会議」は，2019年4月から実施される「外国人材の受入れ・共生のための総合的対応策（検討の方向）」に対して「意見書」を提出した[7]．その中で次のような危惧を表明している．

　「私たち基礎自治体は，転入する外国人を地域住民として受入れ，安心し

　　た生活に必要な行政サービスを提供し，共にまちづくりを進めている．外
　　国人は労働者であるとともに，地域における生活者であるということが十
　　分に認識されない中で，中長期的な共生施策を伴わない外国人材の受入れ
　　の拡大は，地域社会に大きな混乱を招くことを，私たちはこれまで経験し
　　てきている」．

　在留外国人の生活を支える社会保障制度に関わる仕事の多くは，基礎自治体
が担ってきた．社会保障制度が平等に在留外国人に適用されているのかが問題
となる．少なくとも合法的滞在者であれば生活保護を除く社会保障制度（医療保
険等の社会保険制度や児童福祉等の社会福祉制度）は適用されることになるが，現実に
は日本語が十分に理解できない在留外国人は，その利用に際して大きな障害を有
している．その障害を克服するために行政が十分な支援をしてきたとは言えない．

2　労働関連法の適用

　国会での改正法の審議において，技能実習生の失踪問題が表面化した．「技
能実習生の失踪は昨年が7,089人，今年に入っては 6 月までで4,279人となって
いる．法務省は11月16日の衆院法務委員会の理事懇談会で，昨年12月までに失
踪し，その後，出入国管理・難民認定法違反などの容疑で摘発された実習生を
対象に失踪動機などを聞き取った『聴取票』の結果を公表した．人数は2,870
人で，国籍別では中国，ベトナム，インドネシアなどの順になっている．失踪
動機（複数回答）は『低賃金』が67.2%で最も多く，以下，『実習後も稼働した
い』が17.8%，『指導が厳しい』が12.6%，『労働時間が長い』が7.1%，『暴力
を受けた』が4.9%などとなっている．実習先での月給については『10万円以
下』が半数以上の1,627人，『10万円超〜15万円以下』は1,037人で，15万円以
下が 9 割以上を占めた」（『日本経済新聞』2018年11月18日付）．

　この調査報告から労働基準法，最低賃金法などの労働関連法違反のケースが
多数生じていることが分かる．「労働基準法と最低賃金法は，国籍による差別
を禁止している．つまり，法律上は労働者に対する内外人平等が保証されてい
る」．また「労働関連法における内外人平等は就労資格の合法・非合法に関わ
らず適用されることになっている．つまり，合法的な就労資格をもたない非正
規滞在者であっても，労働災害や賃金未払いその他労働関連法違反に対しての
権利を主張することできるのである」（鈴木 2010：7 ）が，その権利を主張し，

権利侵害を告発し，損害を回復するためには行政の支援を必要とする．現実に
その支援が不十分な中で，労働組合や人権擁護団体などの NPO の役割が，一
層求められている．人権侵害は，「日本人」自身の問題でもある．

お わ り に

　地域社会のメンバーであることの意味について，Sinclair（2016：82）は，以
下のように論じている．

　　「一つの意味は，これが法律上の問題であるということだ．つまり社会に
　　は，その社会の構成員の地位と市民権に関するルールを具体的に規定する
　　法律がある．しかしながら，ある社会の構成員であることは，法的地位よ
　　りもはるかに多くのことを意味している．イギリスの国籍法（British na-
　　tionality law）は，『無期限の在留許可』を有する身分について規定している．
　　それは人々に連合王国に居住し働く権利を与えている．これは，市民権に
　　ついての形式的で消極的な理解である．一つの場所にただ単に滞在するだ
　　けの権利を有することは，そこで充実した生活を営むこと，あるいは何処
　　かに居るべき場所があることとはまったく異なる．深い意味で社会の構成
　　員であることは，最低限の法的居住権を超え，地域（community）の暮らし
　　に加わることができることを意味する．社会的包摂と排除の概念は，社会
　　の構成員であることのより豊かな意味を表現している．そしてそれが含意
　　するものは何か，そしてそれがどのように邪魔されることがあるのか，そ
　　の両方を明らかにしている」．

　私たちは，海外からやって来てこの地で働き暮らす人々の市民権と地域の一
員であること（membership）の意味について，しっかりと議論し納得しなけれ
ばならない．

注
1）「経済財政運営と改革の基本方針2018　〜少子高齢化の克服による持続的な成長経路
　　の実現〜」（2018年 6 月15日）〈https://www5.cao.go.jp/keizai-shimon/kaigi/cabinet/
　　2018/2018_basicpolicies_ja.pdf〉（2018年12月25日閲覧）．
2）日本経済団体連合会の中西会長は，2018年11月19日の定例記者会見で「外国人材受入
　　れに向けた政府案（出入国管理法改正案）は，経団連の考えと方向性が一致している．

審議を尽くし，できるだけ早く法案が成立することを期待している」述べている〈www.keidanren.or.jp/speech/kaiken/2018/1119.html〉（2018年12月28日閲覧）.

3）海老原嗣生は，日本経済新聞のコラム「就活のリアル」で，留学生の実態について次のように述べている．「この（労働時間の）縛りは，国際的に見てもかなりゆるい．／他国のワーキングホリデーは基本，その対象年齢が若年層に限られるが，日本の留学に年齢制限はないし，しかも，上限労働時間にも負けるとも劣らない場合が多い．だから『労働目的』で日本に留学する外国人は実は多いのだ．／日本の人手不足があり，今までその対策の一解決策として『留学生』があった」（『日本経済新聞』2018年12月4日付夕刊）.

4）法務省入国管理局「平成30年6月末現在における在留外国人数について（速報値）」（2018年9月19日）〈www.moj.go.jp/nyuukokukanri/kouhou/nyuukokukanri04_00076.html〉（2018年12月26日閲覧）.

5）政府は，海外に住む扶養家族の健康保険利用について現行制度の改定を検討しているという．「政府は外国人労働者による医療保険の悪用を防ぐため，通常国会に健康保険法改正案などの関連法案を提出する構えだ．保険を適用する扶養家族は日本国内に限る方向だ」（『日本経済新聞』2018年12月26日付）．「外国人労働者による医療保険の悪用」とは，安倍首相の11月7日の参院予算委員会での高額療養費制度に関わって「本来あるべき形以外で，我が国に来て（同制度を）使う方が実際にいた．政府内の議論で私も問題を指摘し，整理するように言った」（『朝日新聞』2018年11月8日付）との答弁を念頭においたものと思われる.

6）「ニッポン一億総活躍プラン」（閣議決定，2018年6月2日）〈www.kantei.go.jp/jp/singi/ichiokusoukatsuyaku/pdf/plan1.pdf〉（2018年12月27日閲覧）.

7）外国人集住都市会議「新たな外国人材の受入れに係る多文化共生推進について（意見書）」2018年11月28日，1ページ．〈www.shujutoshi.jp/info/i1811-02.pdf〉（2018年12月27日閲覧）.

参考文献
指宿昭一（2018）「外国人労働者の受入れ制度の新方針」『世界』12月号.
小熊英二（2018）「論壇時評　外国人との共存」『朝日新聞』11月29日付.
鈴木江里子（2010）「地域社会と外国人――『共に生きる』社会に向けて――」『JOYO ARC』2010年5月号，一般財団法人常陽地域研究センター〈www.arc.or.jp/ARC/shuppan/pdf/201005/03.pdf〉（2018年12月27日閲覧）.
武川正吾（2018）「地域福祉と地域共生社会」『社会福祉研究』（公益財団法人鉄道弘済会）132号．2018年7月.
新田秀樹（2018）「経済教室　外国人労働者受入れ拡大の論点」『日本経済新聞』11月28日付.
山内一宏（2008）「多文化共生社会の構築を目指して～外国人労働者受入れ問題～」『立法と調査』1月．No.275〈www.sangiin.go.jp/japanese/annai/chousa/rippou_chousa/backnumber/2008pdf/20080118137.pdf〉（2018年12月26日閲覧）.
Sinclair, Stephen（2016）*Introduction to Social Policy Analysis : Illuminating Welfare.* Bristol: Policy Press.

第6章
再生可能エネルギーの地域付加価値分析を
地方自治体レベルでの政策形成に適用する
——日本の事例——

ラウパッハ スミヤ ヨーク

はじめに
——問題の背景——

　地方自治体（市，町，地区，村）は，気候変動と再生可能エネルギー（Renewable Energy：RE）の推進において極めて重要な役割を果たしている．それはエネルギー効率と省エネルギーに次いで，気候変動の地球規模の闘争においても重要な対策である（Barber 2016；植田2016）．同時に，国や地方自治体は，地域の経済発展にとってREが多大な利点をもたらすと認識するようになってきている（諸富 2015）．気候変動と闘うことの重要性を強調するだけでなく，地元の雇用，企業および自治体の財政へのプラスの効果をも期待して，その地域でREの利用を促進することに熱心な市長も出てきている．同時に，再生可能エネルギーの普及は，地上で収穫できる，分散型しかも拡張可能なエネルギー源として，地域，地域社会，景観に持続的な影響を与えている．したがって，再生可能エネルギーの地方での受け入れは，再生可能エネルギープロジェクトの実施および再生可能エネルギー関連政策の成功にとって不可欠である．

　日本では2012年7月に固定価格買取制度（FIT）が導入されて以来，再生可能エネルギー関連投資が急増している．だが同時に国内では，REに関して懸念も高まっている（Renewable Energy Institute 2017）．賦課金の負担増加，送電網への連結問題，送電網の安定性および市場統合に加えて，REプロジェクト，とくに大規模メガソーラー発電所，風力発電所，地熱発電所またはバイオマス発電所に対する地域住民の抵抗が高まっているである（環境エネルギー政策研究所2015）．

　多くの住民は，自分たちの地域における再生可能エネルギーの恩恵を認識しないまま，景観，安全性および環境への悪影響（森林減少など）に関心を持っている．その結果として，地方自治体はジレンマに直面している．地方の要件に

適合できるような再生可能エネルギーを促進する諸政策をどのようにして考案すべきなのか疑問を抱いている．したがって，自治体は，再生可能エネルギーの地域経済効果，ならびに地域の雇用および経済発展に対する再生可能エネルギーの潜在的可能性の測定，分析，評価することに高い関心をもっている．RE の地域付加価値（Regional Value-Added：RVA）分析はそのような点での方法論的アプローチを提供するものである．

第1節　地域付加価値分析とは何か

　RVA 分析の基礎には，代表的な再生可能エネルギー技術のコスト構造とその収益の流れを反映するテクノロジー（小規模の屋上ソーラー，小規模の木質バイオマスボイラーなど）固有のバリューチェーンの構築がある（Raupach-Sumiya, J., et. al. 2015）．それはバリューチェーンの様々な段階，つまりシステム構築，計画と建設，運用，システム管理などをカバーしている．特殊な再生可能エネルギーテクノロジーの RVA は純個人所得，純利益および地域税収入の合計として定義できるが，それらはテクノロジー固有のバリューチェーンの様々な段階に沿って投下された再生可能エネルギー投資によって生成したものである．これらの標準化されたデータセットは，地域固有の条件を反映するようにカスタマイズされている．

　日本向けの RVA モデルは，5つの再生可能エネルギー技術（太陽光，風力，バイオマス，小規模水力，地熱）に関する包括的な技術固有のデータベースに基づいている．この5つはさらに細分されて，様々な代表的なタイプの再生可能エネルギープロジェクトを反映するサブカテゴリーを含んでいる（ラウパッハ・中山・諸富 2015：125-146）．この RVA モデルによって統合されるデータはシステムコストと運用管理コスト及びこれらのプロジェクトの収益の流れを表す．このプロジェクトの収益の流れは，カスタマイズ可能な計画期間全体の中で，プロジェクト固有およびテクノロジー固有のバリューチェーンのそれぞれの段階を通じて割引キャッシュフロー計画の形で生み出されるものである．[1]

　このデータセットは，日本政府による公的に入手可能な統計（例えば，FIT 委員会），二次文献の広範な見直し，専門家インタビューならびに選択されたプロジェクトに関する事業計画から引き出されたものである．また，新エネルギー・産業技術総合機構（New Energy and Industrial Technology Development Organi-

zation：NEDO）や国際再生可能エネルギー機関（International Renewable Energy
Agency：IRENA）などの国内外の研究機関が行った，太陽光発電や風力発電な
どの代表的な再生可能エネルギー技術の将来のコスト展開についての予測も統
合している．そのため，長期にわたるシナリオ分析と予測も可能となっている．
日本向け RVA モデルは，標準化された費用と収益のデータに基づいているが，
プロジェクトまたは地域固有のカスタマイズ化も可能である．

　バリューチェーンの段階別 RVA の推定のためにこのモデルが利用している
のは，日本の財務省の企業別財務諸表統計調査（法人企業統計）の業界統計であ
る．それは日本の様々な産業の原価構造および収益構造について企業規模ごと
に細分化されたデータを提供しているからである．もちろん一般的に再生可能
エネルギー事業にも関係している様々な日本の産業も含まれている．このモデ
ルによって，選択された地域の特定産業の有効性と経済的強みを反映するよう
に地域固有のカスタマイズ化が許されるようになる．

　このモデルでは，計画期間にわたって特定のバリューチェーンの各段階で累
積された RVA の結果並びに年次ごとの RVA の結果が得られる．そしてそれ
らは市民，自治体，事業者，金融機関，農業，林業などの関係者グループ毎に
より詳しく分類できる．そうすることによって，選択された再生可能エネル
ギープロジェクトおよび恩恵を受ける利害関係者グループの資金の流れが透明
になる．さらに分析を行うと，域内に残る財務フローと，域外の利害関係者に
利益をもたらすものとのシェアも明らかになる．

第2節　RVA 分析によるケーススタディの諸結果

　この RVA 分析が適用されているのはひとつの県と多数の自治体である．そ
こでは積極的に再生可能エネルギーを推進し，その政策の地域経済効果の定量
的評価に関心をもっている．日本における以下のケーススタディの分析に基づ
いて本章の結果と結論が出される．

＊飯田市（長野県）：2000年から2015年の再生可能エネルギー投資の地域的な長
期的経済効果の評価

＊飯田市のおひさま進歩エネルギー（長野県）：2004〜2015年度の当該地域のプ

ロジェクトに対する RE ベンチャーおよび投資ファンドの長期的地域的な経済的影響の評価

＊北栄町（鳥取県）：2004年度から2024年度の地方自治体所有の風力発電事業の地域経済効果の評価と予測

＊下川町村（北海道）：木質バイオマスを利用した地域暖房プロジェクトの計画による地域経済効果の評価

＊米子地域エネルギー（鳥取県）：官民パートナーシップとして組織され，再生可能エネルギーの生産および小売業に従事しているこの電力会社の地域経済効果の評価

＊長野県：2000年から2030年の間の県エネルギー・気候戦略による地域経済への長期的影響の評価

　このケーススタディの分析の目的は，地域の意思決定者，役所の関係者と政策指向の対話を行い，それによって地域レベルでの政策形成と意思決定のための有意義で効果的な支援方法を精査することであった．地域レベルでの再生可能エネルギーに関する RVA 分析の適用が再生可能エネルギーに関する政策形成および意思決定のために実用的かつ効果的な支援を提供できるとされるのは以下の4つの分野である．

＊特定地域（飯田市／長野県の事例）のエネルギー・環境の包括的評価の一環としての RVA 分析の適用

＊特定された地域における特定かつ複雑な再生可能エネルギープロジェクトの長期的な経済的影響の評価への RVA 分析の適用（鳥取県北栄町の自治体所有の風力発電所の場合．鳥取県米子市での一部市有の入った地方電力小売り合弁事業ローカルエネルギー．北海道下川町での木質バイオマスを活用した地域暖房事業）

＊地域の気候とエネルギー戦略の長期的開発とシナリオ計画作成への RVA 分

析の適用（長野県の事例）.

＊地域の再生促進に関する地域の利害関係者との対話および利害関係者向けコミュニケーション戦略の不可欠な要素としての RVA 分析の適用（地域エネルギー事業の事例，長野県飯田市おひさま進歩エネルギー）

　この RVA 分析は，各ケーススタディにたいして，積極的で長期的に累積される経済効果を実証しただけでなく，特定の政策のさらなる改良を命じるような重大な問題をも特定している.

　第一に，すべてのケーススタディでは，長期的な目標を達成するために再生可能エネルギー投資をさらに加速させる必要性を強調している. とくに喫緊の課題は，風力エネルギーへの投資を促進し，暖房と交通部門に関する包括的な再生可能エネルギー戦略の策定である.

　第二に，ローカルな所有と中小規模の装置設備が RVA 全体の基盤となっているのは，ほとんどの装置設備が地元の事業家や個人の世帯が取り扱い資金出資しているからである. したがって，地方レベルでの再生可能エネルギー投資をさらに刺激することが重要である. 固定価格買取制度がそれほど魅力的でなくなり，再生可能エネルギーに対する一般的な感情が冷え込んでいるように思われるので，地域の投資に基づいて再生可能エネルギー展開の長期的な利益を伝えることが不可欠である. 重要な政策のひとつは，蓄電池やマイクログリッド技術と組み合わせた，自家発電された太陽光発電の自己消費の魅力的な中期的展望についての認識を高め，オフグリッドソリューションや仮想電力プラント（VPP）スキームを促進する具体的なインセンティブ・スキームを設計することである.

　日本の自治体にとって重要な問題は，再生可能エネルギー投資の遺産をいかに扱うかである. とくに10kWp 以下の屋根から太陽光発電設備への対処である. これは，初期投資を完全に回収することなく2019年以降は固定価格買取（FIT）システムから除外されてしまう. これらの装置設備の運転寿命は保証された10年よりもかなり長いので，特別なインセンティブ・スキームがさらなるRE 投資を引き起こすのに役立つかもしれない. 政策選択肢のひとつは，これらの世帯が住宅の断熱材とエネルギー効率の向上に投資するという条件で，こ

れらの世帯に地元の FIT を提供することである.

　さらなる問題は, ビジネスモデルをシフトまたは拡大することによって, ローカルな再生可能エネルギーの展開による地域的なプラスの経済効果をどのように活用するかである. 例えば, 鳥取県北栄町の風力発電事業を RVA で分析した結果, 地元の小売電力会社を設立し, ビジネスモデルを FIT モデルから地域のエネルギー供給モデルに移行することが可能であることが明らかになった. 減価償却は間もなく終了し, 既存のウインドパークの電力再供給は魅力的な選択肢であるため, このようなビジネスモデルの変化は地域の電力の自給自足につながり, 外部電力料金を代用し, 地域の購買力を高め, さらに地域循環経済を強化することになる. 木質バイオマスエネルギーへの拡大が計画されているので, 地域のエネルギー提供者モデルは実行可能で, 競争力がありそして安全であるように思われる. 同様に, 鳥取県米子市の地方エネルギーの場合, RVA 分析は, ビジネスモデルを仮想発電所（VPP）スキームに基づく RE ファンド管理および RE アグリゲーションに拡張すると, RVA が大幅に増加することを示唆している.

第3節　ケーススタディの諸結果を考察する

　日本の地域のケーススタディは, エネルギー関連の政策形成および利害関係者とのコミュニケーションのために再生可能エネルギーの RVA 分析が適用できる様々な方法があること示している. 様々な地域の政府高官による肯定的な反応は, 柔軟なツールとしての RVA 分析の実用的有用性を強調している. このツールは, 頑強で測定可能な結果を生み出し, シナリオ指向の計画アプローチを支持し, そして代替的な政策措置の事実に基づく議論を可能にしているからである. それでも, RVA 分析の成功と RVA モデルの適用は, データの利用可能性に関するいくつかの重要な前提に依存している.

　第一に, 自治体は, その地域社会のエネルギー状況について, 良質で定量的な理解を持つべきであろう. 地域のエネルギー収支, 部門別のエネルギー消費量, および電力と発熱のための地域のエネルギー源の組み合わせに関するデータあるいはその見積もりが分析の重要な基礎となる.

　第二に, 関係当事者は, 現地の状況を反映するために可能な限りモデルをカスタマイズするために, 広範囲の専有データおよび統計を提供できるようにな

らなければならない．とりわけ，重要な情報源は，ベンダーによる見積もり，選択された再生可能エネルギープロジェクトの事業者による事業計画および財務諸表，ローカル再生可能エネルギー施設整備に関する統計，それらの設置年月日，能力容量および所有構造，または再生可能エネルギープロジェクトに対するローカル補助金である．

　最後に，地域内のそれぞれの再生可能エネルギー技術の地域的なバリューチェーンに沿った事業構造を理解するためには，地域の産業構造および実際のセクター固有の供給業者リストに関する経済統計も利用可能でなければならない．

　同時に，ケーススタディの結果と選択された地域の特定の政治的および社会的文脈内でのRVAモデルの適用は，地域政策形成と利害関係者との対話のために，どのようにしてREのRVA分析の有効性をさらに高めるかについてより幅広い含意をもっている．

境界の定義問題

　ひとつの重要な論点は，分析する地域の境界をどのように定義するのが最も良いかという問題である．この研究は特定の自治体や都道府県によって委託されたものなので，それぞれの地域の法的境界が分析のための論理的，地理的な範囲を確定している．しかし，この法的境界は，地理的，歴史的，文化的，経済的および社会的な境界と一致しないことが多い．後者の境界の方が分析のより自然な単位であり，しばしば循環的な地域経済の拡大した空間枠となっている．例えば，農村の場合，隣接する村との経済的および社会的なつながりが強いため，法的境界は制限されすぎている可能性がある．このような場合，自然に拡大した地域循環経済である地域の伝統的な社会経済的境界をよりよく反映するために，分析の地理的範囲を拡大することがより有用であるかもしれない．例えば，飯田市のおひさま進歩エネルギー，ローカルエネルギーおよび北栄町のケースでは，RVA分析の結果はより広範囲な地域の文脈の中で解釈されている．大都市や都市部の場合も同様である．

　都市の法的境界は，隣接する郊外地域や農村地域を含まないことが多いが，都市は地域システムの自然文化的，社会的，経済的中心を形成している（Rose 2016）．地方自治体のエネルギー戦略が地域経済に与える影響は，通常，都市自体に限定されず，都市周辺の大都市圏に広がっている．実際，都市による有

意義な再生可能エネルギー関連戦略では，土地やその他の再生可能エネルギー関連の諸資源を都市に提供する隣接する郊外および農村地域との共同作業が必要になることがよくある．これは，東京，大阪，名古屋，福岡など大都市圏がある日本にとくに当てはまる．したがって，地方自治体の法的境界を越えた事前の協議と協力を必要とする RVA 分析のために，どこが適切な地域範囲かについて議論し定義することが重要である．これ自体は，地域レベルでの再生可能エネルギー関連の戦略と政策形成の過程において，すでに重要なステップとなっている．

統合戦略

ケーススタディが示したのは，様々な再生可能エネルギー技術及び具体的な再生可能エネルギー関連の取組み，経済的実行可能性と効果的な実施に影響を与える具体的な政策措置，これらの相互依存性である．例えば，長野県のシナリオ分析では，木質バイオマスプロジェクトが単独独立型の解決策としてもまたは地域暖房の一部としても比較的強力な地域経済効果をもっていることが明らかになった．そしてバイオマスベースの暖房のための統合戦略の必要性も強調されている．しかしながら，そのような政策は，森林政策や都市開発計画などの他の政策計画分野との水平的統合と調整をすることが必要となる．そのため，RVA 分析は，様々な部門にまたがるエネルギー関連問題を網羅する包括的なマスタープランに統合されない限り，その実用的価値はほとんどなくなってしまう．しかし，これには地方自治体内の様々な部署間の緊密な協力と政策調整が必要となるが，それでも，伝統的な縄張り，予算，および政策立案権限を保護する孤立した「サイロ」を形成することがよくある．

日本では，1998年以降，地方自治体は地方の気候政策に責任を負うことが義務付けられてきた．そのため，エネルギーと気候の問題に対処するために専門の環境局が設置されることになった（自然エネルギー財団 2017）．環境エネルギー部は，データを収集したり，特定の措置の実行可能性を評価したりするために，通常はより多くの予算の権限と組織的な力を持つ他の部署に頼らなければならない．したがって，エネルギー関連政策の形成は，部門間の広範な交渉を含んでいる．そして通常は「より強い」他部門による善意と協力に依存してしまう．したがって，独自の「エネルギーサイロ」を設立するのではなくて，エネルギー関連の責任を特定の運用機能に統合しながら，機能横断型の管理およびコ

ミュニケーション単位を設定する方がより効果的に思われる.

レバレッジの活用

　自治体とくに都市は，気候変動の世界的な戦いにおいて極めて重要な役割を
果たす. しかし，自治体がイニシアチブと行動でより広範な影響を及ぼすには，
市民，NGO，ビジネス，金融機関あるいは教育機関などの多くの利害関係者
の動員と協調行動を必要とする. つまり，自治体はレバレッジ（影響力のテコ入
れ）を活用して，それが効くポイントを有効にする必要がある. RVA 分析は，
RE 関連戦略のための影響力のテコ入れを探究してきたが，以下のように，適
用できる 3 つの可能な方法を見つけ出している.

　第一に，RVA 分析は自治体が管理する諸資源を識別するのに役立つ. その
諸資源はテコとなって影響力を発揮するために束にして育成することができる.
例えば，事務所，学校，図書館，プールなどの自治体所有の建物や，水，ガス，
下水，廃棄物管理などの施設は，エネルギー関連の相乗効果を生み出し，地域
社会にたいして強力な信号機能を果たすことができる. 地方自治体の公益事業
や小売電力会社を設立するという点に日本の自治体の関心が高まっていること
は，エネルギーバリューチェーンの前方統合によって地域内で価値を維持し，
それによってエネルギー関連政策を強力に活用しようとする野心の表れである.

　第二に，RVA 分析は，RE 関連投資を動員するための効果的なインセン
ティブ・スキームを考案するのに役立つ. 例えば，ケーススタディでは，ハー
ドウェア中心の補助金に一定の限界があることが分かり，コンセプト開発やビ
ジネスモデル構築などの「ソフトファクター」のサポートがより効率的かつ効
果的で長期的なものになる可能性があることが示唆された. 実際，ソーラー
マッピング，サーモグラフィーマップ，エネルギー関連の協議会または教育に
関するガイダンスやフィードバックなどの「ソフトサービス」は，自治体が焦
点を当てることができ，重大な影響力をもつテコとなっている.

　最後にそして最も重要なことに，RVA 分析は，利害関係者を動員し，コ
ミュニティ基盤の合意を構築するための強力なコミュニケーションツールを提
供する. ただし，RVA 分析の事実に基づく結果の伝達は，実際に影響力を行
使する人を対象とし，様々な利害関係者グループの特定の利益と立場に合わせ
て調整する必要がある. コミュニティの様々なネットワークの社会的マッピン

グとその範囲およびメンバー間の既存の強い結びつき・弱い結びつきは，アイデアが広がる経路を特定し，行動に影響を与え，行動を誘発するための強力なツールを提供している（Rose 2016）．「ハードな」経済的 RVA 分析と「よりソフトな」社会科学ベースのネットワークおよび利害関係者分析との組み合わせは，自治体レベルでエネルギー関連の政策形成を活用するための有望な手段であるように思われる．

おわりに

再生可能エネルギーの RVA 分析は，自治体レベルでの利害関係者向けのコミュニケーションと同様に，政策形成を支援するための様々な実用的で事実に基づく方法を提供することが示された．RVA 分析は，地域の意思決定者や役所関係者との政策指向の対話を引き起こし，それに取り組むための有用な手段であり，それによって地域レベルでの政策形成および意思決定のための有意義で効果的な支援方法を精査している．それでも，再生可能エネルギー単独の地域経済効果の評価はかなり限定的な価値しかない．様々な組織の境界や政策分野を網羅し，有効的な実施とコミュニケーションのためのてこ入れポイントに焦点を当てている包括的なマスタープランに統合されていない限り，限定的な価値しかもたない．統合と影響力のテコ入れのための出発点は，地域の歴史的，文化的，社会経済的境界を考慮に入れることによって，分析の地理的範囲を適切に定義することである．社会科学に基づくネットワークと利害関係者の分析は，これらのてこ入れのポイントを識別し，効果的に動員するための有望なアプローチである．

注
1）日本の場合，このモデルはシステムの製作の段階を含んではいない．

文献
Barber, B.R.（2016）*Cool cities: Urban sovereignty and the fix for global warming*, Yale University Press.

Raupach-Sumiya, J., et al.（2015）"Regional economic effects of renewable energies-comparing Germany and Japan", *Energy, Sustainability and Society A Springer Open Journal* 5:10, pp. 1-17.

Renewable Energy Institute（2017），"Feed-in Tariffs in Japan: Five Years of Achievements and Future Challenges", Tokyo, September 2017.

Rose, J.（2016）"The well-tempered city: What modern science, ancient civilizations and human nature teach us about the future of urban life", Harper Collins Publishers, New York.

植田和弘編（2016）『地域分散型エネルギーシステム』日本評論社.

環境エネルギー政策研究所（2015）「持続可能な社会と自然エネルギー──研究会報告」2015年6月.

自然エネルギー財団（2017）「地域エネルギー政策に関する提言──自然エネルギーを地域から拡大するために」2017年6月.

諸富徹編著（2015）『再生可能エネルギーと地域再生』日本評論社.

ラウパッハ スミヤ ヨーク・中山琢夫・諸富徹（2015）「再生可能エネルギーが日本の地域にもたらす経済効果：電源毎の産業連鎖分析を用いた試算モデル」, 諸富徹編著『再生可能エネルギーと地域再生』第5章, 日本評論社, pp. 125-146

第 **7** 章

中国東北および遼寧省における経済減速と国有企業体制

松野周治

はじめに

中国経済の成長率が低下（約30年間続いた10％の経済成長率が，2012年以降7％台，15年以降6％台に低下）する中で，その要因，並びに今後の成長に向けた諸課題に関心が高まっている（World Bank 2012）が，省レベルで最も深刻なのは，遼寧省である．

同省を含む中国東北3省（他に，吉林，黒龍江）は，1990年代末以降，2013年まで全国平均を上回る経済成長を実現し，3省合計GDPは2003年から2014年までの10年余間に当年価格で4.5倍，実質で2.7倍となった．中でも，遼寧省は1人当たりGDPが，2014年に1万ドルを突破，1万614ドルに達している（同年の全国平均は7591ドル，吉林は8166ドル，黒龍江は6386ドル）．しかし，2014年以降，東北の成長率は全国平均を下回るようになった．東北3省合計GDPの約半分を占める遼寧省の落ち込みがとくに大きく，それまでの統計数値水増しの影響も考えられるものの，2016年は全国で唯一のマイナス成長（△2.5％）を記録した．2017年はプラス転化したものの成長率は4.2％と，マイナスからの反動にもかかわらず4％前後の最下位グループにとどまり，全国平均の6.9％を大きく下回っている．[1]（表7-1参照）

中国経済の減速は，経済発展過程における「中所得の罠」（middle income trap），すなわち，経済離陸を終えた低所得国が中所得レベルに到達後停滞し，先進国とのキャッチアップに失敗することを想起させている．労働力余剰の解消，産業構造高度化の停滞，格差の拡大，環境の悪化，官僚の腐敗などにより，経済成長率が低下し，社会が不安定化する，ブラジル，アルゼンチンなどの事例である．ただし，中国研究では「体制移行の罠（転型陥穽）」が追加されている（清華大学研究グループ 2012；関 2013；加藤・梶谷 2016）．「体制移行の罠」とは，計画経済から市場経済への移行過程で作り出された国有企業などの既得権益集

表7-1　東北3省の GDP 成長率
（2000〜2017年）

（単位：％）

	遼寧	吉林	黒龍江	全国
2000	8.9	9.2	8.2	8.4
2001	9.0	9.3	9.3	8.3
2002	10.2	9.5	10.2	9.1
2003	11.5	10.2	10.2	10.0
2004	12.8	12.2	11.7	10.1
2005	12.7	12.1	11.6	11.3
2006	14.2	15.0	12.1	12.7
2007	15.0	16.1	12.0	14.2
2008	13.4	16.0	11.8	9.6
2009	13.1	13.6	11.4	9.2
2010	14.2	13.8	12.7	10.4
2011	12.2	13.8	12.3	9.5
2012	9.5	12.0	10.0	7.7
2013	8.7	8.3	8.0	7.7
2014	5.8	6.5	5.6	7.3
2015	2.6	6.2	5.3	6.9
2016	△2.5	6.9	6.1	6.7
2017	4.2	5.3	6.4	6.9

資料：『中国統計年鑑』（各年版）.

　団が変革を阻む結果，経済社会発展のゆがみや格差拡大，環境破壊などの問題が深刻化することである（関 2013）．本章では，こうした研究状況を背景に，遼寧省経済の減速を主として国有企業体制に着目しながら検討する[2]．

第1節　遼寧省および東北の国有企業体制の歴史的背景

1　3回の「逆産没収」：東北における国家資本と国有企業の形成

　20世紀前半，遼寧省および東北では，省権力と結合した中国資本，並びに日本など外国資本により重工業を含む経済発展が展開されるとともに，1930年代および40年代の3回の「逆産没収」（1931年「満州事変」：張学良政権資産・事業の「満州国」による没収，1945年の日本敗戦：中国国民党による「満州国」および日本資本・資産の没収，1949年の国共内戦における共産党勝利：国民党資産・資本の中華人民共和国による没収）を通じて莫大な国家資本が形成され，国有企業体制が構築された．

　他地域を大きく上回る東北国有企業の比重は，20世紀前半および後半という

100年にわたる東北経済発展のあり方，並びに1931年9月，1945年8月，1948年11月という3回の「逆産（政治的敵対者の財産）没収」（西村 2017：147）の結果である．

　20世紀に入り，東北は大豆並びにその加工品（大豆油および油粕）の世界市場供給を軸に急速な経済発展を遂げた．資本面では，鉄道（東支鉄道：ロシア，満鉄：日本，京奉鉄道：イギリス）をはじめ，港湾，金融，鉱山，対外貿易などに外国投資がなされた．最大の外国投資は日本によってなされ，日露戦争後の，満鉄による鉄道（長春〜大連・旅順），鉱山（撫順炭鉱，鞍山鉄鉱など），港湾（大連港），都市インフラ，機械（沙河口機関車・車両工場），金属（鞍山製鉄所）投資が代表である．しかし，経済の主体は中国資本であり，その特徴は軍事力を背景とした省権力との結合であった[3]．奉天省（遼寧省）における張作霖政権，並びにそれを継承した張学良の民族主義的地域政治（西村 1984）政権下の金融，商業，軽工業，軍事・機械工業，鉄道投資などがその代表である．

　これらの張学良政権並びに吉林，黒龍江，両省権力下の諸事業は，1931年9月の「満州事変」を通じて日本に接収され，「満州国」国有資本とされた（第1回「逆産没収」）．そして，「満州事変」以降，日本の準戦時並びに戦時経済を支える重化学工業を建設するため，「満州国」では政府統制下に数多くの特殊会社，準特殊会社が設立，組織されるとともに，その担い手として日本の新旧財閥資本による投資がなされた．また，満州北部の幹線鉄道である東支鉄道をソ連から買収し，「満州国」国有鉄道（経営・運航は満鉄に委託）とした．これらの拡大した国家資本，満鉄の諸事業，新旧財閥の投資，その他，すべての日本の投資が，1945年8月の日本敗戦にともない中国国民党に接収され（第2回「逆産没収」），内戦で勝利を収めた共産党に引き継がれた（1948年11月，第3回「逆産没収」）．1949年10月に成立した中華人民共和国が東北で有した大規模な国家資本と国有企業がこうして形成された．

2　社会主義工業建設と国家資本および国有企業の発展

　国家資本と国有企業は，20世紀後半に中国が進めた社会主義工業建設の担い手として，さらに拡大，発展していった．

　朝鮮戦争休戦を経て中国は経済建設を本格化した．1953年より第1次五カ年計画を実施したが，その内容は社会主義工業化であり，ソ連（1953年5月，中ソ経済援助協定調印）を中心に東欧からの援助も得ながら，鉄鋼・機械・化学など

重工業における国営近代的大規模工場を建設すること，並びに，その稼働に必要なエネルギーを供給するための炭鉱開発と発電所建設に重点が置かれた．

　その中心は東北であった（中原と内蒙古を含む広い意味での西北が東北に続いた）．多くの大規模工場，炭鉱，発電所等の建設が，「満州国」時期あるいはそれ以前設立の改造・拡張，並びに新設により進められた．例えば鞍山製鉄所（1917年建設開始）は，「満州国」期に昭和製鋼所として銑鋼一貫生産を拡大したものの，米軍の爆撃，ソ連の機械設備持ち去り，住民の略奪，国共内戦による破壊で，一時は生産能力をすべて失った．しかし，内戦終結後，全国各地からの専門技術者，労働者が加わり修復作業が急速に進められ，留用日本人技術者が協力する中で，1953年段階でほぼ戦前の生産能力を回復した（松本 2000）．そのうえでソ連の援助を受け入れ，第一次五カ年計画期を通じて生産を大幅に拡大した．中国最大の鉄鋼生産基地として鋼塊生産量は1958年度に450万トン（戦前ピークの約10倍），1959年度には600万トンに達している（大久保 1961）．その他，豊満水力発電所（1953年改造拡張工事着工，1959年完成），長春第一自動車製造廠（1956年10月操業），撫順炭鉱（1958年1500万トン生産），瀋陽変圧器廠（1958年完成），大連造船廠（旧大連ドックの改造・拡張），瀋陽第一～第三機床廠（旋盤），瀋陽重型機器廠（大型機械）など，1960年までに東北全体で約130のプロジェクトが進展し，そのうち51でソ連，4で東欧の援助が受け入れられている（大久保 1961：269-277）．

　中国の社会主義工業化は，中国経済社会の伝統的地域分権構造（抗日戦争の根拠地方式，戦後の対米・対ソ対立によって強化）に基づく，地域自給・産業ワンセット主義指向にも支えられ，沿岸部・長江流域から内陸部へ，東北から西北等へ工業建設が拡大し，全土の工業化を通じて達成された．東北は技術・管理人材，機械設備の供給，財政資金調達等を通じて貢献し，「共和国の長子」と呼ばれた．機械工業の中心，遼寧省瀋陽市が果たした役割について，つぎのような数字があげられている（瀋陽市統計局 1989：3-4）．1949年から89年の40年間に，瀋陽が全国供給並びに輸出した金属研削旋盤は26万台，工業・農業用ポンプは37.8万台，ガス圧縮機は5.8万台，変圧器は2.1億KVA，交流電動機は1255.3万KW，工業部門が全国に派遣した技術人材は14万人余，国家に上納した利税総額は330億元余（国家が瀋陽工業に投資した金額の4倍余）に達した．

　中国の経済発展と工業化の中で遼寧省経済は発展し，GRP（地域総生産）は1952年から1980年にかけて実質7.6倍化している（年平均成長率7.5%）．その牽引

力は工業で，同期間の工業生産成長率は9.9％，GRP に占める工業の比重は1952年の43.7％から1980年には65.0％に上昇している．中国全体では同期間のGDP および工業の年平均成長率は，6.3％および11.0％，GDP に占める工業の比重は1952年で17.6％，1980年で44.2％であった．急速な全土工業化への貢献を通じて遼寧省が全国平均を上回る経済成長を遂げるとともに，遼寧省の工業自体も大きく発展していることがわかる．その主力は国有企業であった．工業生産総額に占める割合は，1952年で83.0％，1980年で78.5％であり，同期間の増大額の78.0％を占めていた．中国全体の対応する数値はそれぞれ，41.5％，76.0％，78.5％であり，東北の国有企業比率の高さが，全国に拡大していることがわかる．

　1970年代末に中国が改革開放政策に転換して以降も，省や市，企業の自主権拡大等を背景に投資が拡大し，遼寧省の経済と工業生産の成長は高水準を持続している．1980年から2000年にかけて遼寧省 GRP の年平均成長率（実質）は8.9％，工業生産総額も同じく8.9％であった．ただし，全国の対応する数値はそれぞれ，9.7％と12.3％であり，中国全体の工業化が新たな段階に達する（「世界の工場」化）の中で，遼寧省の地位は低下している[4]．

第2節　改革開放後の中国経済高成長の要因

　中国は改革開放政策に転換した1978年以降，2011年までの33年間の年平均成長率が10.0％という世界経済史に例を見ない高成長を実現した．それを可能にした要因として以下の諸点が重要である．

　1．改革開放（経済の自由化・国際化）時点の中国の経済構造（地域内分業と地域間分業の均衡発展）

　中国では，1950年代半ばからの社会主義計画経済体制の下，かつて沿海部と東北に限られていた工業が全土に拡大し，改革開放への転換時点には，各省・地区がそれぞれ重工業を含むフルセットの産業をもつ経済が構築されていた．また，生産性や所得水準において先発工業国と大きな差があるものの，地域（省・地区など）内分業と地域間分業を均衡的に発展させ，1930年代に開始された国民経済建設を一応完成していた（産業構造・市場・通貨・税制など）．

　改革開放とは，経済の「自由化・国際化」であるが，その時点での経済構造，

とくに分業構造がその後の展開において決定的に重要な意味を持っている．例えば，日本では17世紀以降，徳川政権による対外貿易と情報・人間交流管理（いわゆる「鎖国」）体制下で，地域内分業（各藩の産業振興）と地域間分業（大坂，京都，江戸の三都が結節点）が均衡的かつ高度に発展した．そのことが，19世紀半ばの自由化・国際化への転換（開国・開港）後，同時期に自由貿易世界市場体制に包摂された中国やインド，東南アジアなどと異なり，日本が比較的早期に近代工業化を推進し，完成させることができた重要な要因のひとつである．

17世紀初めのイギリスはオランダに羊毛を供給する一次産品輸出国であり，金融面でも，技術面でも劣っていた．両国がほぼ同時期に設立した東インド会社の規模からも両国の経済水準の差を確認できる．しかし，イギリスはその後，地域内分業（国内分業，局地的市場圏）と地域間分業（国際分業，外国貿易）を均衡的に発展させる中，18世紀半ばに世界で最初の産業革命を達成し，遠隔地貿易（地域間分業）への大きな依存を続けるオランダとの地位を逆転している．

2．土地所有制度

日本では土地に対する私的権利が欧米諸国と比べても強く保護されているが，中国では大きく制限されている．1949年革命と50年代の社会主義化によって，都市の土地は国有，農村は集団所有となり，「資本に対する制限としての土地所有」や「土地所有の独占」の廃止（K. マルクス）[5] に近づいた世界が実現した．経済発展にとって不可欠な社会インフラ（道路・鉄道・港湾，工業用地，市街地拡大，通信，発電施設その他）建設コスト（金額，時間）が節約されるとともに，土地使用権の売却を通じて，政府は経済開発を支える収入を獲得した（香港，シンガポールと同じ）．

3．段階的，漸進的自由化と国際化

旧ソ連で採用され，経済の混乱・破綻を引き起こした市場経済への急進的移行（「500日計画」など）ではなく，中国は地域，経済取引ごとに漸進的に経済の自由化・国際化を進めた．戦後日本でも，貿易自由化から資本自由化へ，また，それぞれの内容など，段階的に自由化と国際化が進展し，1950年代半ばから約20年間続いた高度経済成長を支えた．

4．国営部門の縮小，民営化

改革開放政策の重要な柱は，社会主義計画経済期に経済発展と工業化の担い手として増大した国有企業の民営化，経済的地位の縮小であった．その過程で，国有企業が負担してきた住宅，医療，水・電気・ガス・熱供給その他の社会

サービスが外部化，貨幣化され，GDP を増大させた．

5．農業改革と農業生産力の発展

改革開放への転換に先立ち，農業における生産請負制が試行され，農業生産力の発展を実現した．イギリス産業革命の前提としての農業革命，戦後日本高度成長の前提としての農地改革など，農業革命と生産力の発展は，工業を含む経済発展にとって不可欠である．中国における生産請負制の普及と人民公社の解体は，農業から工業，農村から都市への労働力移動を可能にするとともに，農村の市場経済化を推進した．農業および農村は自給経済部分が大きく，工業化および都市化は，前項で述べた国営部門の縮小・民営化とともに，貨幣で媒介される財やサービスの交換量，すなわち GDP の増大をもたらした．

6．世界経済の拡大

中国が改革開放政策に転じた1970年代末，先進資本主義国では英国サッチャー政権，米国レーガン政権，日本の中曽根政権に代表される新自由主義政策によって，国有企業の民営化，規制緩和が推進された．また，旧ソ連，東欧，アジアの社会主義国では市場経済化が進行した．これらを背景に世界経済は拡大し，「世界の工場」中国に対して市場を提供するなど，同時期に改革開放に転じた中国の経済成長にとって有利な国際環境を提供した．

7．資本・技術（域外中国資本を含む）の大量利用

20世紀末以降，発展途上国がもつ「後発性の優位」，先進技術の利用可能性は，外国直接投資（FDI）との抱き合わせによって実現されることが基本となった．先進国の資本規制緩和などを背景に，中国はこの間，大量の FDI を受け入れ，先進技術の獲得に成功し，生産性を向上させている．東アジアの経済成長は資本と労働力など生産要素の動員の結果であり，生産性向上を伴わない成長は旧ソ連のように早晩行き詰まるという議論が一時提出されたが，事実と異なっていた．

以上の7要因は，遼寧省並びに東北経済にも当てはまる．ただし，次節以降で明らかになるように，4（国有経済縮小），6（世界経済連関と外国資本利用）において，東北は他地域よりも遅れており，近年の経済成長率低下をもたらしている．

第3節　東北振興戦略の実施

　第2節でみた諸要因を背景に，中国経済は全体として長期にわたる高成長を実現したものの，社会主義計画経済体制下で変化しなかった地域間格差が拡大に転じている（**表7-2**参照）.

　経済発展において先行した東部沿海地域（北京，天津，上海，河北，山東，江蘇，浙江，福建，広東の9省市）のGRP合計額が全国（31の省・市・自治区）に占める割合は，1950年代半ばで40.5％，70年代半ばで41.6と安定していたが，改革開放政策への転換後は拡大し，90年代半ばには50％を超えている．他方で，1950年代以降の中国全土工業化において重要な役割を果たす中で，15.4％にまで増大していた東北のGRPが全国に占める割合は，80年代以降大きく低下し，1990年代半ばで10.2％，現在（2010年代半ば）は7.0％と半分以下になっている．東部沿海部の発展を代表する広東省を遼寧省と比べると格差は一層明瞭となる．広東省のGRPは1950年代半ばで0.76，70年代半ばでも0.80と遼寧省を下回っていたが，改革開放政策の中で逆転，90年代半ばには2倍を超え，現在は3倍を大きく超えている．

　地域格差の拡大に直面し，中国政府は2000年の西部大開発に続き，2003年に「東北等老工業基地振興戦略」，略称「東北振興戦略」を発表，15年にわたって実施してきた．翌2004年には中部崛起戦略も導入されている．中国は，20世紀

表7-2　国内総生産推移と比較（東北，東部，全国）（当年価格）

（単位：億元，％）

年平均	1955-57	1975-77	1995-97	2015-17
全国＊（億元）	964.4	2,735.3	67,415.0	783,326.0
東北（3省）（億元）	135.3	421.1	6,857.5	54,827.4
東部沿海（9省市）（億元）	390.6	1,137.6	34,021.7	406,262.0
東北／全国（％）	14.0	15.4	10.2	7.0
東部沿海／全国（％）	40.5	41.6	50.5	51.9
広東／遼寧	0.76	0.80	2.05	3.27

注：＊　一級行政区（31省・市・自治区）の単純合計.
資料：以下の数値から作成.
　　　1997年以前：国家統計局国民経済総合統計司編『新中国五十五年統計資料匯編』
　　　　　　　中国統計出版社，2005年.
　　　2015年以降：中国国家統計局，国家数据，http://data.stats.gov.cn/，2019/
　　　　　　　3/25最終閲覧.

以降の国民国家建設過程において，中国共産党結成100周年（2021年），並びに中華人民共和国成立100周年（2049年）をめどに新段階を構築することを国家目標としている．西部，東北，中部の三地域開発戦略はそのための重要な国家戦略という点で共通している．ただし，東北振興戦略は，第一に，遼寧省を中心にした既存の大型国有工業企業の改造，第二に，石炭その他天然資源への依存経済の転換を重要な内容としていること，第三に，朝鮮，ロシア，モンゴル，韓国，日本という東北アジア地域の中での戦略であるという三点で他の戦略と大きく異なるとともに，特別の重要性と困難性を持っていた．

1　「東北地区等老工業基地振興戦略実施に関する若干の意見」（共産党中央委員会・国務院，2003年，中発11号）

東北振興戦略を定めた基本文書である標記「意見」は，以下の内容から構成されていた．① 東北等老工業基地が直面する問題と振興加速の重大な戦略的意義，② 振興の指導思想と原則（改革深化と開放拡大等），③ 体制とシステムの革新（国有経済の戦略的調整等），④ 工業と産業構造の高度化（情報化，省エネ促進，現代農業と第三次産業発展，資源依存都市の経済転換等），⑤ 対外対内開放をもう一段進める，等である．⑤では下記の具体的内容が述べられていた．外資利用水準を質量ともに上昇させる．老工業基地の調整改造に外資の参加を積極的に受け入れ，国際産業移転の受け皿となる．合併，資本参加など様々な方式で外資が国有企業改革や不良資産処理に参加することを奨励する．東北地区は，ロシア，日本，韓国，朝鮮等との隣接という地理的優位性を生かし，周辺国家との協力を強化する，等である．

東北振興戦略は以下のような事例を通して実施された．

（1）第 1 期国債プロジェクト（2003年10月）

100件，合計614億元（当時の為替レートで約8600億円）のプロジェクトが明らかになっている（辻 2005：13-17）．大多数が国有工業企業における新生産ライン導入を内容としており，遼寧省が中心であった（12件・全体の52%，442億元・総額の72%）．吉林省は11件・54億元，黒龍江省は37件・108億元であった．

（2）各省の地域発展戦略

東北振興戦略をふまえ，各省が次のような開発プロジェクトを展開した．

黒龍江省では，哈大斉（哈爾濱，大慶，斉斉哈爾）工業回廊（2004年黒龍江省提起），綏芬河総合保税区（2009年国務院承認），黒龍江架橋プロジェクトなど，吉林省

では，長吉図（長春・吉林・図們）開放開発先導区（2009年国務院承認），中ロ鉄道再開，琿春・東寧開発，朝鮮・羅津との連携など，遼寧省では，五点一線（丹東・大連花園口・大連長興島・営口・錦州開発と沿海高速道路建設，2006年遼寧省公表），遼寧沿海経済帯（五点一線の対象エリア拡大，2009年国務院承認），瀋陽経済圏（瀋陽市を中核とする8都市，2005年に協力合意書）など，である．

（3）瀋陽鉄西区の改造

1930年代以降，「満州国」の工業化政策によって建設された瀋陽・鉄西工業区は，1950年代以降の中国全土工業化に貢献したものの，改革開放政策の中で競争力を失い，1990年代には「東北現象」の典型的地域となっていた．しかし，大規模な政府投資により2003年にかけて，西に拡大した開発区に全企業が移転，用地売却収入等をもとに新たな生産ラインを建設している．そのひとつは大型変圧器および関連技術で中国を代表する瀋陽変圧器集団有限公司（国有企業改革の一環で2004年，特変電工集団に編入）である．同企業は，2007年から2年間かけて面積15万 m^2，世界最大規模の送変電設備工場を建設している．同社をはじめ移転した工場の跡地には，マンションや商業娯楽施設が建設され，拡大する瀋陽の新市街地に変貌している．2010年には新開発区，旧鉄西区と市中心部を結ぶ地下鉄1号線が開通している．

（4）鞍山鋼鉄の新展開（営口新工場建設）

満鉄が1916年に建設，1918年に生産を開始した鞍山製鉄所（1930年代に昭和製鋼所として銑鋼一貫生産を開始）は，第二次世界大戦後，鞍山鋼鉄公司として中国鉄鋼業の発展に大きく貢献してきた．しかし，本来の立地条件をなしていた鞍山鉄鉱（貧鉱処理の高コスト負担をともなっていた）および撫順炭鉱の枯渇，新規生産ライン建設の限界などを背景に，営口経済技術開発区に新鋭臨海製鉄所を建設，鮁魚園Ⅰ，Ⅱ生産ラインが，2008年9月，2009年5月に生産を開始している．新工場の計画面積は35km²，年産鉄493万トン，鋼500万トン，厚板200万トン，熱間圧延板296万トンなどの生産能力を有し，原料の鉄鉱石並びに石炭の輸入，製品搬出のために専用港も建設されている．なお，中国鉄鋼業の再編政策を背景に，四川省の攀鋼集団（攀枝花鋼鉄，「三線建設」により1965年着工，1970年出銑，1974年鋼材生産開始）と2010年に合併，新たな鞍山鋼鉄集団公司が設立されている．

以上，東北振興戦略実施過程の一端を紹介してきた．市場システムへの依拠，政府機能の転換がうたわれていたものの，歴史的経過から，主要任務の国有企

業改革を遂行するためには，政府投資が中心的役割を果たしていること，また，比較優位伸長と協調発展が掲げられてはいるものの，現実には，各省，さらには省内の各地域が独自の発展計画を立案・推進し，中央政府が承認していることなどがわかる．

2　東北振興戦略の成果

　十年余の東北振興戦略の実施によって東北経済はどのように変化したのか，いくつかの指標を通じて確認をしたい（**表7‐3参照**）．

　表が示すように，戦略の中心である工業の改造と調整において，所有構造，並びに企業規模からみた構造転換が進展している．国有企業の資産は，遼寧で3.0倍，吉林で3.1倍，黒龍江で2.6倍に増大しているが，全企業資産に占める割合は遼寧で68.4から48.4％へ，吉林で79.8から50.1％へ，黒龍江で82.3から61.4％へ大きく低下している．全企業資産に占める大中型企業の比率も遼寧で3.7％，吉林で14.4％，黒龍江で10.4％低下している．

　ただし，GDP に占める第二次産業の比重（2015年）は，全国平均の40.9％に対して，遼寧は45.5％，吉林は49.8％と，両省経済の高い工業依存が継続している．全企業資産に占める国有企業資産の比率は低下しているものの，その水準は，三省ともに依然として全国平均の38.8％を大きく上回っており，国有企業への依存が続いている．

　さらに問題なのは，資産に対してどれだけの利潤が得られているかである．東北工業の中心，遼寧省では，利潤率が全国平均を下回り，国有企業，並びに大中型企業において，それが著しいという状況が10年以上続いている．2003年，東北振興戦略スタート時点，遼寧省国有企業の利潤率は全国平均4.1％の半分以下，1.8％であったが，2015年は96.1億元の赤字に陥っている．表には示されていないが，2014年は，全国平均の約4分の1，1.0％，2003年から14年までの平均は，全国の4.0％に対して1.4％である（『中国統計年鑑』各年版より算出）．

　もうひとつの課題は，経済の対外開放である（**表7‐4参照**）．

　表が示すように，東北三省の貨物輸出入額の対 GDP 比率は最も高い遼寧省で23.3％であり，全国平均の35.9％を大きく下回っている．吉林，黒龍江の両省は10％に届いていない．外国企業の投資受入は遼寧省で進んでおり，投資総額の全国に占める割合は5.4％と遼寧省 GRP の全国シェア4.2％を上回っている．ただし，外国投資企業輸出額の全国シェアは1.9％と低い．吉林，黒龍江

表7-3　東北振興戦略の成果

項目（単位）		年	遼寧	吉林	黒龍江	全国
GDP	総額（10億元）	2003	600.3	266.2	405.7	13,925.4
		2015	2,866.9	1,406.3	1,508.4	72,276.8
		15/'03	4.8	5.3	3.7	5.2
	対全国比率（%）	2003	4.3	1.9	2.9	100.0
		2015	4.0	1.9	2.1	100.0
		15/'03	△0.3	0.0	△0.8	0.0
	1人当たりGDP（元）	2003	14,258.0	9,338.0	11,615.0	10,542.0
		2015	65,354.0	51,086.0	39,462.0	49,992.0
		15/'03	4.6	5.5	3.4	4.7
	1人当たりGDP（米ドル）	2003	1,722.6	1,128.2	1,403.3	1,273.6
		2015	10,492.9	8,202.1	6,335.8	8,026.5
		15/'03	6.1	7.3	4.5	6.3
	第2次産業比率（%）	2003	48.3	45.3	57.2	45.6
		2015	50.2	52.8	36.9	42.7
		15/'03	1.9	7.5	△20.3	△2.9
	第3次産業比率（%）	2003	41.4	35.4	31.5	42.0
		2015	41.8	36.2	45.8	48.1
		15/'03	0.4	0.8	14.3	6.1
国有工業企業	総資産（億元）	2003	6,278.0	2,931.2	3,703.9	94,519.8
		2015	17,792.0	8,797.9	9,489.4	371,308.8
		15/'03	2.8	3.0	2.6	3.9
	全企業総資産（億元）	2003	9,180.6	3,675.0	4,499.0	168,807.7
		2015	39,246.6	16,686.6	14,995.2	956,777.2
		15/'03	4.3	4.5	3.3	5.7
	総資産国有企業比率（%）	2003	68.4	79.8	82.3	56.0
		2015	45.3	52.7	63.3	38.8
		15/'03	△23.0	△27.0	△19.0	△17.2
大中型工業企業	総資産（億元）	2003	6,879.7	3,003.9	3,781.0	125,131.7
		2015	26,779.7	11,625.0	11,343.3	679,436.7
		15/'03	3.9	3.9	3.0	5.4
	総資産比率（%）	2003	74.9	81.7	84.0	74.1
		2015	68.2	69.7	75.6	71.0
		15/'03	△6.7	△12.1	△8.4	△3.1
工業企業利潤	全企業（億元）	2003	236.0	160.0	575.6	8,337.2
		2015	2,107.6	1,445.9	1,007.1	68,154.9
		15/'03	8.9	9.0	1.7	8.2
	国有企業（億元）	2003	116.0	123.0	555.5	3,836.2
		2015	175.5	701.4	632.5	14,508.0
		15/'03	1.5	5.7	1.1	3.8
	大中型企業（億元）	2003	195.0	145.3	568.1	6,523.0
		2015	886.8	992.6	763.0	44,152.9
		15/'03	4.5	6.8	1.3	6.8
工業企業利潤率（利潤／資産）	全企業（%）	2003	2.6	4.4	12.8	4.9
		2015	5.4	8.7	6.7	7.1
		15/'03	2.8	4.3	△6.1	2.2
	国有企業（%）	2003	1.8	4.2	15.0	4.1
		2015	1.0	8.0	6.7	3.9
		15/'03	△0.9	3.8	△8.3	△0.2
	大中型企業（%）	2003	2.8	4.8	15.0	5.2
		2015	3.3	8.5	6.7	6.5
		15/'03	0.5	3.7	△8.3	1.3

資料：『中国統計年鑑』2004, 2007, 2016年版：「国家数据」（中国国家統計局HP）より作成.

表 7 - 4　東北 3 省の対外開放度（2015年）

	遼寧	吉林	黒龍江	全国
貨物輸出入総額（最終目的地・原産地，百万米ドル）	107,073	19,979	16,324	3,953,033
同・全国に占める割合（％）	2.9	0.6	0.7	100.0
GDP に対する比率（貿易依存度，％）	23.3	8.8	6.7	35.9
貨物輸出総額（原産地，百万米ドル）	51,100	5,363	6,317	2,273,468
同・全国に占める割合（％）	2.2	0.2	0.3	100.0
外商投資企業輸出入総額（百万米ドル）	41,336	9,362	1,215	1,833,481
同・全国に占める割合（％）	2.3	0.5	0.1	100.0
外商投資企業輸出総額（百万米ドル）	18,730	1,399	643	1,004,614
同・全国に占める割合（％）	1.9	0.1	0.1	100.0
外商投資企業投資総額（億米ドル）	2,066	352	223	37,977
同・全国に占める割合（％）	5.4	0.9	0.6	100.0
同・登録資本（外資，億米ドル）	1,029	104	97	20,757
同・全国に占める割合（％）	5.0	0.5	0.5	100.0
（参）GDP（10億米ドル）	460.3	225.8	242.2	11,006.1
（参）GDP：全国に占める割合（％）	4.2	2.1	2.2	100.0

資料：『中国統計年鑑』2016年版より作成.

　両省の対外貿易，外国投資受入は，大変低いレベルにとどまっている.

　東北振興戦略は大きな成果を生んできたものの，産業構造の改善と国有企業改革，並びに対外開放の拡大においては依然として大きな課題を残していることがわかる.

3　新・東北振興戦略

　東北経済の減速と残された課題に対処するため，中国政府は2016年後半以降，重要政策をあいついで公表し，東北振興の新たな段階を構築しようとしている.

（1）「もう一段の東北振興戦略」

　2016年11月，国務院は東北経済の安定と好転は全中国の地域間協調発展を促進し，経済社会の安定に対して重大な意義をもっているとし，「もう一段の東北振興戦略実施を探究・推進し，東北地域経済の安定と好転を加速するための若干の重要措置に関する意見」を発表した．同「意見」では，① 改革の全面深化と内在活力の噴出，② イノベーションと転型，③ 対外開放と協力の拡大，④ 組織間協調の強化の 4 大項目の下，合計14の課題が提示されている．（1）行政管理体制改革，（2）国有企業改革の全面的深化，（3）民営経済発展の加速，（4）伝統産業の転型とグレードアップ（先進的製造業の発展に向けた東北振興

産業投資基金設立など），（8）インフラ建設の完成，（9）重点開発・対外開放拠点の構築（遼寧自由貿易試験区，ロシア・モンゴル・日本・韓国との産業投資貿易協力プラットホームなど），（10）「対口協力」などである．

　これらの諸課題は，これまでの東北振興戦略と基本的に共通である．しかし，課題達成のための具体的項目が現状をふまえて新しくなっており，各項目の実施責任部門と達成期限が明示されている．例えば，国有企業改革では，東北三省の政府が，国務院国有資産管理委員会，財政部，発展改革委員会，人力資源社会保障部の指導と支援を得て，「歴史遺留」問題，すなわち，漸進的国有企業改革の下で，これまで達成が引き延ばしされてきた課題を大きく前進させる（企業付属集団所有制企業の改革を2017年末まで，職員住宅への電気・水道・ガス供給，管理運営サービスの企業からの分離を2018年末まで）ことが述べられている．

（2）「意見」後の政策展開

　「意見」を踏まえて，様々な具体的政策が進められているが，そのひとつは，「東北地区と東部地域の省市間対口協力活動方案」（2017年3月，国務院弁公室）である．中国で20年以上にわたり，災害復興や貧困解決のために用いられてきた「対口協力」（1対1の組み合わせによる支援）が東北振興に導入されている．具体的組み合わせは，遼寧省と江蘇省，吉林省と浙江省，黒龍江省と広東省，瀋陽市と北京市，大連市と上海市，長春市と天津市，哈爾濱市と深圳市である．

　もうひとつの例は，上海，天津，福建，広東に続く，7つの自由貿易試験区のひとつが遼寧省に設置されたことである（国務院「中国（遼寧）自由貿易試験区総体方案」，2017年3月，他は浙江，河南，湖北，重慶，四川，陝西）．遼寧自由貿易試験区は大連（保税区，輸出加工区，保税港区），瀋陽，営口の合計約120km^{2}で構成され，貿易・物流の円滑化，投資・金融の自由化を進め，対外開放をさらに引き上げることにより，東北振興を推進しようとするものである．

第4節　遼寧省経済の「回復」と課題

　2017年，遼寧省経済（GRP，地域総生産額）は対前年比4.2%の成長を実現し，中国経済全体の6.9%には及ばないものの，2011年から2016年まで6年間続いた経済成長率の低下を克服した．唐一軍・省長は，第13回遼寧省人民代表大会（2018年1月）における2017年政府活動報告の冒頭で「過去5年間は極めて異常であり，われわれは平凡でない一時期を通過した」と述べている．[6]

表 7 - 5　遼寧省と全国の主要経済指標成長率 (2014〜2017年)

(単位：%)

指標	2014年		2015年		2016年		2017年	
	遼寧	全国	遼寧	全国	遼寧	全国	遼寧	全国
GDP	5.8	7.3	3.0	6.9	-2.5	6.7	4.2	6.9
社会小売消費総額	12.1	12.0	7.7	10.7	4.9	10.4	2.9	10.2
工業付加価値額 *	4.8	8.3	-4.8	6.1	-15.2	6.0	4.4	6.9
固定資産投資	-1.5	15.7	-27.8	10.0	-65.3	8.1	0.1	7.2
財政収入	-4.6	8.6	-33.4	58.0	3.4	4.5	8.6	7.4

注：＊主営業収入が年2,000万元 (2017年の為替レートで3億3,200万円) 以上の工業企業.
出所：梁他主編 (2018：3) 表1から作成.

表 7 - 6　遼寧省 GDP (2014〜2017年, 産業別)

(単位：億元, %)

	2014年		2015年		2016年		2017年		2017-2014		2017
	金額	比率	金額	比率	金額	比率	金額	比率	金額	比率	/2014
合計	28,626.6	100.0	28,669.0	100.0	22,246.9	100.0	23,409.2	100.0	-5,217.3	100.0	81.8
第一次産業	2,285.8	8.0	2,384.0	8.3	2,173.1	9.7	1,902.3	8.6	-383.5	7.3	83.2
第二次産業	14,384.6	50.2	13,042.0	45.5	8,606.5	38.7	9,199.8	41.4	-5,184.8	99.4	64.0
第三次産業	11,956.2	41.8	13,243.0	46.2	11,467.3	51.5	12,307.2	55.3	351.0	-6.7	102.9

出所：中国国家統計局「国家数据」〈http://data.stats.gov.cn〉 (2019年2月1日最終閲覧) より作成.

　遼寧省の経済成長率が全国を下回った2014年以降の主要経済指標を全国と比較すると**表 7 - 5**の通りである.

　表が示すように, 2017年, 遼寧省の国内総生産 (GDP) および工業付加価値額成長率が前年のマイナスからプラスに転化, 固定資産投資額も連年の (前年の大幅) マイナスからごくわずかながらプラスとなり, 経済活動の回復を確認することができる. GDP 成長率 (対前年同期比) は, 2018年に入っても第1四半期5.1%, 第2四半期5.6%, 第3四半期5.4%と推移し, 回復は続いている. しかし, 依然として中国全体の成長率を下回り, 2016年の大幅な落ち込み (省・地区レベルで唯一のマイナス成長) を克服するまでに至っていない.

　この間の成長率低下をもたらしているのは, **表 7 - 6**が示すように, 第二次産業付加価値額の大幅な縮小である. [7] 2014年遼寧省 GDP の50%を占めていた第二次産業は2017年までの4年間で付加価値額 (当年価格) を約3分の1, 約5000億元減少させている. 同金額は同期間の遼寧省 GDP 縮小額とほぼ同額であり, 工業を中心とする第二次産業の不振が, 遼寧省経済の停滞をもたらしていることがわかる.

　表 7 - 7により支出面から GDP 構成を見ると, 2017年の総固定資本形成額は2014年を約7300億元下回っている. GDP 減少額の1.4倍に達しており, 総固

表 7 - 7　遼寧省 GDP（2014〜2017年，支出）

（単位：億元，％）

	2014年		2015年		2016年		2017年		2017-2014		2017
	金額	比率	金額	比率	金額	比率	金額	比率	金額	比率	/2014
合計	28,626.6	100.0	28,669.0	100.0	22,246.9	100.0	23,409.2	100.0	-5,217.3	100.0	81.8
最終消費	12,192.7	42.6	13,019.5	45.4	13,149.5	59.1	13,777.3	58.9	1,584.6	-30.4	113.0
総固定資本形成	16,927.4	59.1	12,098.9	42.2	9,171.7	41.2	9,639.0	41.2	-7,288.4	139.7	56.9
在庫増加	541.6	1.9	506.7	1.8	510.3	2.3	488.5	2.1	-53.2	1.0	90.2
商品・サービス純輸出	-1,035.2	-3.6	3,043.9	10.6	-584.6	-2.6	-495.5	-2.1	539.7	-10.3	47.9

出所：中国国家統計局「国家数据」〈http://data.stats.gov.cn〉（2019年 1 月 9 日最終閲覧）より作成.

表 7 - 8　遼寧省固定資産投資（2014〜2017年）

（単位：億元，％）

	2014年		2015年		2016年		2017年		2017-2014		2017
	金額	比率	金額	比率	金額	比率	金額	比率	金額	比率	/2014
総額	24,731	100.0	17,918	100.0	6,692	100.0	6,677	100.0	-18,054	100.0	27.0
製造業	8,869	35.9	6,568	36.7	1,765	26.4	1,529	22.9	-7,340	40.7	17.2
交通運輸および郵便・郵政	1,809	7.3	1,264	7.1	661	9.9	602	9.0	-1,207	6.7	33.3
水利・環境・公共施設管理業	2,459	9.9	2,082	11.6	505	7.5	449	6.7	-2,010	11.1	18.3
不動産業	5,790	23.4	3,797	21.2	2,256	33.7	2,422	36.3	-3,368	18.7	41.8

出所：中国国家統計局「国家数据」〈http://data.stats.gov.cn〉（2019年 2 月 2 日最終閲覧）より作成.

定資本形成の減少が経済成長率低下の原因であることを示している．他方，GDP のもうひとつの柱である最終消費は，固定資本形成の縮減により2015年以降 GDP の最大構成部分となっているものの，その増加額は大きくない．関連数値である社会小売消費総額（前掲表 7 - 5）の成長率は2014年の12.1％から年々低下，2017年には2.9％となり，全国平均と比べると，2014年は僅かに上回っていたものの翌年から下回り，かつ，その幅が拡大，2017年には7.3％となっている．

　GDP の縮減・停滞をもたらした総固定資本形成の大幅減少の背景を明らかにするため，固定資産投資額（表 7 - 8）を見ると，最大の投資額減少は，製造業（2017年は2014年比で7340億元減，総投資額減少の40.7％）で生じていることがわかる．ついで不動産業（同3368億元減，18.7％），水利・環境・公共施設管理業（同2010億元減，11.1％），交通運輸および郵便・郵政（同1207億元減，6.7％）である．製造業を中心とする工業における投資減が遼寧省経済停滞の最大要因であることがわかる．

　すでに論じたように，遼寧省経済に占める第二次産業の比重は全国平均より高く，その中心である工業企業において国有企業の比重は全国平均を大きく上回っている．そして国有企業は低利潤を続けていた．国有工業企業の不振が，工業における固定資産投資を縮減し，総固定資本形成の減少と経済の縮小と停滞を導いている．

表 7 - 9　遼寧省財政収入 (2014〜2017年)

(単位：億元, ％)

	2014年		2015年		2016年		2017年		2017-2014		2017
	金額	比率	金額	比率	金額	比率	金額	比率	金額	比率	/2014
歳入総額	3,192.8	100.0	2,127.4	100.0	2,200.5	100.0	2,392.8	100.0	−800	100.0	74.9
税収	2,330.6	73.0	1,650.5	77.6	1,687.5	76.7	1,812.4	75.7	−518	64.8	77.8
増値税＋営業税	853.6	26.7	757.5	35.6	773.5	35.2	785.8	32.8	−68	8.5	92.1
企業所得税	252.1	7.9	235.3	11.1	238.7	10.8	278.4	11.6	26	−3.3	110.4
都市土地使用税	118.2	3.7	117.6	5.5	124.3	5.6	129.8	5.4	12	−1.4	109.8
土地増値税	248.1	7.8	125.4	5.9	125.2	5.7	139.1	5.8	−109	13.6	56.1
不動産取引税	163.8	5.1	105.1	4.9	100.3	4.6	105.4	4.4	−58	7.3	64.3
税外収入	862.2	27.0	476.9	22.4	513.0	23.3	580.4	24.3	−282	35.2	67.3
国有資本経営収入	199.7	6.3	23.0	1.1	19.0	0.9	5.1	0.2	−195	24.3	2.6
国有資源 (資産) 有償使用収入	257.5	8.1	87.5	4.1	85.2	3.9	153.5	6.4	−104	13.0	59.6

出所：中国国家統計局「国家数据」〈http://data.stats.gov.cn〉(2019年 2 月 2 日最終閲覧) より作成.

　財政収入は経済状況を反映するとともに, 政府による固定資産投資の源泉でもある. 前掲**表 7 - 5** が示すように, 遼寧省の財政収入伸び率は2014年にマイナス, 翌15年は33％以上の大幅低下を示している. 2015年, 16年の固定資産投資, 総固定資本形成, 経済成長率の低下の要因である. 各項目別 (**表 7 - 9** 参照) では, 増値税と営業税の合計額, 土地増値税は2014年から15年にかけてそれぞれ96億元および123億元という大幅な減少の後, ほぼ横ばい状態が続いている. 財政収入を構成するもうひとつの分野, 税外収入では, 国有資本経営収入が2014年の199.7億元から2017年の5.1億元へ激減するとともに, 国有資源 (資産) 有償使用収入も257.5億元から153.5億元へ大幅に低下している. 国有企業の低利潤率がもたらした結果のひとつである.

　以上, GDP に関する諸数値から, 遼寧省の経済成長率低下の最大の要因として製造業を中心とする工業, とりわけ国有企業の不振をあげることができる.

　こうした状況に対して遼寧省は経済改革をさらに進めることで対応している (梁他主編 2018：7 - 8). ひとつは過剰生産能力の廃棄である. 2017年, 低級鋼材生産小企業66社, 小規模炭鉱185カ所の整理, 閉鎖を通じて1020万トンの生産能力を消去するとともに, 低質のセメント生産能力422万トンが削減されている. もうひとつは, 国有企業改革の深化である. 同年, 遼寧省全体で86の企業集団が設立されるとともに, 瀋陽機床集団および大連機床集団の総合改革が着手されている. また, 2017年 2 月の「遼寧省経営環境改善条例」正式実施など, 市場環境を整えた結果, 2017年に新たに登記された市場主体は225.8万社, 登録された企業は54.5万社に上った.

　遼寧省の製造業は重化学工業が主力であり, かつその比重が高まる傾向にある. 2017年, 設備製造, 石油化学, 冶金の 3 業種の付加価値額が全工業に占め

る割合は73.0％であり，2016年比で5.6％，2015年比で8.8％上昇している．エネルギー高消費従来型産業の比重も大きく，石油化工，コークス・核燃料加工，化学原料・製品，非金属鉱物製品，黒色金属製錬・圧延加工，有色金属製錬・圧延加工，電力，熱供給などの付加価値額は2016年より3.2％増大し，工業付加価値額全体の48.1％に達している．

　新技術革命が進行する現在，産業調整は不可避であるが，調整は遼寧経済の安定に対して打撃を与える．ともに難しい選択に遼寧省は直面し，改革の困難性は増大しているものの，前述の「新・東北振興戦略」(2016年)，「東北振興『第13次５ヶ年』規画」(同)，遼寧自由貿易試験区 (同)，「瀋陽大連国家自主創新モデル区」(同)，「瀋陽全面創新改革試験区」(2015年)，「大連金普新区」(2014年)，「対口協力」(瀋陽と北京，大連と上海などの一対一支援，2016年) など，中央政府の政策支援を受け，産業調整と経済改革を通じて新たな経済発展を模索している (梁他主編 2018：12-14)．

おわりに

　遼寧省並びに東北は，中国他地域と比べて製造業を中心に，国有企業の比重が大きいが，その背景として次の４点を挙げることができる．第一に，後発国の工業化において国家は大きな役割をはたす (Gerschenkron, 1962)．第二に，中国工業化は抗日戦争と内戦，米ソとの対立などを背景に，党・政府主導，根拠地 (産業ワンセット型) 方式で行われた．第三に，東北工業化は経済フロンティアにおいて地方権力と結合して進められ，３回の「逆産没収」を通じて大規模な国有資産が形成された．第四に，同資産・資本は，新中国の全国工業化過程で拡大・強化された．

　1978年以降の改革開放政策によって自主権を得た国有企業は拡大する一方，市場経済メカニズム並びにグローバル経済に対応するために国有企業改革が進められてきた．それは一定の成果を生み出したがなお課題を残している．とりわけ東北では多くの課題が表面化し，遼寧省を典型として，経済成長率の大幅低下を生み出している．

　中国の特色は漸進改革であり，それが改革の成功と経済の安定的成長を可能にしたが，他方で，歴史的要因によって国有企業の比重が大きく，他地域と比べて困難な課題を抱える東北における改革速度は遅かった．しかし，経済社会

の高度化のためには，国有企業改革並びに産業構造の高度化は不可欠であり，東北においても，国有企業の比重は低下し，政府の役割は直接的なものから間接的なものに変化していかざるを得ない．2017年から始まった東北唯一[9]の自由貿易試験区（瀋陽，大連，営口）の試みもそのひとつである．ただ，その程度，速度，内容は，東北並びに遼寧省をはじめ各省の経済社会の歴史的背景と現状を踏まえて定まっていくものと思われる．

注

1) 数値は中国国家統計局「国家数据」〈http://data.stats.gov.cn〉（2019年 3 月25日最終閲覧），および遼寧省統計局編『遼寧統計年鑑』中国統計出版社，各年版，中華人民共和国国家統計局『中国統計年鑑』中国統計出版社，各年版に基づく．

2) 本章は，松野周治（2017），同（2019），松野周治他（2019）の記述を再構成するとともに，補筆したものである．また，平成30年度科学研究費助成事業（基盤 C ）「遼寧省国有工業と中国経済減速：「体制移行の罠」の現状と克服可能性に関する一研究」（課題番号17K03736，研究代表者：松野周治）による研究成果の一部である．

3) 最新の研究成果として，上田（2018）参照．

4) 前段落も含め，数値は中国国家統計局（2005）より算出した．

5) K. マルクス『資本論』第 3 巻第45章「絶対地代」，大内兵衛・細川嘉六監訳，大月書店，1968年，第 3 巻第 2 分冊，p. 964，参照．

6) 遼寧省人民政府 HP〈http://www.ln.gov.cn〉（2018年12月27日最終閲覧）．

7) 中国統計局の定義は，製造業に採掘業，電気・ガス・水道等を含む工業と建築業．

8) 「機床」とは旋盤のことであるが，広く工作機械を製造する企業集団である．

9) 2019年 8 月，黒龍江省（哈爾濱，黒河，綏芬河）自由貿易試験区設立が国務院より発表された．

参考文献

Gerschenkron, Alexander（1962），*Economic backwardness in historical perspective A book of Essays*", Cambridge, Mass. :Belknap Pr.

World Bank（2012），*China 2030: Building a Modern, Harmonious, and Creative Society*, Development Research Center of the State Council, the People's Republic of China.

上田貴子（2018）『奉天の近代──移民社会における商会・企業・善堂』京都大学学術出版会．

大久保泰（1961）「中国工業建設の実態」，日本外政学会編『中共政権の現状分析』日本外政学会．

加藤弘之・梶谷懐編（2016）『二重の罠を超えて進む中国型資本主義──「曖昧な制度」の実証分析──』ミネルヴァ書房．

関志雄（2013）『中国　二つの罠　待ち受ける歴史的転機』日本経済新聞出版社．

瀋陽市統計局（1989）『人民瀋陽四十年　1949-1989』中国統計出版社．

清華大学社会学系社会発展研究課題組（2012）「"中等収入陥穽" 還是 "転型陥穽"」『開放時代』2012年第3期.

辻久子（2005）「中国・『東北振興』と日本」『ERINA REPORT』環日本海経済研究所，61号.

中国国家統計局国民経済総合統計司編（2005）『新中国五十五年統計資料匯編』中国統計出版社.

西村成雄（1984）『中国近代東北地域史研究』法律文化社，1984年.

―――――（2017）『中国の近現代史をどう見るか』中国近現代史⑥，岩波書店（岩波新書1254）.

松野周治（2017）「日本から見た東北経済と日中協力」『ERINA REPORT PLUS』環日本海経済研究所，No. 138.

―――――（2019）「中国における『体制移行の罠』の現状と歴史的背景：遼寧省の経済減速と国有企業体制からの一考察」『経済科学通信』基礎経済科学研究所，No. 147.

松野周治・曹瑞林・楊秋麗・高屋和子（2018）「調査報告：遼寧省経済の新展開――2017年8月大連・旅順・営口――」『社会システム研究』立命館大学，36号.

松野周治・曹瑞林・今田治・楊秋麗・高屋和子（2019）「調査報告：遼寧省経済の『回復』と企業新展開――2018年8月瀋陽――」『社会システム研究』立命館大学，38号.

松本俊郎（2000）『「満洲国」から新中国へ：鞍山鉄鋼業からみた中国東北の再編過程1940～1954』名古屋大学出版会.

梁啓東・魏紅江主編（2018）『2018遼寧経済社会形勢分析与予測』（遼寧藍皮書），社会科学文献出版社.

資料

中国国家統計局『中国統計年鑑』中国統計出版社，各年版.

中国国家統計局「国家数据」〈http://www.stats.gov.cn/tjsj/〉（2019年3月25日最終閲覧）.

中国国家統計局国民経済総合統計司編『新中国五十五年統計資料匯編』中国統計出版社，2005年.

遼寧省統計局『遼寧統計年鑑』中国統計出版社，各年版.

第 **8** 章

中国における地方財政調整の現状と課題

曹　瑞林

は じ め に

　中国では1994年に分税制改革が実施された．この改革では，中央と地方（省級政府）の事務配分，国税と地方税の区分，中央政府と省級政府との間で税源配分が行われるようになった．それと同時に政府間財政関係を規範化させるための地方財政調整制度が形成され，中央から省級地方政府への財政調整が行われるようになった．現行の地方財政調整制度は地域間格差の是正に大きな役割を果たしている．中央政府から中西部地域の省級地方政府への財政移転支払が大幅に拡大しており，2013年以降，財政移転支払総額における一般財政移転支払（一般補助金）のウェイトは専項財政移転支払い（特定補助金）のそれより大きくなった．それにも拘わらず，都市と農村，とくに豊かな東部沿海地域の省級地区と一部の中西部地域の省級地区との間にはまだ公共サービスの水準の大きな格差が存在する．ナショナル・ミニマムが確保されていない農村地域も多く存在している．中国における省級政府間財政力格差の原因は，経済発展の地域間格差が最も根底的なものであるが，現行の地方財政調整（財政移転支払）制度が規範化されてないことも重要な原因のひとつでもある．

　経済的に発展した地域は財政的自立性が高く，公共サービスの水準も高い．それに対し経済的に遅れた地域は公共サービスの水準も低い．これによって地域間住民の間に不公平が生じ，地域間の均衡的発展に不利に働いている．この格差を是正し，ナショナル・ミニマムを保障するためには中央政府による地方財政調整が必要である．中国には都市部地域と広範な農村地域があるので，省級地区間の経済格差だけでなく，省級地区内の地級市間のそれも大きい．省級地方政府は，省内にある地級市間と都市・農村間の経済格差や公共サービスの格差を是正し，均衡的で持続可能な発展をさせるために，地級市レベルの地方政府，県級レベルの政府に対して財政移転を行っている．近年，省級政府は省

級地区内の農村地域のナショナル・ミニマムを確保するために必要な財源を確保するために，財政移転を介して県級レベルの政府に対する直接的な財政調整を行っている．

　本研究では，中央政府による省級地方政府間の財政力格差を調整することを第一段階の地方財政調整と定義し，そして省級地方政府による省級地区内の各地域間の財政力格差を調整することを第二段階の地方財政調整と定義する．本稿では次の4点を検討する．まず（1）94年分税制以降の中央と省級政府間の税源配分と経費配分を整理するとともに，中国の地方財政調整制度の形成とその方法を解明する．その次に，（2）中央政府による地方財政調整の現状を検討するうえで，その特徴を明らかにする．さらに，（3）2003年以降の省級政府から下級政府（地級市政府，県級政府）への財政移転，また地級市政府から下級政府（区，県級市，県）への財政移転の動向を整理し，その特徴と問題点を明らかにする．最後に，（4）中国における地方財政調整の改革課題を提示する．

第1節　中央と地方の税源配分と経費配分

1　分税制以降の中央政府と省級政府間の税源配分

　1994年の分税制改革の目的のひとつは，1980年代後半の財政請負制の下で減少してきた中央政府の税収を増加させることであった．その主要内容は，中央と地方政府の事務配分と支出区分，税目の国税，地方税及び中央・地方共有税への区分，中央・地方間の税源配分，国家税務局と地方の各税務局の分離，国税と地方税の徴収システムの整備，地方政府による財政請負制の廃止，地方政府税収の減収分を補填するための税収還付措置の採用などである．この改革によって，国と地方の役割分担の明確化，税源配分，国家税務局と地方税務局の分離が行われるとともに，主要な目的である中央政府の税収を増加させ，国民経済に対する中央政府のマクロ的コントロール力を高めることが達成された．また税源配分によって地方税制が成立し，省や大都市の財政の自立性が制度上保障されるようになった．94年分税制によって，全租税収入に占める中央政府の税収割合は93年20.8％から94年の55.2％へと増加し，2016年には中央政府と省級地方政府の税源配分率は50.4：49.6となった．中央の税源配分率は地方のそれより0.8％大きい．中央税収の増加は地域間の経済格差や財政力格差を是正する財源になるとともに，中央政府からの財政移転がとくに経済的後進地域

表8-1　中央と地方の税収配分の推移

（単位：億元，%，決算）

	全租税収入		中央税収入		地方税収入		国家財政収入 （中央・地方）	財 政 収 入 対 GDP 比率
	(%)	(指数)	(%)	(指数)	(%)	(指数)		
1993	4,255.3 (100)		883.9 (20.8)		3,371.3 (79.2)		4,348.9	12.2
1994	5,125.8 (100)	(100)	2,831.9 (55.2)	(100)	2,294.9 (44.8)	(100)	5,218.1	10.8
2000	12,581.5 (100)	(245)	689.2.6 (54.8)	(243)	568.8.8 (45.2)	(247)	133,95.0	13.4
2005	28,778.5 (100)	(561)	16,051 (55.8)	(566)	12726.7 (44.2)	(554)	31,649.2	17.0
2010	73,210.7 (100)	(1428)	40,509.3 (55.3)	(1430)	32,701 (44.7)	(1424)	83,101.5	20.3
2014	119,175.3 (100)	(2325)	60,035.4 (50.4)	(2119)	59,139.9 (49.6)	(2577)	140,370.0	22.1
2016	130,360.7 (100)	(2543)	65,669.0 (50.4)	2318	64,691.6 (49.6)	2818	159,604.9	21.4

注：国家財政収入には国内外の債務収入が含まれていない.
出所：『中国財政年鑑』各年版により作成.

　の省級政府の財政力を強化する結果となった[1].

　1994年の分税制改革は，当時の歴史的条件と地方政府の既得利益を考慮したために，中央と地方政府の経費配分（事務配分）が十分に調整されなかったこと，税源配分は行われたが，地方政府は税率の調整，新しい地方税の創設，減免税措置などの自主的な地方税政策を実行するための課税自主権を持てなかったため，地方税体系が十分に整備されていないこと，さらに地方政府への財政移転が規範化されないことなど，様々な不十分さが残った[2].

　1994年分税制改革では，中央と省級政府との間で，税源配分が行われたが，その後の調整を経て，2016年現在，中央独立税には，個別消費税（原語：「消費税」），純輸入に関わる付加価値税・個別消費税，車輌購入設置税，関税，船舶トン税がある．地方独立税には，契約税（「契税」），不動産税（「房産税」），城鎮土地使用税，耕地占用税，土地増価税，車・船税使用税，煙葉税がある．また中央・地方の共有税には，（国内）付加価値税（「増値税」）（中央53.9%，地方46.1%，2016年，以下同様），サービス消費税（「営業税」）（地方88.6%，中央11.6%），企業所

得税（中央64.9％，地方35.1％），個人所得税（中央60％，地方40％），印紙税（「印花税」）（中央56.6％，地方43.4％）．印紙税のうち，証券取引税は1250.5億元（中央の印紙税分に相当する），都市維持建設税（中央3.8％，地方96.2％），資源税（地方96.7％，中央3.3％）がある[3]．

2　中央政府と省級政府間の経費配分

中央と地方政府の経費配分は1994年分税制改革以降の細分化を経て，2016年の公共財政支出に計上されている中央と地方の経費配分には，一般公共サービス（政府機関事務，統計・財政・審計，税関事務，人力資源事務等），外交，国防，公共安全（武装警察，警察，裁判所），教育，科学技術，文化教育とメディア，社会保障と雇用（社会保険基金に対する補助，行政事業単位離退職金，雇用補助，都市・農村住民の最低生活保障），医療衛生（公共衛生，医療保障），省エネルギー，都市・農村コミュニティー（公共施設・環境衛生），農林水，交通運輸，資源探査電力情報等，商業サービス等，金融，その他地域への援助（教育，文化，医療，交通運輸，住宅保障等），国土資源気象等，住宅保障，食糧食油物資管理，その他，国内外債務の利子償還，債務発行費用，予備費等の24項目の事務がある[4]．

しかし，中央政府と地方（省級以下）政府の支出の割合には大きな違いがある．2016年の全国（中央＋地方）一般公共財政支出（決算）は18兆7755億元であるが，そのうち，中央政府の分担分は14.6％（2兆7403億元）であるのに対し，地方（省級）政府の分担分は85.4％（16兆0351億元）とかなり大きい．この比重を見ると，地方政府は85％以上の公共財政支出の事務を分担していることがわかる．一方，2016年の地方政府の自主財源は8兆7239.3億元であり，地方一般公共予算収入（一般会計収入，自主財源＋依存財源）14兆6640億元の59.5％しか占めない．しかも，この依存財源には中央政府からの税収還付と財政移転支払いが含まれている．2016年の地方税収額は6兆4691.6億元であり，地方一般公共予算収入（一般会計）の44.1％であった．2016年度の地方一般公共予算支出は16兆0351億元である．その不足分に相当する財源が中央政府から地方（省級）政府への税収還付と財政移転支払いによって補填されたことになる[5]．

2016年度には，中央から地方への税収還付と財政移転は中央一般公共財政支出全体の68.4％（2016年，決算）となっている．都市開発，産業の発展と都市化の進展に伴い，地方政府はそれに相応しい公共サービスを提供しなければならない．それに伴い地方政府の公共財政支出の規模が拡大している．中央から地

方への税収還付と財政移転は大きな役割を果たしているが，それだけでは十分ではない．中西部内陸地域の省級政府の財源を保障するために，中央政府はとくに中西部内陸地域の省級政府に傾斜的な財政移転を行っている．これによって地域間の財政力格差が縮小している[6]．

　1994年の分税制改革は，中央政府と省政府の間の税源配分と支出配分が行われたが，前述のように，中央と地方政府の経費配分（事務配分）は十分に調整されず，地方政府は課税自主権を持てなかったために，地方税体系が十分に整備されず，さらに地方政府への財政移転が規範化されていないことなど，様々な不十分さが存在しているが，省級政府は，国民生活とかかわりの深い義務教育，社会保障と雇用，医療衛生，交通インフラなどの社会サービスの支出の85％以上を分担している．中央政府は中央税収の3分の2以上（68.4％，2016年）を財政調整の方法を通じて省級地方政府の支出と収入の差額の補填に回し，財政力の弱い中西部地域の省級地方政府の教育，社会保障の財源を確保している．以下では，中国の地方財政調整制度の形成過程とその方法を説明し，中央政府による省級地方政府への財政調整の現状を検討する．

第2節　中央政府による地方財政調整の現状と特徴

1　中国の地方財政調整制度の形成と3つの方法

　94年の分税制改革によって，中央と省級政府間の税源配分と経費配分が行われると同時に，政府間財政関係を規範化させるための地方財政調整制度が形成され，中央から省級政府への財政調整が行われるようになった．地方財政調整制度は地域間格差の縮小に大きな役割を果たしている．中央政府は，省級地区間の財政力の不均衡を是正するために，経済的に遅れた内陸部の一部の省級政府に対して財政移転を通じて財源保障を行い，農村部における義務教育と医療保障の充実，インフラ整備の改善など，行政サービス水準を向上させ，国民全体のナショナル・ミニマムを保障している．94年の「専項移転支払（特定補助金）」制度，95年の「過渡的移転支払制度（一般補助金）」の導入によって，中国における地方財政調整制度が形成された．2017年現在，中央政府による地方財政調整の方法は「一般移転支払（一般補助金）」と「専項移転支払（特定補助金）」および「税収還付」の3つからなっている．これらは地方政府の財政収入では，

「中央から地方への税収還付と財政移転支払」として計上される^{7）}.

　一般財政移転支払は，一般補助金のことであり，95年の「過渡的移転支払制度」から変更され，地方政府の公共サービス水準の均等化を図ることを目的とする．これは均衡性移転支払を中心とするが，このほかには，基本年金と都市農村住民の医療保険に対する財政移転，少数民族地区と辺境地域および貧困地域に対する財政移転等の7項目（2017年）からなる．これは財政力の弱い一部の中西部地域の省級地方政府や農村地域に対し，より多く配分されている^{8）}.

　2017年の一般財政移転のうち，均衡性移転支払は63.7％で，一番大きな割合を占め，その次の，基本年金の充実は16.7％，都市農村住民医療保障の充実は7.2％，少数民族地区・辺境地域・貧困地域に対する財政移転支払は5.2％である．このウェイトから見ると，一般財政移転支払の90％（92.8％，2017年）以上は，省級地区間の財政均衡力の是正や社会保障の充実，義務教育，医療保障の条件改善などの社会サービス水準の引き上げのために設けられたことがわかる^{9）}.

　専項財政移転支払（特定補助金）は，中央政府から省級地方政府に対する使途特定の財政移転，つまり特定補助金のことである．専項移転支払の項目とそのウェイトは，その年の事業によって若干調整される．2017年の専項移転支払の項目は，インフラ整備，その維持支出（車両購置税収入の地方への補助），農・林・水事務（農業，水利，林業，農業資源と生態保護，大中型ダム移民に伴う財政扶助，農林総合開発等），教育（義務教育，幼稚園教師育成，高校教育条件改善，特殊教育充実，職業教育，地方の大学改革発展等），医療衛生（大衆衛生，公立病院，基層医療衛生機構，医療救助等），省エネ・環境保護（省エネ節約利用，大気・水汚染防止，汚染排出削減，退耕還林，持続可能エネルギー，天然林保護等），低所得者向けの保障住宅，生活補助と雇用（雇用補助，撫恤，軍人退役安置，自然災害生活補助等），中小企業の振興，新興産業の発展，商業サービス業，食糧リスク基金などからなる^{10）}.

　2017年の専項財政移転支払のうち，インフラ整備と車両購入税収入の地方への補助は30.7％であり，一番大きい割合を占め，その次の，農・林・水の発展は21.1％，雇用補助，貧困救助，低所得者に対する補助は12.2％，都市部低所得者向けの保障住宅建設等に対する財政移転支払は7.3％，大気汚染環境保護の推進は9.0％，義務教育と普通教育および職業教育などの設備条件の改善は6.8％，大衆衛生を中心とする医療衛生条件の充実は4.8％，中小企業の振興支援，新興産業発展，商業サービス業，食糧リスク基金等は1.6％である^{11）}.

　この割合から見ると，専項移転支払の90％以上（91.9％，2017年）は，インフ

表 8 - 2　一般財政転移支払，専項財政移転支払，税収還付の推移

(単位:億元（%）)

	中央財政支出	中央から地方への財政移転総額（B）			
	（A）	B/A（%）	一般財政移転	専項移転支	税収還付
1995	4529.4 (100)	2532.9 (55.9) (100)	290.0 (11.5)	374.7 (14.8)	1,868.2 (73.8)
1998	6447.1 (100)	3285.3 (51.0) (100)	313.1 (9.5)	889.5 (27.1)	2082.7 (63.4)
1999	8,238.9 (100)	3,992 (49.6) (100)	511.4 (12.8)	1,360 (34.1)	2,120.6 (53.1)
2000	10,185.1 (100)	4747.6 (46.6) (100)	893.4 (18.8)	1647.7 (34.7)	2,206.5 (46.5)
2001	11,769.9 (100)	6,117.2 (52.0) (100)	1,604.8 (26.2)	2,203.5 (36.0)	2308.9 (37.7)
2002	14,123.4 (100)	7,352.7 (52.1) (100)	1,944.1 (26.4)	2,401.8 (32.7)	3006.8 (40.9)
2003	15,681.5 (100)	8,058.2 (51.4) (100)	2,241.2 (27.8)	2,391.7 (29.7)	3425.3 (42.5)
2004	18,302.0 (100)	10,222.4 (55.9) (100)	2,933.7 (28.7)	3,237.7 (31.7)	4051.0 (39.6)
2005	20,259.9 (100)	11,120.1 (54.9) (100)	3,715.8 (33.4)	3,647.0 (32.8)	3757.3 (33.8)
2006	23,492.8 (100)	13,589.4 (57.8) (100)	5,024.9 (37.0)	4,634.3 (34.1)	3930.2 (28.9)
2007	29,579.9 (100)	17,325.1 (58.6) (100)	7,017.2 (40.5)	6,186.9 (35.7)	4121.0 (23.8)
2008	36,334.9 (100)	22,710.5 (62.5) (100)	8,491.0 (37.4)	9,397.3 (41.4)	4822.2 (21.2)
2009	43,819.5 (100)	28,563.7 (65.2) (100)	11,317.2 (39.6)	12,359.8 (43.3)	4,886.7 (17.1)
2010	48,330.8 (100)	32,341.0 (66.9) (100)	13,235.6 (40.9)	14,112.0 (43.6)	4,993.3 (15.4)
2011	56,435.3 (100)	39,921.2 (70.7) (100)	18,311.3 (45.9)	16,569.9 (41.5)	5,039.8 (12.6)
2012	64,126.3 (100)	45,361.6 (70.7) (100)	18,804.1 (41.5)	21,429.5 (47.2)	5,128.0 (11.3)
2013	68491.68 (100)	48019.92 (70.1) (100)	24362.72 (50.7)	18610.46 (38.8)	5046.74 (10.5)
2014	74161.11 (100)	51591.04 (70.0) (100)	27568.37 (53.3)	18941.12 (36.7)	5081.55 (10.0)
2015	80639.66 (100)	55097.51 (68.3) (100)	28455.02 (51.6)	21623.63 (39.3)	5018.86 (9.1)
2016	86804.55 (100)	59,400.7 (68.4) (100)	31864.93 (53.6)	20708.93 (34.9)	6826.84 (11.5)
2017	98,256.7 (100)	65,051.7 (66.2) (100)	35,145.5 (54.0)	21,883.3 (33.6)	8,022.8 (12.3)

出所：『中国財政年鑑』各年版．1995〜2011年までの財政移転総額および一般財政移転，専項財政移転は，馬主編（2014：65），それ以降の中央から地方への財政移転総額は，財政部（2017）により作成．

ラ整備，車両購置税収入の地方への補助，農・林・水の発展，雇用補助と貧困救助および低所得者に対する補助，都市部低所得者向け保障の住宅建設，義務教育と普通教育および職業教育などの設備条件の改善，大衆衛生を中心とする医療衛生条件の充実，および大気汚染の改善に対する財政移転支出である．これらの専項移転支出は，公共サービス水準の向上やナショナル・ミニマムの保障を目的として配分されていることが分かる．

　税収還付は，1994年の分税制改革によって省級地方政府の93年水準の税収を確保し，税源配分による省級地方政府の税収減収分を補填するためであった．共有税である付加価値税（中国語では「増値税」）と個別消費税（中国語では，「消費税」）の中央政府分については，基準年の1993年の税収を超える増加分の30％分を中央政府が省級地方政府に還付する措置であった．2017年の中央から省級地方政府への付加価値税（増値税）と個別消費税（消費税）の還付額は7124億元であり，これは2017年の両税の中央分（3兆8391億元）の18.6％に相当する．[12]

　この税収還付の目的は，省級政府の既得利益を確保することによって税制改革への支持を取り付けることであったから，必然的に富裕な省ほど中央政府から受けている税収還付はより大きくなっている．本来，中央政府の財政移転支払の主な目的は地方政府間の財政力の不均衡を調整することにあるので，税収還付という政策措置の是正が求められている．

　現在，この両税以外に，企業所得税と個人所得税の基数還付および成品油税費改革税収還付の2つがある．所得税基数還付とは，2002年の企業所得税と個人所得税の共有税化への改革によって省級政府の税収減少分を補填するために，2001年の両税の税収を税収還付の基数にして税源配分による減収分を地方政府に還付する措置である．2017年の中央から省級地方政府への税収還付のうち，付加価値税と個別消費税の還付は，税収還付全体（8022億元）の88.8％（7124億元）と一番大きい．企業所得税と個人所得税の基数還付は，同11.3％（910億元）である．[13]

2　中央政府による省級地方政府への財政調整の現状

　2016年の中国の国家公共財政収入（中央＋地方）の規模は約15兆9604億元（決算）である．そのうち，中央公共財政収入は約7兆2365億元（税収＋税外収入）であり，地方政府の自主財源（中国語では「地方本級収入」，税収＋税外収入）は，約8兆7239億元である．地方政府の自主財源は，地方一般公共予算収入（一般

会計収入，自主財源＋依存財源）14兆6640億元の59.5％を占める．依存財源には中央政府からの税収還付と財政移転支払等が含まれている．2016年度の地方一般公共財政支出は16兆0351億元である．その不足分に相当する財源が中央政府から地方（省級）政府への税収還付と財政移転支払によって補填されることになる．2016年度には中央から地方への税収還付と財政移転総額は５兆9400億元，中央一般公共財政支出全体の68.4％（2016年，決算）となっている[14]．

　省級地方政府は，前述したように，約85％（85.4％，2016年度）の仕事をしているのに対し，自主財源は８兆7,239億元であり，地方公共財政支出額の54.4％（16兆0351億元）にすぎない．ここに「支出－収入ギャップ」が発生する．この結果，差額の45.6％（７兆3112億元）（＝16兆0351億元－８兆7239億元）にあたる財源が，中央政府からの税収還付と財政移転支払（一般財政移転支払＋専項財政移転）等を通じて補うことになる．2016年には中央政府からの財政移転総額（一般財政移転支払＋専項財政移転＋税収還付）は５兆9400億元であり，地方公共財政支出額（16兆0351億元）の37.0％となっている．

　中央政府から省級地方政府への財政移転総額は，95年の2532億元から2000年の4747億元へと安定的に増加してきたが，2001年以降，急速に増加し，2001年の6117億元から2005年の１兆1120億元，2010年の３兆2341億元，2015年の５兆5097億元，2016年の５兆9400億元，2017年の６兆5051億元へと増額した．中央財政支出に占める割合は2000年（46.6％）を除いて1995〜2007年までは51〜58％であった．2008〜2017年になると，それは62〜70％まで増加している．2017年は中央財政支出の66.2％である[15]．

　95年の一般性財政移転支払額は，わずかの290億元で，中央政府から省級地方政府への財政移転総額に占めるウェイトは11.5％しかなかった．しかし，2000年からの西部大開発以降，急速に拡大し，2001〜2004年には26％〜28％，2005〜2012年には33〜41％まで高くなっている．2013年以降，地域間格差の是正，都市農村間の公共サービス水準の均衡化および中央政府から省級政府への財政移転支払制度の改革に伴い，2013〜2017年までの期間では中央政府から省級地方政府への財政移転総額に占めるウェイトは50〜54％まで飛躍的に高くなっている．財政移転支払総額は2012年の１兆8804億元から2017年の３兆5145億元へと1.8倍の増額である．95年の指数を100（290億元）とすれば，2017年は１万2119（３兆5145億元）となり，121倍の大幅増加となっている[16]．

　専項移転支払額は，95年の374億元で中央政府から省級地方政府への財政移

転総額に占めるウェイトは14.8％しかなかった．1999年は前年98年の889億元から1360億元まで増大し，1999〜2007年の期間では財政移転総額に占める割合は31〜36％，2008〜2012年の期間では41〜47％まで大きくなっている．しかし，2013年以降，財政移転総額に占める一般財政移転支払のウェイトと金額の方が，専項移転支払よりも大きくなってきた．専項移転支払のウェイトは，2012年の47.2％から2013年の38.8％，2014年の36.7％のように低下し，2017年は33.6％にまで小さくなった．専項移転支払のウェイトは2012年と比べて，13.6ポイント低くなっている[17]．

　中央政府から省級地方政府への専項移転支払額は95年の374億元から，2012年の2兆1429億元へと増加したが，2013年になると，専項移転支払額は1兆8610億元，2014年の1兆8941億元へと減少した．2017年は2兆1883億元（33.6％）である．95年の指数を100とすれば，2012年は5700（2兆1429億元），2017年は5851（2兆1883億元），58.5倍の増加である．これは，一般的財政移転額の121倍の増加よりはるかに小さい[18]．

　一般補助金（一般性移転支払）と特定補助金（専項移転支払）両者の中央から省級地方政府への財政移転総額におけるウェイトは，2000年以降急速に増加し，2001〜2005年では約57％から66％，2006〜2008年では約71〜78％，2009〜2012年では約82〜88％まで高くなり，2013〜2017年では約87〜90％まで飛躍的に大きくなった．2017年には，一般財政移転額は3兆5145億元（同54.0％），専項移転支払額は2兆1883億元（同33.6％），計5兆7028億元（同87.7％）となった．これは中央から地方への財政移転が地方財政調整の本来の目的に叶うようになったことを意味する[19]．

　これに対して，税収増加の大きい豊かな省が有利となる税収還付のウェイトが90年代中葉ごろ（99年にも53.1％を占めた）より低下し，2001〜2005年では33〜42％の間，2006〜2008年では21〜28％へと急速に低下し，2009〜2012年では17〜12％，2013〜2015年までは9〜10％さらに小さくなった．2017年は財政移転総額に占めるウェイトは12.3％（8022億元）まで下がってきた[20]．

3　中央政府による地方財政調整の特徴

　上述した分析から，中央政府による地方財政調整の特徴を次の3点に整理できるだろう．

　第一に，現行の中央政府による地方財政調整は一般補助金（一般移転支払）と

特定補助金（専項移転支払）を中心にするようになった．中央から地方への財政移転総額に占めるその両者の割合は95年の26.3％から2017年の87.6％へと飛躍的に大きくなった．これに対して税収還付の財政移転総額に占める割合は，95年の70％台から2017年の12％へと大幅に低下してきた．これは中央から地方への財政移転が地方財政調整の本来の目的に叶うようになるとともに，中央政府が実施する省級地区間の財政力や行政水準の格差是正の効果が大きくなったということを意味する．

　第二に，2013年以降，中央政府から省級政府への財政移転支払制度の改革に伴い，地方政府の財政的自主性を保ち，地域間の財政力格差を是正するもっとも有効な手段である一般財政移転支払のウェイトが専項移転支払のそれより大きくなった．これは中国の財政移転支払の構造が大幅に改善され，地方財政調整制度が規範確立に向け大きく前進したと言える．

　一般財政移転支払のウェイトは，2013〜2017年では50〜54％へと飛躍的に高くなった．2017年の一般財政移転支払のウェイトは54％で，2012年の41.5％より13ポイント高くなった．これに対して，専項移転支払のウェイトは，同様にこの改革の影響を受けて，2012年の47.2％から2017年の33.6％へと急速に小さくなった．2012年と比べて，13.6ポイント低くなった．

　また，中央政府から省政府への専項移転支払額について見てみると，2017年は2兆1883億元，2012年の2兆1429億元より454億元の増額だけであるのに対し，2017年の一般財政移転支払額は3兆5145億元，2012年の1兆8804億元より1兆6341億元の増額となっている．

　第三に，税収還付額の財政移転総額に占める割合は大幅に低下してきたが，2017年現在も財政移転支払総額に占める割合はまだ11.5％という水準を維持している．税収還付は付加価値税や企業所得税などの主要税が原資となり，すべての省級地方政府が対象となるので，結果的には，経済的に発展した東部沿海地域はより多くの税収還付を受けることになる．このことは財政調整の地域間財政力均衡効果を抑制することになる．[21]

第3節　省級地方政府が実施する地方財政調整の動向と特徴

1　省級地方政府による地級市政府への財政調整の動向

94年の分税制は中央政府と省級地方政府間での税源配分を行ったが，省級地

方政府と地級市との間の税源配分が実施されなかった．2002年まで省政府と地級市レベルの地方政府との間では，税目による税源配分ではなく，企業の行政所管関係と業種によって省と市との間で税収を配分し，財政支出の範囲を区分した．2003年以降になって，省級地方政府と下級政府（地級市）との間で，税源配分が行われるようになった．以下では，2003年以降，遼寧省（東北地域），江蘇省（東部沿海地域）を事例に省級地方政府による地方財政調整の動向と特徴を検討する．

（1）遼寧省の事例

遼寧省は，東北地域にある省級地区であり，2014年末の常住人口は4391万人，そのうち，都市部人口は省人口全体の67％（2944万人），農村部人口は同33％（1447万人）である．2014年に遼寧省の公共財政収入（税収と税外収入），つまり自主財源は3190億元で，地方公共財政支出総額5075億元の62.9％に相当する．差額の37.1％（1885億元）にあたる財源が中央政府による財政調整を通じて補填された．2014年度の社会保障と雇用，教育，農・林・水，医療衛生，住宅保障，科学技術，省エネ環境保護の7大経費は財政支出全体の51.4％（2608億元）に達している[22]．

2003年に遼寧省では，下級政府（地級市）との間で税源配分が行われた．25％省級政府分の付加価値税（中国語では「増値税」）収入のうちの10％分を省本級に，15％分を地級市の地方政府に，40％分の企業所得税のうち20％分を省本級に，20％分を地級市の地方政府に，40％の個人所得税のうち15％分を省本級に，25％分を地級市の地方政府に，サービス消費税（中国語では「営業税」）は30％を省本級に，70％を市以下に配分した．地級市の公共財政収入とその支出総額との間に生じた差額について，省政府は税収還付（93年の両税税収を基数），一般性財政移転支払，専項移転支払等の方法を通じてそれを補填した[23]．

遼寧省政府と地級市政府は，下級政府の県（県級市）政府に対し地方財政調整を実施している．遼寧省政府は省内にある40の県・県級市（大連市が管轄する4県・県級市を除く）に対して共有税の配分割合を引き上げ，税収の増額分のすべてを県級レベルの地方政府に配分する方法を採用している．そのうえで，貧困県および少数民族の県（自治県）に対して傾斜的な配分を通じて農村部地域の公共サービスの不均衡を是正している．農村地域に対する傾斜的税源配分は遼寧省の実施する財政調整の重要な特徴となっている．この財政調整は，県級レベルの基層政府の正常な運営，行政水準の維持，職員給与水準の保障，社会

保障の改善，農村税費改革などの支出および農民の食糧生産に対する補助など
を目的としている[24]．

（2）江蘇省「省管県」の事例

　江蘇省は，東部沿海地域にある省級地区であり，2014年末の常住人口は7960
万人，そのうち都市部人口は省人口全体の65.2%（5189万人），農村部人口は同
34.8%（2771万人）である．2014年に江蘇省の公共財政収入（税収と税外収入）は
7233億元であり，地方公共財政支出総額8466億元の85.4%に相当する．差額の
14.6%（1233億元）にあたる財源が中央政府による財政調整を通じて補填され
た．公共財政支出のうち，教育，社会保障と雇用，都市農村コミュニティー事
業改善の3大経費は40.5%（3424億元）を占める．江蘇省には45の県級政府が
あり，そのうち，県級市は23，県は22ある[25]．

　江蘇省では，2005年から省政府が直接県級政府の財政を管理することになっ
た．中国では，このような財政管理体制を「省管県」と言われている．「省管
県」財政管理体制が導入される主な理由は，県政府が農村地域の飲用水供給，
義務教育の改善，道路建設などのナショナル・ミニマム（最低限の行政水準）の
最も重要な供給主体であるにもかかわらず，財政移転資金が地級市を経てかな
り先細りになってしまうという問題が起きていたからである．したがって，そ
のため，2005年以降，「省管県」の財政管理システムが全国の省級地区で試み
られた．江蘇省で省政府が県級政府に対して直接財政管理体制を実施するが明
示されたのは，2006年の「江蘇省第11次5か年規画綱要（草案）」である．翌年
の2007年に江蘇省政府は「省政府が県級政府に対して直接財政管理体制を実施
することに関する通達決定」を公布した．その特徴は次の3点である．

　第一に，省級地区内の地方政府間の財政体制関係を調整し，省政府と地級市
政府，または省政府と県級レベルの地方政府と直接に連携できる財政体制を構
築する．税源配分の方法は，省本級の税収を除いて，地級市と県級の税収が
2005年を基準年にして「税収の属地徴収原則」によって配分されるというもの
である．第二に，省政府は省内の各県に対する専項財政移転を，地級市を経ず
に，直接に各県級の地方政府に配分する．第三に，2008年に省政府は地級市お
よび県級政府との間で，サービス消費税，個人所得税，都市維持建設税，印紙
税，資源税，車船使用税の税収をすべて県級政府に配分する．この傾斜的税源
配分は県級政府の財政的自立性を高めることになったが，省本級財政自体の税
源を減少させた．

「省管県」の財政管理体制の改革は，中央政府と省級地方政府が県級政府に対する財政補助を直接に県級政府に配分することになり，農村地域の県級政府の財政難を緩和し，都市農村間の公共サービスの不均等是正に大きな効果をもたらすことになった[26]．

2　省級政府による財政調整の特徴と問題点

省級地方政府が実施する地方財政調整の特徴は次の3点に整理できる．

第一に，2003年から省級政府による地方財政調整が行われた目的は，農村地域である県（県級市を含む）政府の正常な運営，行政職員給与水準の保障，義務教育，医療保障の改善，インフラ整備，災害救済などのナショナル・ミニマム（国民的最低行政水準）を保障することである．

第二に，税源配分の方法は，共有税方式で財政力の弱い下級政府により多くの財源を配分し，農村的地域の下級政府（県級市・県），とくに貧困県および少数民族の県に対し傾斜的配分を行い，都市農村間の経済格差および財政力格差を是正するによる．これは省級地方政府の実施する財政調整の重要な特徴である．

第三に，「省管県」という省級地方政府が農村地域の県級政府の財政を管理する体制改革を実施することによって，従来の地級市と県級レベルの地方政府の財政制度を改革し，省と地級市，また省と県と直接に連携できる財政体制を構築できた．この体制の下で，省政府から省内の農村地域の各県に対する専項財政移転が地級市を経ずに，直接各県級の地方政府に配分できた．これは農村地域の県級政府の財政難を緩和し，県級政府の財政力均衡を保障し，都市農村間の公共サービスの不均等是正に大きな効果を与えた．

省級地方政府による地方財政調整の問題点を主として次の4点に整理できる．

第一に，中国で現行の地方財政調整が依拠するのは，「分税制財政管理体制の実行に関する決定」（国務院，1993年）と「過渡的財政移転支払の方法」（財政部，1995年）および「中央から地方への専項移転支払管理方法」等の規定や方法である．省級地方政府の実施する地方財政調整も上述の公文書を根拠にしている．すなわち，地方財政調整制度の規範化はまだ不十分であると判断される[27]．

第二に，財政移転支払の計算方式の基準が統一されていない．また数値に関しても公開性や透明性を欠いている[28]．

第三に，専項移転支払の配分主体は複数になり，性質の同じ事業に対しても

配分の行政機関が異なっている．そのため，補助金の使用効率が低く，重複な配分問題が起きている．また専項財政移転の予算編成が遅れている．中央政府および省級地方政府による補助金のかなりの部分は，予算の執行中に配分されるため，予算編成時に補助事業に対する上級政府からの補助資金がどれほど配分されるかが判断しにくい．²⁹⁾

　第四に，2005年以降「省管県」という財政管理体制改革が実施されて以降，省級地方政府は下級政府である県級政府との間で税源配分を行い，財政移転支払は省政府から直接に県級政府に対して行うことになったが，県級政府の人事任命などの行政権限は依然として地級市政府が持っている．その結果，県級政府は財力，プロジェクト資金などについて常に省政府と協議するとともに，市政府にも報告を行い，理解と支援を求めなければならないという現実に直面している．³⁰⁾

おわりに

　本研究では，中国の地方財政調整制度の形成と中央政府による財政調整の現状と特徴を検討した．また省級地方政府が実施する財政調整の動向と特徴および問題点を明らかにした．

　94年の分税制によって中央政府と省政府の間の税源配分と支出配分が行われ，中国の省級地方政府は，義務教育，社会保障と雇用，医療衛生，交通インフラなどの公共サービスの支出の85％以上を分担している．中央政府は中央税収の3分の2以上を財政調整の方法を通じて省級地方政府の支出と収入の差額を補填し，財政力の弱い中西部地域の省級地方政府の教育，社会保障の財源を保障している．現行の中央政府が実施する財政調整は一般補助金（一般移転支払）と特定補助金（専項移転支払）を中心に行われている．とくに2013年以降，中央政府から省級政府への財政移転支払制度の改革に伴い，地方政府の財政的自主性を保ち，地域間の財政力格差を是正するもっとも有効な手段である一般的財政移転支払のウェイトが専項移転支払のそれより大きくなった．これは，中央から地方への財政移転は地方財政調整の本来の目的に叶うようになるとともに，中央政府が実施する省級地区間の財政力や行政水準の格差是正の効果が大きくなったということを意味する．

　税収還付額の財政移転総額に占める割合は大幅に低下してきたが，税収還付

は付加価値税や企業所得税などの主要税が原資となり，すべての省級政府が対象となるので，結果的に経済的に発展した東部沿海地域はより多くの税収還付を受けている．このことは財政調整の地域間財政力均衡効果を抑制することになる．

　2003年から実施された省級政府による地方財政調整の目的は，農村地域である県（県級市を含む）政府の正常な運営，行政職員給与水準の保障，義務教育，医療保障の改善，インフラ整備，災害救済などのナショナル・ミニマムを保障することである．省級地方政府による財政調整の重要な特徴は，共有税方式で財政力の弱い農村的地域の下級政府に対し傾斜的配分を行い，都市・農村間の経済格差や財政力の不均衡を是正することである．また省級地方政府が農村地域の県級政府を管理する「省管県」という財政体制改革の実施によって，省政府から省内の各県に対する税源配分，移転支払は地級市を経ずに，直接各県級の地方政府に配分される．これは，農村地域の県級政府の財政力均衡を保障し，都市農村間の公共サービスの不均等是正に一定の効果があった．しかし，省級地方政府が実施する地方財政調整においても，財政移転支払の方法が規範的でない，公開性と透明性を欠いている，などの問題点がある．現在推進されている「省管県」財政管理体制の下では，省と県，地級市と県の事務配分と支出配分は透明性を欠いている．

　中国の地方財政調整の改革の残された課題は次の点である．第一に，地方財政調整制度を規範化させるため，『財政移転支払』に関する法律を整備する．この法律の根拠の下で政府間の事務配分と支出配分が行われ，地方財政調整の機能を高めるようにする．第二に，地域間の公共サービスの不均衡を是正し，中西部の農村地域の基層政府最低限の行政水準を保障するために中央政府から中西部地域の一部の省級政府に対して向けられる一般財政移転支払の割合をさらに高め，地域間の財政力均衡性の調整効果を高めるようにする．第三に，専項移転支払は，農村地域の社会保障制度の整備と安全的な飲み水の供給および農村インフラ整備などの全国共通の緊急課題の解決には有効であるが，この段階を過ぎると，専項移転支払の割合を減らし，一般財政移転の割合をさらに高め，地域間の財政力格差を是正することが求められる．また専攻移転支払の配分における恣意性を排除し，その予算管理を強化する必要がある．第四に，省，市，県の3階層の地方政府のそれぞれの権限と責任を明確にするようにする．例えば，地方政府間では，農村地域の義務教育，公共衛生，医療保障，インフ

ラ整備などの公共サービスに関する事務配分をさらに行う．そのうえで，産業発展が遅れ，税収の規模が小さく，財政力の弱い農村地域に対しては財政移転を増額すべきである．これらに必要な経費を，地級市レベルの地方政府を経由せずに，県級地方政府へ直接配分すべきである．

注

1）分税制以降の中央政府と省級政府間の税源配分は，曹（2016：134-135），「表 1 」を参照．

2）分税制改革の評価について曹（2016：135）などを参照にした．

3）中央と省級地方政府との税源配分は，『中国財政年鑑』2017年版，253頁，259頁，267頁，曹（2019：165）により整理した．

4）2016年の公共財政支出に計上されている中央と地方の経費配分経費配分は『中国財政年鑑』2017年版による．

5）2016年の全国（中央＋地方）公共財政支出，地方一般公共予算収入（一般会計収入，自主財源＋依存財源），地方政府の自主財源および中央から地方への税収還付と財政移転は，『中国財政年鑑』2017年版，財政部2017年中央から地方への税収還付と移転支払決算表による．曹（2019：164）を参照．

6）2016年度には中央から地方への税収還付と財政移転は，『中国財政年鑑』2017年版，財政部2017年中央から地方への税収還付と移転支払決算表による．曹（2019：164）を参照．

7）中国の地方財政調整制度の形成と 3 つの方法は，曹（2016：136），財政部2017年中央から地方への税収還付と移転支払決算表を参照．

8）一般移転支払について曹（2016：136），「財政部2017年中央から地方への税収還付と移転支払決算表」，「表 2 」を参照．

9）一般財政移転の項目とその内訳は，「財政部2017年中央から地方への税収還付と移転支払決算表」，「表 2 」により整理した．

10）2017年の専項財政移転の項目は「財政部2017年中央から地方への税収還付と移転支払決算表」，「表 2 」により整理した．

11）2017年の専項財政移転の内訳は，「財政部2017年中央から地方への税収還付と移転支払決算表」により整理した．

12）2017年の中央から省級地方政府への付加価値税と個別消費税の還付額は，「財政部2017年中央から地方への税収還付と移転支払決算表」による．付加価値税（増値税）と個別消費税（消費税）の両税収入は，2017年度「2017年中央と地方の予算執行情況と2018年中央と地方の予算草案に関する報告」による．

13）税収還付について曹（2016：138），「財政部2017年中央から地方への税収還付と移転支払決算表」「表 2 」を参照．

14）国家公共財政収入（中央＋地方）と支出および中央と地方の公共財政収入と支出は『中国財政年鑑』2017年版，「表 2 」を参照．

15）2016年には中央政府からの財政移転総額は『中国財政年鑑』2017年版，「表 2 」を参

照.

16) 一般財政移転支払額は同「表2」を参照.

17) 一般財政移転支払と専項移転支払額とウェイトは同「表2」を参照.

18) 中央政府から省級地方政府への専項移転支払額とウェイトの変化は同「表2」を参照.

19) 一般財政移転額と専項移転支払額は同「表2」を参照.

20) 財政移転総額における税収還付のウェイトは「表2」を参照.

21) 税収還付は東部沿海地域への傾斜的配分についての指摘は宋超・紹智（2005）を参照.

22) 遼寧省の概要は「遼寧省2014年国民経済と社会発展統計公報」，曹（2016）などによる.

23) 省政府と地級市との地方財政調整について曹（2016：141-144）などを参照.

24) 省政府と地級市政府が県政府に対する財政移転は遼寧省が「県域経済発展を支援するための実感政策意見に関する通達（転発省財政庁关于支持县域经济发展若干政策意见的通知转发省财政厅关于支持县域经济发展若干政策意见的通知）2005年を参照.

25) 江蘇省の概要は「江蘇省2014年国民経済と社会発展統計公報」などによる.

26) 江蘇省の「省管県」の方法は，駱（2010）により整理した.

27) 地方財政調整制度の規範化は呉等（2010）を参照.

28) 財政移転の計算方法が規範化されていないことについて呉等（2010）参照.

29) 専項移転支払の配分主体は多元的であること，専項財政移転の予算編成が遅れていることは，班ら（2009）を参照.

30) 市と県の事務権限，財政権が明晰でないことは駱（2010）を参照.

参考文献

馬海濤等（2010）『政府間財政移転支払制度』経済科学出版社.

─────（2011）『中国基本公共サービス均衡化問題研究』経済科学出版社.

馬海濤主編（2014）『中国分税制改革20周年：回顧と展望』経済科学出版社.

王振宇（2013）「財政移転支払制度改革の加速（加快财政转移支付制度改革）」『地方財政研究』2013年第1期.

高培勇（2014）『財税体制改革と国家統治の現代化（财税体制改革与国家治理现代化)』社会科学文献出版社.

神野直彦・小西砂千夫（2014）『日本の地方財政』有斐閣.

内山昭編（2018）『財政とはなにか』〔改訂版〕税務経理協会.

曹瑞林（2004）『現代中国税制の研究──中国の市場経済化と税制改革──』「第4章 分税制改革と地方税制の成立」御茶の水書房.

─────（2007）「中国の省及び大都市財政の動向と課題──東部沿海地域と内陸地域の省財政を中心に──」，日本地方財政学会編『三位一体改革のネックス・ステージ』勁草書房.

─────（2008）「第6章中国の地方財政」，宮本憲一・鶴田廣巳編（2008）『セミナー現代地方財政〈世界に見る地方分権と地方財政〉』勁草書房.

─────（2012）「中国の省級財政・大都市財政の自立性と省級地区ミニマム」『財政と公共政策』34（1）.

─────（2016）「中国における2段階地方財政調整の研究──省級地方政府による地方

財政調整を中心に――」『立命館経済学』64（6）.

――――（2019）「中国の地方税体系の現状と課題」『立命館経済学』67（5・6）.

国務院（2014）「中央から地方への移転支払制度の改革と完全化に関する国務院の意見」（国務院発, 2014年）〈http://www.gov.cn/zhengce/content/2015-02/02/content_9445.htm〉（2019年5月4日閲覧）.

財政部（2017）「中央対地方税収返还和转移支付决算表」〈http://www.gov.cn/gzdt/2012-07/11/content_2181168.htm〉（2019年5月4日閲覧）.

遼寧省（2014）「遼寧省2014年国民経済と社会発展統計公報」〈http://www.tjcn.org/tjgb/06ln/28025_4.html〉（2019年5月4日閲覧）.

――――（2005）「県域経済発展を支援するための実感政策意見に関する通達」〈https://wenku.baidu.com/view/a85ee3956037ee06eff9aef8941ea76e58fa4af5.html〉（2019年5月4日閲覧）.

江蘇省（2014）「江蘇省2014年国民経済と社会発展統計公報」〈http://www.tjcn.org/tjgb/10js/28012_5.html〉（2019年5月4日閲覧）.

宋超・紹智（2005）「わが国の財政移転支付の規模問題研究」『地方財政研究』第1号 p.28-p.31.

駱祖春（2010）「江苏省直管县财政体制改革成效, 问题及对策」『地方財政研究網』〈http://www.dfczyj.com/Article/ShowArticle.asp?ArticleID=526〉（2019年5月4日閲覧）.

吴晓玲等（2010）「完善湖北省以下财政转移支付制度研究」2010年3月『地方財政研究網』〈http://www.dfczyj.com/Article/ShowArticle.asp?ArticleID=494〉（2020年1月4日閲覧）.

辽阳市财政局／班士威・王宇・董巍（2009）「辽宁部分地区中央及省专项资金管理存在的问题及建议」2009年10月20日『地方財政研究網』〈http://www.dfczyj.com/Article/ShowArticle.asp?ArticleID=272〉（2019年5月4日閲覧）.

『中国財政年鑑』各年版.

『中国統計年鑑』各年版.

第9章

フランスの広域行政組織
——都市計画の権限における役割——

岡井有佳

は じ め に

　我が国においては，戦後の急激な経済成長などによる都市化，および，交通・通信網の発達などを要因として，生活圏や経済圏が拡大しているといった議論が提起されて久しい．「都市」を，都市活動が社会的，空間的に連携されているエリアと定義するならば，都市の拡大が，実際の「都市」の区域と，行政界の区域との不一致をもたらしたことは当然の結果であった．このことは，行政需要が既存の行政区域を超えて発生することでもあり，従来の行政単位をもってしてはその機能を充分発揮しえないことは明白であり，少子高齢化や価値観の多様化による社会構造の変化，地方分権や業務の効率化といった行政面からの要請とあいまって，広域行政へのニーズは増加している．都市計画分野においてもそれは同様であり，複数の市町村にまたがって広域的に調整すべき都市計画の課題が増加していることは明らかであるが，市町村単位の計画では生活圏域の広域化には対応できず，広域都市計画の必要性が指摘されている（川上 1994：144）．

　広域的な取組みを実現する手法としては，市町村合併と，複数の市町村が連携して取り組む広域行政という2つの選択肢がある．日本では平成の大合併により，市町村合併は急速に進んだ．市町村合併は，行財政面において効率的で，意思決定が一元化されスムーズに行われるといった利点があげられるが，社会構造の変化などにより，広域行政のニーズを常に合併によって解決することは現実的ではない．地方公共団体の区域は，歴史と伝統が反映された自治的共同的意識に基づくものであり，その区域の合理化，適正化を強行することは困難であり，一方で，区域の拡大は，行政を地域住民から遠い存在とし，住民の帰属意識を弱体化させるおそれもある．それに対し，広域行政は圏域に柔軟に対応でき，市町村の個性を維持でき，より広域的な課題にも対応できるという点

で，弾力的に運用できる制度と考えられる．近年の日本においても，地方制度調査会が，広域的な行政課題に対しては，生活圏や経済圏を同一にする地方公共団体が連携・協力して対応することの必要性を指摘しており，広域行政組織の役割が見直されているところである（地方制度調査会：2019）．

　本章の対象であるフランスでは，行政界域を超える都市の拡大に対して広域行政で対応してきた歴史をもつ．フランスには，パリ市を除くと100万人を超える都市はなく，人口500人に満たない基礎自治体が5割を超えるなど，小規模自治体が課題とされてきた．そこで政府は，パリの強化とともに，フランスの都市を競争力のある都市として位置づけることを重要施策のひとつとし，その手法として，隣接する都市とともに，競争力に耐えうる「都市（都市圏）」をつくることにした．フランスは「大きいこと」より，むしろ，「協力すること」を選択したのである．

　そこで，本章ではフランスの広域行政組織を概観したのち，ストラスブール市を事例としてとりあげ，広域行政による連携の実態について，とくに都市計画分野における役割に着目して論じる．

第1節　フランスの広域行政

1　フランスの地方行政組織

　フランスの地方公共団体は，州（Région），県（Département）と，コミューヌ（Commune）の3層から構成される．

　州は，1964年に経済推進団体として創設され，1982年の地方分権法によって地方公共団体となり，国土整備，経済開発，文化活動などを主な権限とする．歴史的・文化的背景を根拠とする34の地方（Province）を基に，フランス本土で22に区画されていたが，国際競争力の強化を目的に，2016年1月1日より，13に再編された．

　県は，馬で48時間以内に往復できる範囲を考慮して，ナポレオンの時代に人為的に線引きされた地方公共団体であり，社会福祉，保健分野等を権限とする．96の県の面積はほぼ等しいが，人口は，ノール県の約260万人からロゼール県の約8万人まで，大きなばらつきがある．

　コミューヌ（以下，「市町村」という）は，中世の教会区を起源とし，都市計画，教育，文化などを権限とする基礎自治体である．人口約6500万人に対し，市町

村数は 3 万4970（2019年 1 月 1 日現在）にものぼることからわかるように，その規模は極めて小さい．

　近年，さらなる地方分権化の推進の中で，住民に近い市町村により大きな権限が移譲されているところであるが，市町村の行財政能力の問題から，複数の市町村が協力して事務を行う広域行政組織である「市町村間協力公施設法人（Etablissements publics de coopération intercommunale，以下「EPCI」という）」の役割がますます重要になってきている．これらの広域行政組織は，市町村と県の間に位置づけられた地方団体のひとつとして無視することはできず，いまや 4 層の地方行政制度が確立されているともいえる．

　また，州および県は国の地方行政区画でもあり，中央省庁の地方局が設置され，その長として地方長官（Préfet）が配置されている．1980年代前半の地方分権以前は，地方長官が官選知事としての役割も担っていたが，現在は，州や県の執行部の長としての役割は，各議会議員の互選により選出される議会議長が担っており，現在は地方における国の代表者に過ぎない．しかし，地方分権とともに，国の権限の地方分散も進んでおり，これらの地方局の役割は高まっているところであり，近年の法律により地方長官にもより重要な役割が与えられている．

2　広域行政組織の変遷

　フランスでは，小規模市町村の行財政能力の問題から，合併を推し進めた時代もあったが，地域の個性を尊重する思想や伝統・文化的背景から，合併はほとんど進まなかった．そのため，広域行政組織を発展させてきており，単なる事務組合的な組合型 EPCI から，義務的権限が定められ固有の財源を徴収する連合型 EPCI まで，様々な広域行政組織が乱立していた．しかしながら，それらの制度創設にあたっては，将来を見通して十分に検討されたものではなく，その場しのぎの対策として場当たり的に創設・改変が行われたため，各組織の特徴が明確でなく複雑な体系となっていた（Brémond 2001：37）．

　1999年の「市町村間協力の強化と簡素化に関する法（Loi No99-586：以下，「シュヴェヌマン法」という）」は，これらの連合型 EPCI の再編を行い，人口要件別に「大都市圏共同体（Communauté urbain）」，「都市圏共同体（Communauté d'Agglomération）」，「市町村共同体（Communauté de communes）」の 3 つに整理し，国からの財政的支援をインセンティブとし，その設置を促した．こうして，連

合型 EPCI の設置は進展したものの，人口要件のない市町村共同体が多数設置され，その多くは規模の小さいものであり，また，パリ首都圏を含むイル・ド・フランス州を中心に，連合型 EPCI に属さない市町村もみられるなど，市町村の自由な意思に委ねた広域行政組織の設立は限界とみられていた．他方，EPCI を含め，多層な地方行政システムは，住民にとっては複雑で，会計検査院からはコストが高くつくという課題も指摘されており（Cour des Compte 2009：213），将来的な県の廃止も含めて議論がなされていた．

　このようななか，世界レベルでの都市間競争を視野にいれ，政府は全国土を連合型 EPCI によりカバーすることを目指し，2010年の「地方公共団体の改革に関する法（Loi No 2010-1563：以下，「地方自治体改革法」という）」により EPCI の設立を強化した．具体的には，大都市圏共同体より人口規模の大きい「メトロポール（Métropole）」を新たに創設するとともに，地方長官の役割を強化し，イル・ド・フランス州を除き，すべての市町村をいずれかの連合型 EPCI に加入するように促した．

　さらに，2014年には「地域の公共活動の近代化とメトロポールの確立に関する法律（Loi No 2014-58：以下，「MAPTAM 法」という）」が制定され，3 大都市であるパリ，マルセイユ，リヨンを中心に，特別な規定をもつ EPCI を法律により設立することとした．まず，リヨン大都市圏共同体は，区域内におけるローヌ県の権限もあわせて実施する主体として，2015年 1 月 1 日に，「リヨン・メトロポール」となり，特別な規定をもつ地方公共団体となっている．次に，パリと隣接する 3 県に位置する市町村から構成される「パリ・メトロポール」は，

表 9 - 1　EPCI の団体数

年（1月1日の状況）	2010	2011	2012	2013	2014	2015	2016	2017	2018	2019
メトロポール*			1	1	1	12	14	15	22	22
大都市圏共同体	16	16	15	15	15	9	11	15	11	13
都市圏共同体	181	191	202	213	222	228	196	218	222	223
市町村共同体	2409	2387	2358	2223	1903	1884	1842	1019	1009	1001
新都市圏組合	5	5	5	4	4	3	0	0	0	0
計	2611	2599	2581	2456	2145	2133	2062	1266	1263	1258
EPCI の市町村数の割合（%）	94.8	95.5	96.2	98.3	99.8	99.7	99.9	100.0	100.0	100.0
EPCI の人口の割合（%）	89.0	89.9	89.9	91.9	94.0	93.9	99.6	100.0	100.0	100.0

注：*2015年より，リヨン・メトロポールを含む．
出所：Direction générale des Collectivités locales.

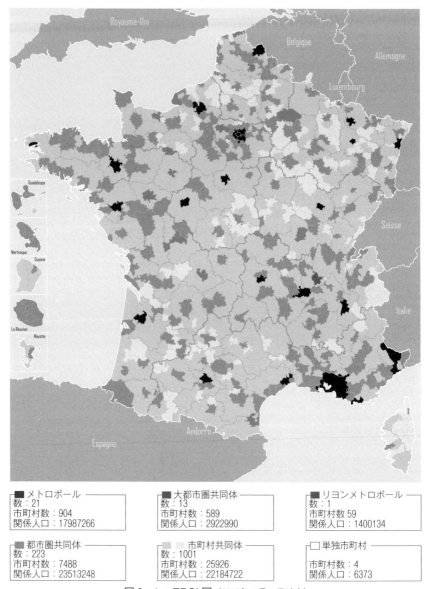

■メトロポール
数：21
市町村数：904
関係人口：17987266

■大都市圏共同体
数：13
市町村数：589
関係人口：2922990

■リヨンメトロポール
数：1
市町村数 59
関係人口：1400134

■都市圏共同体
数：223
市町村数：7488
関係人口：23513248

■市町村共同体
数：1001
市町村数：25926
関係人口：22184722

□単独市町村
市町村数：4
関係人口：6373

図 9 - 1 ：EPCI 図（2019年 1 月 1 日時点）

出所：Direction Générale des Collectivités Locales.

従来の EPCI と異なり，当該エリアに位置する市町村は自動的にこの EPCI の
メンバーになることが義務付けられ，2016年1月1日に設置された．そして，
「エクス＝マルセイユ＝プロヴァンス・メトロポール」は，6つの EPCI の合
併によって，2016年1月1日に設置された．

　こうして，2017年1月1日には，すべての市町村がいずれかの連合型 EPCI
に属することになった．また，後述するように市町村共同体の人口要件が例外
規定を含めて5000人以上とされたことで，小規模 EPCI の合併も相次いでいる
ところである[12]．

3　広域行政組織の概要

　本節では，上述の4つの連合型 EPCI の人口要件と権限について整理する．
ただし，メトロポールについては，3大都市を含むメトロポールを除く一般型
メトロポールを対象とする．

（1）権限移譲の原則

　これらの4つの連合型 EPCI には，原則，市町村の権限が移譲され，統合度
の高い EPCI に，より多くの権限が移譲されている．さらに，メトロポールに
は，県の権限も移譲されることになった[13]．

　EPCI は地方公共団体ではなく公施設法人と位置付けられ，法律によって定
められた権限，および地方公共団体との同意に基づいて移譲された権限のみを
実施できる[14]．権限移譲については，①移譲された権限は EPCI のみが実行す
る「独占（Exclusivité）」，②EPCI は移譲された権限しか実施しない「特定
（Specialité）」，③権限移譲には，技術的・人的・財政的移転を伴う「中立（Neu-
tralité）」という3つの原則がある．すなわち，ひとつの権限を複数の組織が同
時に関与することはできなくなり，EPCI は移転された権限のみを行い，その
権限に必要な予算（運営費）もあわせて移転されることになる[15]．

（2）各 EPCI の概要

1）市町村共同体

　市町村共同体は，1992年の創設時点では人口要件はなく，規模の小さい市町
村共同体も数多く存在した．そのため，地方自治体改革法は人口要件を定め，
原則5000人以上とした．2015年の「共和国の地方公共団体の新たな組織化に関
する法律（Loi No 2015-991：以下，「NOTRe 法」という）」はその要件をさらにひき
あげ，原則1万5000人としたが，上院議員の同意を得るため，数多くの例外規[16]

17)
定が設けられた．この結果，規模の小さい市町村共同体は，合併，もしくは他のEPCIに合流することとなり，その数は2010年1月時点の2409から，2018年1月時点の1009にまで減少した．

　その権限は，義務的権限として，創設当初から①経済開発と②地域整備の2分野が定められてきたが，2014年の住宅へのアクセスおよび改正都市計画法（Loi No 2014-366：以下，「ALUR法」という）において，③水辺環境と洪水対策，④移動生活者対策，⑤ごみ収集の3つが加えられた．また，地域整備分野においては，後述するSCOT，PLUなどの都市計画文書の権限を新たにもつこととされた．

　選択的権限としては，設立当初は6分野のうちひとつを選択することになっていたが，現在では，①環境保護，②住宅政策，③都市の困窮防止政策，④道路，⑤文化・スポーツ施設，⑥社会的活動，⑦下水処理，⑧上水道，⑨公共サービスセンターの9つのうち，少なくとも3つを選択することが義務付
18)
けられるなど，その対象はより拡大している．

２）都市圏共同体

　都市圏共同体は，1999年の創設以降，大きな変更はなく，人口要件5万人以上となっており，現在，213の都市圏共同体が設置されている．

　その権限は，義務的権限として，①経済開発，②空間整備，③居住の社会的均衡，④都市の困窮防止政策，⑤水辺環境と洪水対策，⑥移動生活者対策，⑦ごみ収集が定められ，選択的権限として，①道路および駐車場，②下水・汚染処理，③上水道，④環境政策，⑤文化・スポーツ施設，⑥社会福祉活動，⑦公共サービスセンターの7分野のうち，少なくとも3つを選択しなければ
19)
いけない．

３）大都市圏共同体

　メトロポールの創設をうけ，地方自治体改革法により，大都市圏共同体の人
20)
口要件は，人口50万人以上から45万人とされ，さらにMAPTAM法により25
21)
万人とされ，現在，12団体が設置されている．

　その権限は，義務的権限として，①経済的・社会的・文化的開発・整備，②共同体の空間整備，③居住の社会的均衡，④都市の困窮防止政策，⑤公共サービスの運営，⑥環境保全・生活環境対策，⑦移動生活者対策となってお

り，都市圏共同体の権限に，観光振興，高等教育機関への財政支援，エネルギー関連などの権限が加わっている．

4）メトロポール

　メトロポールを創設した地方自治体改革法は，その設立要件を，市町村の自発的意思により人口50万人以上の団体として設置するとしたが，「ニース・コート・ダジュール・メトロポール」の1団体しか生まれなかった[22]．そのため，MAPTAM法は，その要件を緩和し，「60万人以上の都市圏に位置する人口40万人以上のEPCI」を自動的にメトロポールへ移行することとした．その結果，8つのEPCIが対象となり，2つの自発的なEPCIと合わせて，2015年1月1日に10のメトロポールが設置された．

　その後，2017年の「パリの地位とメトロポールの整備に関する法律（Loi No 2017-257）」により，メトロポールの要件はさらに緩和され，人口40万人に満たない場合においても一定の条件のもとでの設置が認められた[23]．その結果，2018年1月現在，19のメトロポールが設置されている．

　市町村から移転される権限は，① 経済開発，② 地域整備，③ 住宅政策，④ 都市の困窮防止政策，⑤ 公共サービスの運営，⑥ 環境政策分野となっており，大都市圏共同体の権限に加え，経済開発分野では産業クラスターへの参加，地域整備分野では自然遺産・景観保全や通信インフラの整備など，さらに，環境政策分野では地球温暖化対策に関する計画や，水辺環境の管理および洪水対策などが，付加されている．

　さらに，県の権限も移譲される．① 住宅連帯基金による支援，② 社会活動サービス，③ 県の社会的支援プログラム，④ 困難を抱える若者への支援，⑤ 若者と家族への特別対策，⑥ 高齢者対策，⑦ 観光，文化，スポーツ施設の建設・運営など，⑧ 中学校の8つのうち，3つの権限を選択しなければならない．移譲される権限については，県とメトロポールの協定によって決定されるが，もしメトロポールの創設から2回目の1月1日までに協定が締結されない場合は，⑧ 中学校以外の7つの権限全てと，新たな項目である⑨ 県道をあわせた8つの権限が，県からメトロポールに移譲される．

第2節　ストラスブール・メトロポールの実態

1　ストラスブール・メトロポールの概要

　フランス第八の都市であるストラスブール市（人口27万9000人）は，ドイツに国境を接するフランスの東部に位置する．欧州議会や欧州評議会などが立地し，EU の象徴的な都市として知られている．

　ストラスブールを中心とする EPCI は，1966年12月31日，27市町村から構成されるストラスブール大都市圏共同体（Communauté Urbaine de Strasbourg：以下，「CUS」という）として，国により設置された．2006年には1市町村が加わり，MAPTAM 法により，2015年1月1日よりメトロポールに移行された．さらに，2017年に5つの市町村が加わり，33市町村から構成される人口約49万人の[24]ストラスブール・メトロポール（EuroMétoropole de Strasbourg，以下，「EMS」という）となった．

　EMS は，意思決定機関として議会があり，直接選挙により選出された100名[25]の議員から構成され，議長の下，副議長が20名任命されている．各市町村に配分されている議会の議席数については，市町村の人口比率に応じて決められているが，どの市町村も必ずひとつの議席をもち，どの市町村も過半を占めることのないように，人口の6割を占めるストラスブールでも47議席となっている．

2　統合された行政運営

　CUS は，その創設以降，CUS の職員とストラスブール市の職員を一体的に管理してきた．庁舎をひとつとし，両組織の職員（約7000人）が一緒に働き，各自が CUS あるいは市の業務を行う．CUS と市の協定により，毎年，市の業務にかかった費用を，CUS に弁償している．これは，EMS になってもかわらない．

　例えば，小学校は市の権限であるため，それに関する費用は，人件費（教員を除く）[26]も含め，すべて市の負担とされ，年末にその支出分が EMS に支払われる．

　また，情報システム，財務，公共調達に関する業務など，EMS と市の業務が混在している場合には，一定の割合，あるいは，職員ごとに EMS もしくは市のどちらの業務にどのぐらいの時間を費やしたかを計測することで，市町村

の業務に対応する費用を，毎年，EMS に支払っている．

　このように，庁舎をひとつとし，2つの組織でモノやヒトの相互利用を可能とし，全体のコストをおさえる財政的な利点と，市と EMS 間で常に連携をとることで，効率的に行政運営ができるという利点が指摘されている．

　ストラスブール市が最初の事例ではあるが，現在ではこのように EPCI の中心都市と EPCI の行政を統合している事例もいくつかみられる．

3　ストラスブール・メトロポールの権限

　EMS は，上述したメトロポールの義務的権限のほか，県から移譲された義務的権限と，市町村と EMS との同意によって市町村から移譲された任意の権限を実施している．

　県からは，① 住宅連帯基金，② 困難を抱える若者への支援，③ 若者と家族への特別対策の3つが移譲されており，市町村からは，① 展示場，音楽ホール，② メディアテック，③ 公園，スケート場，サッカー場，バスケットボール場，スポーツ施設，④ 大スポーツイベントが，移譲されている[27]．

　このような市町村からの任意の権限の移譲は，EMS に参加する各市町村議会での特別多数決[28]によって決定される．また上記のような公共施設の権限移譲には，共同体の利益に該当するか否かが判断される．すなわち，都市圏住民が主に利益を享受していると考えられる場合は共同体の利益として判断され，新規公共施設のみならず，既存の公共施設についても同様に権限の移譲が可能である．なお，既存の公共施設については，改修費などの投資的経費については新しく権限をもった EMS の負担となるが，移譲後の運営費については，もともと権限をもっていた市町村が負担しなければならない[29]．

　こうして，EMS がこれらの公共施設を整備することで，規模の大きな施設を整備でき，国際的大会や大規模なイベントを招致できるなど，地域経済に対しても一定の効果を期待できる．

4　都市計画分野におけるストラスブール・メトロポールの役割

　EMS には，古くから都市整備の権限が移譲されており，ここでは広域連携の効果として考えられる，（1）大規模商業施設の立地規制，（2）トラムの整備に着目して，EMS の役割について論じる．

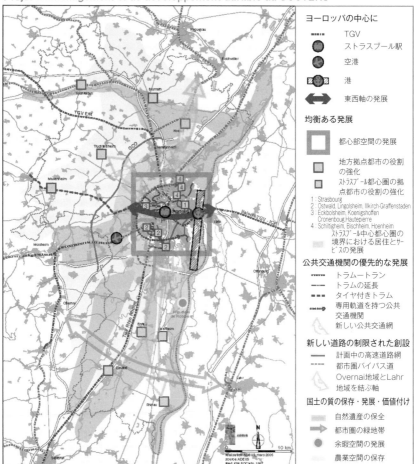

図9-2　ストラスブールの SCOT

出所：Syndicat mixte pour le Schéma de cohérence territoriale de la région de Strasbourg.

（1）大規模商業施設の立地規制

　大規模商業施設の立地については，県単位で策定される商業開発計画に基づ[30]いてその立地が許可される．ただし，大規模商業施設の立地が可能な場所については，その上位計画である地域統合計画（Schéma cohérence territoriale：以下，「SCOT」という）において定められている．SCOT は，中長期における都市圏の

整備方針と都市計画の目標を定める戦略的な計画文書であり，居住，交通，商業などの分野別計画の上位計画として位置付けられる．SCOT を通じて，都市計画，居住，交通，商業，環境等の地域整備に関する分野別政策に一貫性をもたせ，都市の無秩序な拡大を抑制し，持続可能な発展を目指している[31]．前述したように，市町村共同体においても SCOT の権限が与えられたことで，すべての EPCI が SCOT の権限をもっている．

　ストラスブール市を中心とする SCOT は2006年に承認されたものが有効であり，EMS を中心として13EPCI（139市町村）から構成されている[32]．SCOT において，「都市化の方針」が定められており，優先的に都市化するエリアとして14の「都市の拠点」が具体的に位置づけられている．「都市の拠点」は，周辺の市町村の中ですでに中心的役割を果たしており，必要な公共施設やサービスがある程度整備されている市町村が選定されており，ストラスブールと隣接する市町村から5つ，それ以外から9つとなっている．大規模商業施設の立地の方針については，「6000m^2 を超える場合は，「都市の拠点」でのみ開発が許可され，それ以外のエリアにおいては許可されない」と SCOT の中に定められている．これを根拠として，都市周辺部に位置する市町村において新たな都市化により大規模商業施設が立地することはない．こうして，中心都市の商店の閉店を防ぎ，高齢者などの交通弱者が買物難民にならないような配慮がなされている．このことは，都市の拡大を抑制できるとともに，「都市の拠点」である中心的な市町村の中心市街地の衰退を防ぎ，都市圏全域の発展につながっている．

（2）トラムの整備

　メトロポールの権限である地域整備の中に都市交通が定められており，公共交通（トラムやバスなど）は，EMS の権限となっている．公共交通が広域行政の権限となることで，以下のように，ストラスブールのみでなく郊外も含めた「都市圏」として一体となった公共交通政策が行われている[33]．

　ストラスブールでは，慢性的な渋滞，大気汚染の深刻さから，街中を快適に歩くことが難しい状況だった．そのような中，人口増加を背景に公共交通が検討され，トラムと地下鉄が1989年の市長選での争点のひとつとなった．地下鉄が地上空間に変化を与えない一方で，トラムは建設コストの安さだけでなく，単なる移動手段を超えて都市空間そのものを再編する都市政策のツールであり，環境対策でもあることを，社会党のトロットマン（TRAUTMANN）氏は市民に

強く訴えた．その結果，トロットマン氏が勝利し，トラムの整備が決定した．

　1994年11月，中心部の歩行者専用空間の整備とともに，オートピエール地区からイリキルシュ＝グラフェンスタダン（Illikirch-Graffenstaden）市を結ぶ全長9.8km のA線が開通した．開業前は，道路の歩行者化により車利用が困難となることに対して，沿道の商店主を中心に多くの反対意見がみられたが，開業後は，トラムの開放的でモダンなデザインが好評を博し，多くの人が街中を歩くことで賑わいが生まれ，商店の売り上げも大きく伸び，多くの人が賛成派となった．政権が保守党に代わってもトラムの整備に対する方針変更はなく，その後も新設や延伸が相次ぎ，2019年現在，6路線46.5km が運行されている．1線目の区間は，ほとんどがストラスブール市内だったが，それ以降はストラスブールの郊外市町村にまで延伸し，ストラスブールと周辺7都市での重要な公共交通となっている[34]．

　トラムの整備にあわせて，中心部に車を流入させない取組みも行われた．中心部の路上駐車スペースを大幅に削減し，中心に近い駐車場ほど料金を高く設定し，中心部に車で来ることを抑制した[35]．トラムの駅には，パーク＆ライドとして，9カ所で4062台分の駐車場を整備した．料金（2019年12月現在）は，トラムの1回券が2.0ユーロに対し，車1台につき最大7名分のトラムの往復チケット込みで4.2ユーロとし，その利用を奨励した[36]．なお，トラムの料金は距離に関わらず統一料金である．これは郊外ほど低所得者が居住している状況を考慮したもので，すべての人に対する交通へのアクセスの保障でもある[37]．

　また，トラムは，社会的弱者が集中する住宅団地地区を通過するように計画されている[38]．A線はストラスブール西郊外のオートピエール地区を結び，その後もC線が南東のヌーオフ地区を，B線がランゴルシェイム市のイロンデル地区をつないでいる．これらの住宅団地地区は市の縁辺部に位置し，幹線道路などにより他の地区と断絶している場合が多く，物理的にも社会的にも隔離されていることから，いかに普通の地区と融和させるかが課題とされている．そのため，公共交通としての役割はもちろん，トラムが中心部と郊外を結ぶことで，一体となった「都市」であることを住民に感じてもらう「社会的連帯」もトラムの大きな役割となっている[39]．

おわりに

　フランスの広域行政組織は，当初，小規模市町村の行財政力の欠如への対応を目的とした，市町村による自主的な連携組織であった．しかし，時代の変化の中で，国境を超える都市間競争に対抗できる「都市」をつくるという国の戦略のもと，近年の法律により広域行政組織の役割が強化されてきている．

　まず，世界的な大都市とも肩を並べられるよう，パリ，リヨン，マルセイユを中心に強制的に広域行政組織を設立するとともに，より統合度の高い組織である「メトロポール」を設立した．次に，必ずしも強制ではなかったものの，国主導により，フランス全域に EPCI を設置した．さらに，小規模 EPCI の存在が課題とされていたことから，規模要件を設けることで，規模の拡大を目指した．こうして，市町村に代替する広域行政組織が全国土にわたって設置され，その質の向上が図られている．

　権限に関しては，これらの EPCI には，段階的ではあるものの，移譲される権限が増えており，メトロポールには県の権限をも移譲されるなど，統合度の高い EPCI ほど，より多くの権限が移譲されている．日本の実態に照らし合わせると，市町村が人口規模に応じた権限を保持していることと共通する考えをみることができよう．

　また，ストラスブールの事例からは，広域圏での都市計画規制や，都市交通の運営を行うことで，中心市街地の活性化や都市の拡大抑制につながっている．加えて，公共施設の権限を広域行政組織がもつことで，都市圏レベルでの施設整備を行うことで，大規模イベントの実施などが可能となり，地域の発展への影響は小さくない．その運営についても，中心市と EPCI が共通の行政組織により業務を行うことで，EPCI と市の統合が深まる傾向にある．

　このように，2010年以降の一連の法律による第三の地方分権改革は，明らかに EPCI の強化を図っている．EPCI は，古来からの村落共同体への帰属意識を維持しつつ，効率的な行政運営の実現と，住民の利便性向上に寄与しており，都市圏として持続可能な発展に貢献している実態がみてとれた．

注
1) 1967年 3 月24日の宅地審議会第六次答申において，行政区域を超える都市の広がりが

指摘されていた．また，新全国総合開発計画（1969年）の中においても，日常生活圏
の拡人が指摘されている．

2）例として，郊外型のショッピングセンターの立地による中心市街地の衰退，ごみ処理
の広域対応，車から公共交通への転換を促進する環境共生型の都市づくりへの対応な
どをあげられる．

3）平成10年度末に3232団体あった市町村数は，平成26年度末には1719団体にまで減少し
た．

4）内務省の国家公務員である．

5）これまで，ほとんど合併は進んでいなかったが，「2015年の強く活発なコミューヌの
ための新コミューヌ体制の改善に関する法律（Loi No. 2015-292 du 16 mars 2015
relative à l'amélioration du régime de la commune nouvelle pour des communes fortes
et vivantes）」等により，近年市町村の合併（Commune nouvelle）が進んでおり，
2015年から2019年1月1日までの4年間で，市町村数は約1700減少した．

6）市町村間で企業誘致のための無用な競争を避け，圏域全体の発展に資するため，企業
部門に対する地方税である「職業税」のみを徴収する単一職業税方式を原則とした．
その他，単一職業税に加え，住居税，既建築不動産税，未建築不動産税の家計部門3
税の付加税とすることもできた．ただし，職業税は2010年に廃止され，連合型EPCI
の現在の課税方式は，職業税の代替とされた地域経済税及びネットワーク型企業定額
税と，家計部門3税との混合税とされている．

7）経常費総合交付金が，住民1人当たりに対して交付された．

8）市町村共同体の21％は人口5000人未満であり，人口密度の低い山岳地帯に位置するも
のも少なくなかった（2009年1月1日時点）．

9）2010年1月1日現在，EPCIへの加入率は95％，人口割合は89％に上ったが，どの
EPCIにも属さない市町村は2516あり，その多くはイル・ド・フランス州に属する市
町村だった．

10）イル・ド・フランス州に関しては，後述する「パリ・メトロポール」がこの時点で想
定されていた．

11）他のメトロポールでも，メトロポールに県の機能を統合することを検討していたが，
あくまでも関係市町村の合意に基づくとされたことから，リヨンのみで実現可能と
なった．

12）連合型EPCI数が最も多かった2010年の2611団体に対し，2018年は1263団体にまで半
減し，平均人口は2万人強で推移していたが，2018年時点で5万3691人にまで増加し
た．

13）その他，メトロポールは国や州の権限も協定により移譲でき，大都市圏共同体，都市
圏共同体，市町村共同体も，協定により州や県の権限を移譲できる．

14）フランスの地方公共団体と広域行政組織を区分するメルクマールとして，広域行政組
織は，法律および法律に基づく地方自治体間の規約によって特定された権限のみを持
つことにあるとされてきた．参考，山崎（2014）．

15）ただし，改修などに関する投資的経費について，権限のある組織の負担となる．

16）市町村議員により選出されるため，市町村の代弁者といわれる．

17）人口密度が低い，もしくは，山岳地帯に位置する市町村が過半を占めるEPCIなどに

ついては，15000人を満たす必要はないが，5000人以上でなければならない．

18) ⑦下水処理，および，⑧上水道の権限は，2020年1月1日から，義務的権限となる．

19) ②下水・汚染処理，および，③上水道の権限は，2020年1月1日から，義務的権限となる．

20) 1966年の創設当初に人口要件は5万人以上とされ，その後，1992年法で2万人以上に引き下げられ，1999年法で50万人以上に引き上げられた．

21) 人口要件が引き上げられる前から存在していた大都市圏共同体についてはその要件を満たす必要はなく，人口規模が5万7000人のアランソン大都市圏共同体まで存在する．

22) その要因のひとつとして，税財政上の優遇措置が設けられなかったからともいわれている．

23) 最も人口の少ない「ブレスト・メトロポール」は，人口20万9000人である．

24) Maptam 法により，人口1万5000人に満たない市町村共同体は存続できなくなったことから，レ・シャトー（Les Châteaux）市町村共同体（人口約6500人）を構成していた5つの市町村が，ストラスブール・メトロポールに加入した．

25) 2014年の選挙から直接選挙にはなったが，市町村議会議員の候補者名簿と EPCI 議会議員の候補者名簿を同一の名簿に記載して行うものであり，EPCI の区域全体を1つとして直接選挙を行う方式は検討中である．任期は6年．

26) 公立小学校の教員は国家公務員のため，全額国庫負担である．

27) これらが，州にとっても利益があると判断されれば，州からの補助金を得ることも可能であり，場合によっては県からの補助金もある．

28) 全市町村の3分の2以上で，かつ，その人口が2分の1以上，もしくは，全市町村の2分の1以上で，かつその人口が3分の2以上の同意がある場合．

29) 経常経費については移譲時から過去3年間を対象とした年平均所要額を計算し，毎年その額を EMS に補償することになる．

30) 地方長官を長とする委員会が策定する計画だったが，NOTRe 法以降，SCOT に吸収された．

31) SCOT を策定しない場合は，いかなる新規開発も認めない「都市化の制限の原則」が都市計画法典第142-4条に定められており，このことが SCOT の策定を推進している．

32) NOTRe 法をうけ，EPCI の再編が行われた結果，10EPCI（138市町村）を区域とする SCOT に，2019年現在，改正中である．

33) 中心のクレベール広場には，1日5万台の車が通り，うち8割は通過交通だった．

34) D線は国境を越えてドイツのケールまで延びている．

35) フランスでは，駐車場はすべて行政（ここではメトロポール）が管理しているので，都市政策として駐車場整備を行うことができる．

36) 中心部に近い駐車場（ロトンダ）は4.7ユーロである．

37) フランスでは，1982年の「国内交通基本法」において，「全ての利用者の移動する権利」が定められている．

38) 移民や低所得者が多く住み，ときには暴動などが発生することもある．

39) ほかにも，トラムの沿道にある街灯，ごみ箱や，各駅に設置している券売機，ベンチ，広告物などのストリートファニチャーを統一したデザインにし，都市圏のすべての住

民がトラムを通して一体感を感じられるように工夫している.

参考文献

川上光彦（1999）「市区町村による都市計画マスタープランの課題」，日本都市計画学会地方分権研究小委員会編『都市計画の地方分権』学芸出版社，pp.135-145.

地方制度調査会（2019）「2040年頃から逆算し顕在化する地方行政の諸課題とその対応方策についての中間報告」.

山崎榮一（2014）「フランスにおける市町村と広域共同体の関係に関する覚え書き（上）」『地方自治』805号，pp.41-73.

Brémond, C.（2001）La réorganisisation du territoire en marche, *Territoires 2020* No2, DATAR, pp.37-45.

Cour des Compte（2009）120 Bilan d' étape de l'intercommunalité en France, *Rapport public annuel.*

第10章
EU ドナウマクロ・リージョン戦略のなかの欧州領域協力団体：EGTC

田中　宏

は じ め に

　地域の再生や活性化を語るとき，多くは下位行政単位の内部のひとつの空間を前提にしている．複数の行政単位を跨がる，広域行政協力や地域の再生の場合はその事業は複合的になり，その調査分析手法と研究視角は途端に複雑となるだろう．さらに，数カ国を包摂する上位のメガ地域統合の枠のなかで，国家より下位に位置する国境地域同士が地域再生，越境協力を行うとするとき，その事業そのものだけでなく，それに必要な調査分析手法と研究視角はさらにより「複雑性」（不安定，不確実，複雑さ，曖昧さ）を帯びてこざるをえない．以下で検討するのは，欧州連合（EU）統合の下位に位置しながら，いくつかの加盟国家を包摂するマクロ・リージョンと呼ばれる空間のなかに地理的に位置し，しかも加盟国の国家よりも下位にある国境地域間の越境協力である．重要なポイントは，越境地域の収束と同時に越境協力のこの「複雑性」に如何に対応するのか，にある．

　EU ドナウマクロ・リージョン戦略（EUSDR）が対象とする地域は，後で述べるように，社会・経済・地理・歴史的に変化と不平等・不均等に富んだ空間である．田中宏（2017）がその地域空間を地域アーキテクチュア（Architecture of region：AR）という方法論的視角から分析・研究することを提起したとき，報告集 CESCI et al. Crossing the borders, Studies on cross-border cooperation within the Danube Region 2016 を参照・利用することができなかった．EUSDR の the Road Map of Priority Areas（PA 10）の第3作業グループが，2012年2月にドナウ流域の越境協力の現状の解明を狙って調査研究作業を開始して，2016年にそれが完成・発表されたという情報を入手していなかったからである．その後，拙稿を翻訳した Tanaka（2017）でもそれについて検討を加えることができなかった．

　この調査研究の目的は，ドナウ地域の国境地域のコミュニティの行政的協力を促進して，ドナウ地域の内的結束の強化を展望することであった．つまり，現状の経験にもとづく越境ガバナンスの feasibility 研究である．その調整役と報告書の発行を担ったのは越境イニシャティブ中欧サービス（CESCI）[1] であった（Gyula Ocskay, Peter Balogh, Marton Pete, 2016）．

　本章の狙いは，この調査研究の成果を地域アーキテクチュア論から読み直すことによって，ドナウ流域における欧州領域協力団体（European Grouping of Territorial Cooperation, EGTC）[2] の特質と問題点を明らかにすることである．

　そのために，本章は以下のような順序と構成をとる．続く第1節では，筆者がこれまで参加してきた研究グループで行った EGTC 研究の内容を再確認する．第2節は地域アーキテクチュア論を要約する．第3節では，現在の欧州委員会の2006年と2013年の EGTC 規制（EU）の適用・修正に関する報告書（COM（2018）597final）で，どのようにそしてどこまで EGTCs が発展してきたのかを確認する．第4節では，AR 論による EU ドナウマクロ・リージョン戦略の地域にある EGTC とユーロリージョンを検討する．全体のまとめと結論は最後の第5節である．

第1節　EGTC に関する研究の到達点

　EGTC は，EU の「スマートスペシャリゼーション」と「ソーシャルイノベーション」の合体した「地域を基礎においた社会的・経済的イノベーション」である．八木紀一郎（2017）によれば，そのソーシャルイノベーションは，責任をもって保障するという要件が欠けている点では基本的に「新自由主義」的な地平を共有し，市場競争の「剥き出しの新自由主義」に対して「競争的効率」に背反しない限りで，社会性や地域的連帯性を結びつける方策である．「新自由主義」に適応した，地域的連帯性の「社会的埋め込み」の形態である．EU での「結束 cohesion」は，後進地域や社会的弱者集団にたいしてその不利さや格差の解消を保障するものではなくて，欧州統合を妨げないための協力にすぎないとされる（八木 2017：453-454）．EGTC の舞台となる国境地帯は後進地域の最たるものである．

　清水耕一（2017）によれば，このような EU の結束政策（地域政策）は，1957年のローマ条約（地域間格差是正と調和的経済発展の促進）以降，EU の抱える課題

に沿いながら現在まで発展してきた．これが多年度財政枠組に組み込まれたのは1989年以降である．これ以降の結束政策も，EU の基本政策と戦略に沿いながら，それに制約されて方向づけられてきた．その結束政策は，欧州委員会の優先目標設定のもとで，加盟国イニシャティブのプログラムと欧州委員会イニシャティブのそれの2本柱となっている．そして後者のひとつが領域協力プログラム（ETC で Interreg 等）である．だが，加盟国の結束政策と実践の方は必ずしも EU の基本政策，優先目標を遵守してきたわけではない．これは，先に指摘した，不利さや格差の解消の確固たる保障ではないことの裏返しであり，あとで提起する越境協力の「複雑性」処理にかかわる問題である．この欠陥にたいして EU は結束政策のレギュレーションの改良によって規律を加盟国に強いる方向に動いてきた．とくに2014-2020年結束政策は，EU の他の政策・プログラム・ファンド・主体との水平的な調整・協力を求める総合的アプローチ，地域の特性に適合した地域開発を進めるプレイス・ベイスト・アプローチそしてマルチレベルガバナンス MLG・アプローチを採用した．これらの3つのアプローチの統合の一環として誕生してきたのが EGTC であった．それは Interreg Ⅲ（2000-2006）の実施中に EU 委員会より新しく提案された，欧州領域協力レギュレーションの進化した結果でもあった．

　ところが，拙稿（田中 2017）では，この3つのアプローチのうち最後のアプローチ（MLG）をクロススケールガバナンス論（柑本 2010：2014），さらにそれを改善した地域アーキテクチュア論に替えることを提起した．

　話題を戻すと，2006年7月の EGTC レギュレーションによれば，EGTC は，越境協力を担う組織，非営利団体・機関として法人格をもち，EGTC 本部が設置された国の法規に従う点，財政の自立性，その地域に限定されない独自のスタッフの雇用，定款によって定められた分野での独自に自主的な活動の可能性の点で革新的であり，イノベーションであった（柑本 2010：241-244）．これが進化の結果である．

　そして，2006年のこの EGTC レギュレーションはその後2013年に改正された．修正を必要とさせた問題点としては，（ⅰ）設立承認における時間，煩雑な手続き，（ⅱ）レギュレーションの各国の多様な解釈，（ⅲ）スタッフの地位の不明確，物品調達の制約，（ⅳ）既存の定款の修正変更の困難さ，が指摘されている．2013年の改正レギュレーションは，①非 EU 加盟国との国境地域間協力の可能性，②結束政策以外の EU の他の政策の協力事業への参加可能

性，③民間企業もメンバーになることが可能なこと，④隣接する非 EU 国も
メンバーになることができること，⑤申請手続きの期間を 3 カ月以内から 6
カ月へ延長すること，⑥新加盟のメンバーの承認手続きの簡素化，⑦ EGTC
協定に比較しての EGTC 定款の簡素化，両者の公表の必要性，⑧ EGTC はす
べての債務に責任をもち，メンバーが返済義務を負うことを明記すること，を
主要な修正とした．問題点と修正点は「複雑性」の処理の側面をもっている．

　上記の制度的イノベーションの革新がありながらも，清水耕一（2017）によ
れば，国境地域の越境協力には障害が残っている．最大のものは（ a ）就労と
事業展開にかかわる法制度と行政の障害であり，それ以外に（ b ）言語の相違，
（ c ）国境地域交通の困難さ，（ d ）経済格差，（ e ）公的権力の協力意識の欠
如，（ f ）地域間の社会文化的差異，（ g ）相手側への信頼感の欠如である．と
くに，最初のものは，就労では資格の相互承認の欠如，社会保障制度・税制度
の相違や無知，事業展開では製品・サービス等の諸規制の相違，課税・保健・
労災等の相違や不十分な情報提供，事業立ち上げに不利な条件，インターネッ
ト情報接続の不具合などである（清水 254-255）．しかし，EGTC はマクロ・
リージョン戦略のソフト協力の発展と結びつき，制度化されたコミュニティ主
導の地域開発が軌道に乗れば，社会経済地域的結束戦略の有力なアクターとな
るだろうと展望する．

　以上，EGTC は，新自由主義の競争的効率に EU の地域政策は制約されな
がらも，結束政策に新しい 3 つのアプローチが導入され，欧州領域協力分野に
おける新しいソーシャルイノベーションとして誕生した．注意すべきは，その
最大の障害（就労と事業展開にかかわる法制度と行政の障害）は越境地域協力だけに
限定されるものではなくて，単一市場の不完全さ，複雑さから派生するもので
はないだろうか．その不完全さや複雑さは，越境協力地域に限定してではある
が，EGTC 本部が設立された国の法規とルールに従うという EU の法的統合
形式を EGTC の設立と活動のルールに転写することで解消され，EGTC は
テーラーメイドで弾力的な活動規則とルールを獲得できるようになると期待さ
れているのである．

第 2 節　地域アーキテクチュア論

　では，上記のような（改正）レギュレーションの特徴をもつ EGTC を AR 論

から接近していきたい．これは，上の節でふれたように，欧州領域協力を新しい3つのアプローチのうち，マルチレベルガバナンス論ではなくて，地域アーキテクチュア論から接近しようとするものである．AR論は以下の6つの特質をもっている（田中 2017：279-283）．

（1）AR論は地域を人工物の設計情報の集合体として観察する．設計情報とは地域の設計者の意図（目標，狙い．ここでは地域の収束）を指し，その設計情報が転写される媒体は地域空間そのもの，場所place あるいはそこにあるインフラの集合体，有形と無形，耐久性と非耐久性の混在物である．媒体の特徴に注目する．

（2）ARの構造を構成するのは地域の行為体・アクター（設計者）であり，地域に包摂されたアクター自身が設計思想と設計情報を決定する．マクロ・リージョンの場合，その主体階層体系を形成するのはEU，中央国家（諸機関），地方政府，地域，市民団体のアクターである．

（3）AR論は，（1）の媒体，（2）の構造をなす主体階層体系とは明確に識別して，総括的機能，媒介機能，ミクロ部分機能を表現する機能階層体系をそれぞれ分離して考察する．そしてその後，構造と機能の両体系の相互関係の変化（調整）を意識する．このアクターの機能には資金フローが伴う．

（4）ARは2つの軸で分かれる．ひとつの軸はモジュラー型対インテグラル型であり，もうひとつの軸はオープン型対クローズド型である．これらの2つの軸でARが類型化される．もちろん現実には，純粋なモジュラー型，オープン型もあるいは純粋なインテグラル型，クローズド型もあるわけではない．現実には様々な（程度の）組み合わせや換骨奪胎，埋め込みが観察されるだろう．

（5）地域とは本来インテグラル・クローズド型だろう．だが，グローバル化と欧州統合の進行する中で，国境を挟んでインテグラル型地域同士が交流すると，その対応が不確実・不安定・曖昧・複雑な地域間アーキテクチュアを誕生させてしまう．だからこの「複雑性」を何らかの形・方法で対処しなくてはならない．対処方法は，①越境地域アーキテクチュアの持つ「複雑性」を何らかの方法で縮減するか，②増大する「複雑性」に対処する組織や制度の能力（organizational/co-ordinational capacities）を強化するか，③両者の①②を組み合わせるのか，以外にはない（藤本 2013）．何らかの形でモジュラー型を導入する必要もでてくるだろう．

（6）AR 論から EU のマクロ・リージョン戦略 MRS を観察すると，MRS は新しいアクター（層）の出現を阻止・抑制しており（3つの No，基金・新立法・新制度なし），他方，機能の多層面では新しい機能間調整の空間を誕生させようとしている（柑本 2014）．上記③を指向している．

　以上の点から，EU マクロ・リージョン戦略の特徴はインテグラル型の地域アーキテクチュア構造が未成熟で，視覚化されず，構造の諸スケールを越えた機能の摺り合わせが不明確となっていると結論づけた．そしてその上で，EGTC についての研究にもこの AR が適用可能ではないかと指摘した．

　その際に，（a）EUSMR はインテグラル型地域アーキテクチュアであるのにたいして，EGTC はモジュラー型地域アーキテクチュアの方に近い，（b）EU の制度・政策としては，EGTC と EUSMR との間には直接的な関係がないが，EGTC は MRS のツールになることで，相互依存関係が成立しうることも示唆した．つまり，MR 戦略はそのアクションプランの一部を管理・調整するために EGTC を利用し，同時に EGTC のもつ硬直性を緩和することができるのではないか．（c）反対に，EGTC は MR を構造化し，優先アクションに関与して実施する越境領域の声，要望をまとめる役割を果たすのではないか，と推測した（田中 2017：283；Tanaka 2017：149-152）．つまり，様々な観点から未成熟なインテグラル型地域アーキテクチュアである EUSMR がマクロ・リージョン内の EGTC とどのような関係にあるのかが次の研究課題であり（田中2017：296），その研究は，① 越境地域アーキテクチュアの「複雑性」の縮減と，② 増大する「複雑性」への対応能力の強化を組み合わせる社会経済イノベーションについてである．これは MLG のような伝統的な欧州統合論とは異なる．

第3節　2018年欧州委員会 EGTC 報告

　さて，2006年の EGTC レギュレーションが2013年に改正されて約5年間が過ぎた．では，改正はどのような変化と成果をもたらしたのか．先の予想がどの程度どの点で当たり，克服されたのか．その点を見ていこう．2018年の欧州委員会報告（COM（2018）597final）は，EGTC レギュレーション17条に基づき，改正レギュレーションを評価している．

　EGTC の実践結果については次のように報告している．EGTCs が集中して

いるのはハンガリー，スロヴァキア，フランス，スペイン，ポルトガルの国境
である．全く参加していない加盟国もある．その違いは，すでに確立している
EU の他の協力構造に EGTC 非参加国は依存していることから生まれている
のかもしれない．2017年には EU 非加盟国参加の EGTC が 4 団体誕生した．
しかし EGTC がこれから急増する予想はない．主要なタイプは 1 ）地方地域
の挑戦を行う EGTC，2 ）超国家的 EGTC，3 ）ネットワーク EGTC，4 ）
特殊目的である病院，自然公園，交通コリドール，大学のための EGTC，の
4 つである[4]．

　2017年度末で68団体の EGTC が存在する．共通する項目と特徴は，2 -20地
方政府団体の加盟，中小の規模，地域行政当局の参加である．その財源は加盟
会費，国家か地域行政の財政からの移転資金，EU 基金からの拠出金（ESI 基金
と LIFE，Erasumus +，Horizon 2020）である．2017年末に準備中の EGTC は20団
体以上にのぼる．活動が再構成されたために全体の31％にあたる21団体の
EGTC が加盟メンバーの変更を報告している．

　動機と挑戦の項目のなかで，EGTC 設立上の問題について，行政機関での
経験と知識の不足，加盟者間の間で仕事の内容と任務を詳細に分担して合意す
ることの困難，ルールと規制の違い，各国間のサービスの調達と課税の困難さ，
がある．これは，先に指摘した障害，（ a ）就労と事業展開にかかわる法制度
と行政の障害を再確認している．

　EGTC と ETC の関係では，現在 ETC のプログラムを実施しているのは 2
団体の EGTC（GRANDE region と ESPON）だけで，ETC の特殊なプログラムの
小規模基金プロジェクトを実施している EGTC もある（RDV EGTC と Via Carpa-
tia EGTC）．2017年段階で，83件の ETC プロジェクトとの協力関係（パート
ナー）にあるのが33団体の EGTC，ETC プロジェクトの単独担当団体は 2
EGTC だけ，多数の財源から資金を獲得している統合的領域投資（ITI）を実
施しているのはひとつの EGTC（GO EGTC）にすぎない．レギュレーションの
改正によって EGTC 数の拡大に貢献している．2014年 6 月から2017年12月ま
で21団体の EGTC が新設された．数にして44％の増加である．同時に EGTC
の参加団体数は約600団体から約800に増加，30％以上の増加である．少なくと
も10団体の EGTC は直接的か間接的に越境サービス提供の管理に従事してい
る．この点で将来予想されるのは，自然災害警戒システムや越境的な廃棄物の
リサイクリングにかかわるサービス提供の増加である．

　効率性の点では，まだその指標が統一されていない．EGTC の多能性 ver
satility は大変評価される．

　適切さの点では，先に指摘したように，EGTC のかなりの数が ETC 以外の
EU 基金を利用することができるようになった点は評価される．しかしながら，
単独でこれらの基金を利用するケースはごく僅かである．

　EGTC の欧州的な付加価値は，① 法人による迅速かつ効率的な決定が可能
な点，② 一貫性と調整，共通の目標の設定，協力の安定化が可能な点，③ 政
治的意思決定から独立していること，④ 自己の利益を守ることのできる交渉
力を与えている点，⑤ 内部国境の分離効果を緩和している点で評価している．

　単純化の点ではスタートアップの局面で改善が見られる．だが，それは国内
法からの単純化の求めに応じたものであった．EGTC の内部利害関係者に関
する改善（スタッフ雇用，定款と規約，様々な加盟者）がまだ必要である．

　結論は以下の通りである．EGTC の設立の促進という目的で効率と効果，
適切さ，欧州的付加価値，単純化では改定 EGTC は貢献している．しかし，
単独で ETC を利用する利益団体という点では僅かである．ETC 基金へのアク
セスには困難がまだ存在する．EGTC を促進する活動の効果は国によって
異なっている．越境サービス提供や非 EU 加盟国を引き入れるのに EGTC は
欧州越境協力を支援している．透明性の改善，EU の基金へのアクセスとして
も改善されている．EU の地域委員会（CoR）は EGTC 関連活動に積極的に包
摂されるようになった．

　以上をまとめると，欧州領域協力団体 EGTC は誕生後10年以上そして06年
改定を経過し，設立数の着実な増加と活動の更なる改善が見られた．だが，
EGTC は欧州単一市場に相応しい越境地域協力を全欧州的にダイナミックに
実現してきたわけではない．多様な障害を持っているからである．越境地域
アーキテクチュアの「複雑性」を縮減する点ではかなりの前進が確認されたが，
増大する「複雑性」への対処能力の強化では十分ではなかったようである．ま
た，国境の後進地域においてその不利さや格差の解消を十分に解決できるもの
になっていない．なぜか．その点では越境の現場により接近した分析が必要で
あろう．

第4節　EU ドナウマクロ・リージョン戦略のなかの EGTC

本節は，CESCI 報告（CESCI et al. 2016）を AR 論の問題意識と視角から再整理したものである.[5]

1　EGTC がその中で展開するメディア（環境）

第2節で示したように，AR 論では地域環境がメディアとして独自に注目される. EGTC という地域アーキテクチュアがその中で定置され活動する環境をメディアと理解して，ドナウ地域の外部環境を見ていこう. これは越境協力の障害をなすとされる諸要素といくつか重なっている.

越境協力を担うドナウ地域の地理的構造的特徴とは，[6]経済力や人的資本の点で東西間に不平等，格差が存在する点にある. この地域の西側，とくにドイツは地域内で極めて重い経済的ウエイトを有し，域内における外国貿易，資本投資，技術移転で支配的地位を占めている. これにたいして，ドナウ域内の東部と南部は上記の点で劣り，イノベーションの潜在力の点でもマージナルなポジションにある. このような東西間の不平等，格差は経済インフラ，とくに輸送ネットワークへの接合や訓練・教育システムの点でも顕著である. また情報通信ネットワークの利用でも収束していない. これらの点を考慮すると，EU による地域開発政策の介入はバランスのとれた結束した空間構造を出現させるのに貢献することが予想される. だが，越境協力の環境を考察するには，もっとローカルなスケール・レベル（国境地域）にまで降りていかなくてはならないだろう.

（1）ドナウの国境地域の社会経済諸条件

その国境地域の社会経済諸条件については（以下，CESCI, Pete and Gyelnik 2016），西部から東部に進んで行くと，その社会経済地理的空間が徐々に二極化して，国境地帯エリアは階層化された構造となっている. つまり，国境線にローカルな地域が接近すればするほど，その地域の社会経済的地位が低下している. 社会経済的地位が（最も）低い地域同士が国境を跨がって接しているのである. だが，にもかかわらず，ドイツ，オーストリア，スロヴェニアのエリアでは，センター・ペリフェリ的な階層性や地域的不平等は比較的軽微なものとなっている. なぜなら，そこに多数の小中都市センターが点在して，そのためにその

定住地が調和的な構造になっているからである.

　ところが, さらに東部に向かうと, 地理的空間の社会経済諸条件が一層両極化していく. ドナウ地域の中部 (ハンガリー, スロヴァキア, クロアチア, チェコ) の国境地域では, 有利な特徴と不利な特徴を共にもつローカルな地域が近接している. 一方では, 西部のパターンに似ているが, 他方では, 科学技術やサービス, 仕事場が首都圏やその直接の背後地 (都市センター) に集中している点では異なっている. もちろん, その都市センターが国境に相対的に近い場合には, それらは国境地域の社会経済諸条件や国境の向こう側にも好影響を与えている. だが反対に, 都市センターのないような国境地域ではそのゾーン全体が均一な社会経済的問題を抱えることになる. 以上の点がドナウ地域の中央部を2つに分離させている. つまり, 越境協力のイニシャティブの発揮が成功している所と, ほとんど相互交流のない国境地域とに分かれている.

　ドナウマクロ・リージョンの最東部あるいは環南部の地域, つまりルーマニアからモンテネグロにかけての地域では, 都市センターの社会経済的集中度はさらに高くなる. そのために, 農村部となっている国境地域は様々な点でさらに周縁的な特徴となっている. 越境間の相互作用を刺激できる力量がそこでは極めて限られている. だが, この限界から, 西部, 中央部と東部, 南部とを単純に無批判に比較すると, 開発政策をミスリードする危険性がある. 広範囲にわたる社会経済指標で国境地帯を評価・検討すると, そのすべての国境地域が豊かな潜在的可能性をもっていること (とくにツーリズムの指標によると, この地域が後進性からの脱出が可能である) も分かるだろう.

（2）内部環境の評価の仕方

　その点で注目しなければならないのは, EGTC が定置され展開するドナウ地域というメディア (内部環境) が固定的なものではない点である. 物理的自然条件が均質的であったとしても, 近代領域国家は国境を非連続的なものにして, 国境の両側地域を不均等にしてきた. 他方, EU の単一市場の導入と EU の国境政策のソフト化は, 以前に存在していた紐帯の復興を可能にしてきている. シェンゲン協定の発効により, シェンゲンエリアの内部で行政的国境が解体したからである. この進行が国境の向こう側で生活する, 最も近い自然な協力相手を見つける機会を作り出してきた. だが, このような大切な越境パートナーが再発見されてきたのは, 収束を促すような他の紐帯諸力と結合することによってであった. その点を次に見ていく.

2　民族的（エスニック）／言語的紐帯，歴史的単位／地形の共有

　そのパートナーの再発見をもたらすような収束的諸力を持つとされるのは，民族的（エスニック）／言語的紐帯，歴史的単位／地形の共有である．以下では順番に見ていく．

　現在のドナウ地域の国境線は比較的新しく，言語や民族（エスニック），宗教・宗派のような社会的ボーダーとは異なっている．異なることによって，越境地域の協力関係を無機能にしてきたのである．

　そのなかで，最も強度な協力関係を形成するのは言語的要素とされる．最良の例は多いが（ドイツとオーストリア国境，チェコ共和国とポーランド国境，ハンガリーの国境沿い），それが恒常的な越境協力の作業環境を作り出すのに成功している例は少ない．むしろ，協力関係の密度は他の要因の困難さ（前提としての行政能力と財政能力）に依存しているとされる．逆に，言語が異なる場合でも効率的な越境協力団体になる例もある（最近のGate to Europe EGTC, DKMT Euroregion, Banat Triplex Confinium EGTC）．非常にまれだが，セルビアとルーマニア，ルーマニアとブルガリアの国境でも効率的な制度的団体を産み出している．ここでは，民族的（エスニック）／言語的紐帯という環境メディアが，越境協力の達成を容易にする条件になるが，しかし自動的に効率的な越境協力を生み出すわけではないことを確認しておこう．

　つぎに，ドナウ流域において国境地帯に広範囲に存在する歴史的地域と都市地区，ある種の歴史的地理的アイデンティティについて見ていこう．地形と利害の共有が多数のボトムアップ型越境協力を提唱するための基盤となっている．川が国境の場合はどうか．一般的にいうと，国境としての川は当然自然のバリヤーと見なされる．ドナウ川の場合，両岸を繋ぐ橋が少ない所もある．この場合，川が日常的交流の支障となるだろう．だが，にもかかわらず，川の土手に位置する都市は重要な役割を果たすようになっている．その都市が隣接する住民同士の交流や商業のポイントとなるからである．そしてこの交流，商業から生まれる相互の分業は利益をもたらすようになる．センターとなる都市が国境から離れている場合も同様な指摘ができる．川と同様に山岳地帯も共有された文化的地形となることができる．高原生活者はその伝統やローカルな生活を閉じ込め，これが地区のアイデンティティの出現の重要ファクター，共通利害の発生，協力の共通土壌となるからである．同様なことが平原地域についても指摘できる．

　歴史的に政治的単一であったことが越境協力を強化しているかどうかも近年議論されてきた．多くの事例では2つの世界大戦後，ほとんどの国境が確定され，その後安定化している．越境協力の充実した活動度を左右するのは，その国境線の解体・変更の性質が平和的であったどうかである．分裂した都市同士の場合はそれが越境協力を刺激していくが，他方で，越境地域の発展度の低い所では，そのような分裂は相対的に低い潜在的補完性しかもたらさないケースもある．

3　メディアとしての国境

　以上から，エスニック言語の紐帯，歴史的単一性と同様に，川や山岳，平野の地域でも地形の共有感覚が誕生していることが分かるだろう．地形の共有も越境協力関係の出現に重要な役割を果たす．過去の政治的単一性もそうである．だが，これらの要素から越境協力の率先が成功をもたらすような一般的ルールが発見できたわけではないと報告書は指摘する．そうではなくて，それは，現存の越境団体の過去の発展のなかで明らかに重要だったと思われるいくつかの歴史的地理的特徴を指摘したにすぎない．越境地域のそれぞれの特質は異なるコンテキストのなかで押さえなければならないのである（CESCI, Pete, Gyelnik 2016：55）．

　この点は次のことを明らかにしている．ここで対象として取り上げられている民族的言語の紐帯，歴史的単一性，共有された地形，政治的単一性は，地域アーキテクチュアの視点からすると，地域の設計情報を媒介するメディアであることを確認しているだけである．しかし，そのメディアの共通性は国境という点だけであり，他の諸特徴は地域によって異なっている．これらのメディアはそれ自身，自動的に越境協力に関する設計情報を創生するわけではないのである．その点を混同しないことが大切である．それはどのような地域アーキテクチュアを構築するのか（地域の設計情報）によって役割（機能）が異なってくるからである．

　この点で同時に検討されている経済/労働市場は上記のメディアとは明確に区別しなくてはならないだろう．論争になるのは，経済的相違は越境協力を促進するのか（Balogh 2014），あるいは妨げるのか（Grix & Houžvička 2002）という点である．大規模な相違がある場合は双方に協力のための資源が必要だから，確かに障害になるだろう．だが，EUからの基金はその差異をある程度緩和し

てくれるはずである．一方，小規模な越境地域や貧困な地域の場合では，自前
の準備資金の不足が越境協力を促進する上で障害となるだろう．これとは対照
的に，類似した地域経済の場合には人々を越境させようとする動機を刺激しな
いことになるだろう．他方，共通の問題（失業問題等）がある場合は，越境協力
して共通する事業（職業訓練等）を立ち上げることを促すだろう．ところが，ド
ナウ地域の場合，経済的相違が越境協力の活動の充実度を説明することは，ご
く限られたケースのみであった．なぜなら，相違が存在する多くの越境地域で
は人々が西側に移住するかあるいは通勤するケースが見られるからである．

　以上の検討は，第1節で指摘された障害要因のうち，言語/民族の相違，国
境地域交通の困難さ，地域間の社会文化的差異そして経済格差が，越境地域の
設計情報との関係でみると，一概に一方的な障害要因と断定することのできな
いことを暗示している．残りの障害要因である公的権力の協力意識の欠如や相
手側への信頼感の欠如，就労と事業展開にかかわる法制度と行政の障害といっ
た諸要因との関係が問題となるだろう．

4　地域の構造の生成と制度化

　次は，地域の構造の生成と制度化について考察していこう（CESCI, Gyelnik,
Ocskay, Pete 2016：2-7）．地域の構造とは越境協力を実施する主体階層体系の
ことである．ここでの検討課題は，どのような組織的構造が協力関係を育成し
て，越境協力の推進能力の構築を可能にするのか，についてである．報告書に
よれば，これを決定するのは，適切な立法化のなかで制度的団体そのものを法
的に埋め込むこと，制度化されない状態から制度化されたモデルへの地域の構
造を転換することである．

（1）パートナーシップ協定

　もっともシンプルで非制度的な越境協力の形態は，全く越境団体がないが，
共通の作業が国境を隔てた隣接地域の行政との間で多少ともレギュラーな協議
に基づいて行われるものとされる．パートナーシップ協定である．近年では非
営利都市開発会社がその役割を担うこともある（アウトソーシング）．これに相
当するのが，双子都市，地域的パートナーシップ，マクロ・リージョンパート
ナーシップ，ネットワーク型の開発パートナーシップである．EUSDRはマク
ロ・リージョンレベルでのパートナーシップであると見なすことができる．マ
クロ・リージョン戦略では新しい制度が確立されていないから，加盟国間の協

力は基本的には諮問的である.

（2）ユーロリージョン

次に来るのがユーロリージョンであり，これは越境協力の擬似制度形態である．その共通の特徴は，合同の法人単位を持たず，法人資格もないにもかかわらず，国境の都市や地域行政当局の間での戦略的協力として理解されている点にある．ほとんどの場合，二重調整モデルであり，国境の両側にあるパラレルな構造の上に組み立てられている．片方だけに独自の法人組織を備える場合もあるが，その向かいの国境地域には存在しない．70年代にドイツ国境で流行し，その後西欧に広がり，90年代に旧共産圏でも普及した．にも関わらず，このような数量的な拡大は質的な発展には繋がらなかった．ドナウ地域では，上手く機能しているユーロリージョンも少数あったが，多くは機能していなかった．

（3）マドリッドコンベンション

次は欧州評議会（Council of Europe, CoE）による制度化への新しい枠組みの創出である．CoE によるマドリッドコンベンションは1980年に領域的共同体もしくは行政府間におけるトランスフロンティア協力に関する欧州枠組み協定を締結した．このコンベンションは従来よりも一歩進んだ制度化のモデルを提供している．実務共同体（working communities），ユーロディストリクト（Eurodistricts），ユーロリージョン協力団体（Euroregional Cooperation Groupings, ECGs）などがそれである．最初のモデルの実例は1972年に設立されたアルプスアドリア実務共同体である．ドナウ川流域では，ドナウ実務共同体（AgreDonau，1990年に Wachau で設立）がある．40団体のメンバー，ドイツからウクライナまでのドナウ流域の地域都市，セルビアやモルダヴァという国家も参加して，低地オーストリア州 Lower Austria が実務センターの役割を果たした．次のモデル例は2005年に設立された Strasbourg-Ortenau Eurodistrict である．2010年には EGTC として登録・移行している．最後に提起されたモデル例は実現していない．これは，EGTC と違って，国境地域の片方ではなく両側で法的能力をもつ共通団体を設立しようとするものであった．

（4）欧州領域協力団体 EGTCs

最後に登場したのが EU の共同体法に基づく制度的形態，EGTCs である．越境協力団体は国民国家を越えて超国家的特徴をもつ EU と直接に連携することができる点（ETC のプロジェクトへの参加）に特徴がある．

以前から，制度化のレベルは越境協力の活動充実度を決定する重要なファク

表10- 1　調査した14の CBC の制度化の形態

EGTC	ユーロリージョン	自然公園/ツーリズム圏	双子都市
Ister-Granum Pons Danubii, Tritia Pécs-Osijek （Pannon 5）	DKMT EDDS Šumava-BW/UI-M Vidin-Zaječar（2） EDA Prut（3） Drina	TZHZ Őrség-Goričko（プロジェクト ベース，法的制度化なし）	Osijek-Subotica

出所：CESCI, Balogh and Gyelník（2016：7）.

ターであると考えられていた（Sohn et al. 2009）. 調査した越境協力の制度化の
タイプを示した**表10- 1**によれば，EGTC はもっとも発展した CBC の制度化
であることが分かる. もちろん例外はあるが，CBC の充実した活動度を示す
表10- 3とこの**表10- 1**を比べてみると，CBC の活動充実度と制度化のレベル
には強い相関があることが分かる.

　以上の制度化の検討からは次の点が明らかになった. AR 論をマクロ・リー
ジョンに適用する場合，上の第2節で再確認したように，地域の構造＝主体の
階層体系は3層（EU-国家-地域・地方）に分かれていたが，越境地域にある
EGTC に適用する場合には，3層ではなくひとつの法人団体を誕生させて，
そこに諸協力の諸権限を集中・結晶化させていく過程が進行している. むしろ
EGTC の本部組織本体のなかのガバナンスに地域の諸主体を埋め込んでいき
（内在化），EU と直接に連携することができること（ETC のプロジェクトへの参加）
を目指している. これは，第2節で指摘した EGTC による「複雑性」の縮減
機能であると同時に，第1節で問題とした，制度的に直接各国中央政府を介さ
ないで越境協力を EU の結束政策に誘導しようとする側面ももっている.

（5）ドナウ地域の CBC に含まれる参加国数と規模

　次に，ドナウ地域の個別の越境協力のガバナンスに参加する国の数を確認し
てみよう（2015年末現在）. ユーロリージョンによる CBC の場合は，2カ国参加
が43カ所，3カ国は20カ所，5-6カ国が参加するケースもあるが，それは例
外的である（3カ国は5カ所）. EGTC も同様な傾向が観察される. ドナウ域内
には EGTC 越境団体は2カ国加盟が大勢であり（23団体），とくにひとつ Tritia
EGTC だけが3カ国のメンバーであった. ドナウ域外の国・地域を包摂する
EGTC をみると，2カ国加盟 EGTC が4団体，3国以上が4団体である. こ

のなかではハンガリーの優位な地位が顕著である．23団体の EGTC にハンガリーは加盟しているが，フランスは19団体，スペインは14団体である．ハンガリーを含む EGTC は EU 全体の40％を占めている．ドナウ流域内だけに限定すると，ハンガリーは21団体の EGTC に加盟し，ハンガリー参加なしは３団体である．ドナウ流域外を含む EGTC ではハンガリーが参加するのが２団体で，ハンガリーを含まないのは６団体である．一般的にドナウ地域の場合，２カ国協力がより強い．唯一の例外は Danube-Kris-Mures-Tisza （DKMT）ユーロリージョンの場合，３カ国協力である．加盟国のパートナー数は CBC の活動充実度に影響を与えているのは明白である．そのサブ地域が CBC に包摂されている国の数，一般的には包摂される国が多いほど，協力を調整するのが困難になる．２カ国以上の場合には，カンターバランスの勢力として第３，第４国が参加を招待されるケースがある．参加する国が圧倒的に２カ国である事実は，ミクロ越境地帯に限定された地域性という制約だけでなく，その「複雑性」増加を防ぐ点からも発生しているのではないだろうか．

　次に加盟国数とも関係するのが，領域的な広さである．一方では，CBRs の領域が広いほど，協力の調整により多くの挑戦を受けることになる．他方では，領域がより広いことは，潜在的により積極的なパートナーを含むことになる．それによって協力の維持，メインテナンスを保障するからである．５つの活動

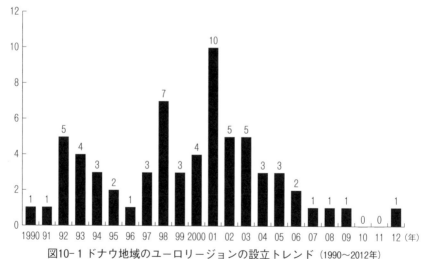

図10-1　ドナウ地域のユーロリージョンの設立トレンド（1990〜2012年）

出所：CESCI, Gyelník, Ocskay and Pete（2016：22）．

表10-2　ドナウ地域のEGTCの設立 (2008～2015年)

設立年度	名　　称	参　加　国
2008	Ister-Granum EGTC	ハン, スロヴァキア
2009	Ung-Tisza-Túr-Sajó (Hernád-Bódva-Szinva)	ハン, スロヴァキア
2009	Karst-Bodva EGTC	スロヴァキア, ハン
2010	Abaúj-Abaújban EGTC	ハン, スロヴァキア
2010	Pons Danubii EGTC	スロヴァキア, ハン
2011	Bánát-Triplex Confinium EGTC	ハン, ルーマニア
2011	Arrabona EGTC	ハン, スロヴァキア
2011	Rába-Duna-Vág EGTC	ハン, スロヴァキア
2011	Novohrad-Nógád EGTC	ハン, スロヴァキア
2012	EGTC Gate to Europe	ハン, ルーマニア
2012	Bodrogközi EGTC	ハン, スロヴァキア
2012	Pannon EGTC	ハン, スロヴェニア
2012	European Common Future Building EGTC	ハン, ルーマニア
2013	Tritia EGTC	ポーランド, チェコ共和国, スロヴァキア
2013	Sajó-Rima/Slaná-Rimava EGTC	ハン, スロヴァキア
2013	Via Carpatia EGTC	スロヴァキア, ハン
2013	Tatry EGTC	ポーランド, スロヴァキア
2013	EGTC Spoločný region limited	スロヴァキア, チェコ共和国
2013	Torysa EGTC	ハン, スロヴァキア
2013	Svinka EGTC	ハン,·スロヴァキア
2014	European Border Cities EGTC	ハン, ルーマニア
2015	Mura Region EGTC	ハン, ルーマニア
2015	MASH EGTC	ハン, スロヴェニア
2015	Tisza EGTC	ハン, ウクライナ

出所：CESCI, Gyelník, Ocskay and Pete (2016：24).

　充実度の高いCBRsは小規模あるいは中規模であり，領域的な広さは越境協力に反作用している．

　残念ながら，以上の分析は，制度化と参加国数，領域的広さの指摘以上に，地域の主体構造，組織調整能力についての分析には及んでいない，極めて不十分なものである．

（6）地域の越境協力の設立期間

　次に，ドナウ地域内での越境協力の設立の長期的トレンドを観察していこう．図10- 1 のように，ユーロリージョンタイプの越境協力は1990年代初期と2001年を頂点とする 2 つの波がある．2000年代後半の最後の停滞局面は2006年に導入された新しい越境協力の形態（EGTC）によって説明できる．

　次に EGTC の設立トレンドである．**表10- 2** が示すように，2008年に最初の Ister-Granum EGTC が設立されたが，これは EU 全体では第二番目の登録となっている．ドナウ地域では現在も EGTC の設立の増加動向は継続している．この表に示されたドナウ地域の EGTC 以外に，ドナウ地域の地理的空間に部分的に足場を置いている EGTC もある．2010年に 1 団体，2011年に 2 団体，2012年に 3 団体，2014年に 2 団体が設立されている．さらに見れば，ハンガリーが参加する EGTC は21団体，ハンガリー参加なしが 3 団体，ハンガリーが参加するがドナウマクロ・リージョン以外の国が参加する EGTC は 2 団体，ハンガリーが参加せずドナウマクロ・リージョン以外の国が参加する EGTC は 6 団体である．

　以上まとめると，欧州と統合をめぐる政治的構造的諸変化と並行する形で，ドナウ地域の越境協力は 2 つの山のフェーズを経過している．2001年と2011-2012年である．最初フェーズ，EU 加盟直前の時期ではユーロリージョン，次のフェーズ，欧州経済金融危機の中では EGTC が設立された．ドナウ地域とりわけハンガリーの参加（全体総数の40％）が積極的であった．

　CBRs は越境協力の経験を積むとより自然に受け入れられるようなものになるとされる．**表10- 3** は強度と設年度の関係を表示している．いくつかの CBRs の操業は，制度化の水準が低く，異なっている．14の事例では少なすぎ

表10- 3　越境協力の活動充実度の強度と設立年度の関係

活動充実度の高い越境協力	特殊な分野で充実した活動の越境協力	活動充実度の強度の混成の越境協力	低位な活動充実度の越境協力
DKMT 1997年 PD 2010年 Ister-Granum 2003年（ユーロリージョン，2008年以降は EGTC） EDA 2002年	TZHZ 2003年 Siret- Prut- Nistru 2005年 Őrség-Goričko 2008-2009年しかしプロジェクトベース，法的制度化なし	Šumava-BW/UI-M 1993-1994年 Vidin-Zaječar 2005 年と2006年 Pécs-Osijek 1973年 twin towns (Pannon 2010年)	Drina 2012年 EDDS 1998年 Subotica-Osijek 2004 年（メモランダム，2010年に新契約）

出所：CESCI, Gyelnik, Ocskay, Pete（2016：7）.

て，一般的評価は出せないが，ドナウ川のCBRsの場合，一定のパターンが認識可能である．つまり，協力の期間はCBCの活動充実度にとって意義ある要因となっている．

5　地域の機能：越境協力フィールド

つぎに地域の構造と結合する地域の機能について調べていこう．地域の機能とは越境協力の分野フィールドにかかわっている．

ここでは8つの分野が越境協力フィールドとして摘出されている．この摘出には質的調査アプローチが利用されている．その結果を3つのカテゴリーに分類したのが**表10-4**である．機能の各フィールドを検討していこう．

文化・人間的諸関係：

ここは最も中心的な分野である．異なる文化あるいは文化的要素が出会うことのできる適切な環境を創造する．人間的諸関係とは，学生の交換，夏の若者キャンプなどである．これらは隣人に対する包容力を生み出す分野で，少額の資金や資源の投入でも目に見える結果を生み出すことができる．そのため，あらゆる越境地域協力の計画，戦略や文書で「文化」という言葉を発見することになる．文化交流，文化遺産の保存，文化的多様性の促進，人々や地域の多色性，音楽，ダンス，芸術パフォーマンス，スポーツ事業と競争，合同ピクニック，文化芸術展示会，コンサート，劇場フェスティバル，司書同士の交流，ローカルテレビの相互乗り合い，である．隣接するフィールドを促進することになる．

越境ツーリズム：

越境地域の中心として注目されている．エコツーリズム，農村ツーリズム，ガストロツーリズム，ワインツーリズム，エスノツーリズム，文化ツーリズム，ウエッブベースのツーリズム情報センター，旅行業ライセンスの導入がそれで

表10-4　ドナウ地域の越境協力諸分野

越境協力の最も中心的な分野	新規出現する傾向の分野	非中心的分野
文化・人間的諸関係, ツーリズム, 経済協力, 自然・越境環境環境協力 インフラストラクチャー	危機管理	越境調査 健康ケア

出所：CESCI, Gyelnik, Ocskay, Pete (2016：14).

ある．この分野は優先順序が高く，越境協力で問題がない．CBC の潜在力を
もつ分野だけでなく，他の越境協力分野（文化・人間的交流，経済サービスの協力）
と堅く結びつくことができる．

越境経済協力：

　CBC の最も中心的分野である．それは，起業家精神やイノベーション，失
業率の緩和をもたらすような魅力的な越境経済分野の形成，持続可能な経済成
長，経済的協力と投資，競争力への支援，中小企業への支援，経済フォルムの
組織化の活動，2 つの証券取引所の連結，ジョブフェア，労働市場，国境地
域への投資の促進，人的資源の開発支援があげられる．越境領域の経済社会結
束の強化を狙っている．その結果，すべての越境協力計画のなかで戦略的優先
権がこの分野に向けられている．

自然・越境環境協力：

　世界的動向がこの越境協力の位相にも影響している．環境保護，自然の再生，
自然資源の管理，ドナウ渓谷のエコロジーバランスの保全，環境問題の解決，
自然 habitat の保護，動物の移動ルートの保護，自然公園間の交流，蝶々のモ
ニタリング，蝶々地図の準備，古い果樹園の保護と再活性化，地球温暖化気候
変動への取組み，維持可能性の促進，廃棄物管理と再生可能なエネルギーの利
用，ゲオパーク，ユネスコの取組み，エコ商品，ローカル製品の促進，越境
マーケティング，農業産物によるエネルギー利用，外資による Drina 川の水
力発電利用反対運動など多彩である．自然越境協力の分野は非常に人気のある
分野で，簡単に CBC の計画戦略のなかに見いだすことができる．

越境インフラと交通管理：

　この越境協力はハードなインフラの整備だけでなく，ソフトなインフラ協力
もある．越境交通管理，輸送の安全性やアクセスの改善，輸送の低排ガス／環
境に優しい構造への転換支援，公共交通の効率性の改善，Giurgu-Ruse 間のア
クセスインフラの活性化，Pan-European Transport Corridor No 9 の改善，越
境自転車道路の構築，インターシティの計画化，自転車サイクルルートのネッ
トワークの管理，廃棄物処理インフラ・プロジェクト，鉄道の開発，チケット
システムの調和化，共同バススケジュールの実施がそれにあたる．それ以外に，
2014年に設立された Central European Transport Corridor EGTC もある．多
モードの東西交通軸を持ったバルトからアドリア海までのアクセスの開発も取
り組んでいる．2013年にブルガリアとルーマニア間のドナウ川に橋が建設され

た．それ以外に2本の橋の建設が計画されている．

越境危機管理：

　とくに自然災害の時に，越境協力の分野で越境危機管理の重要性が上昇している．だが，このことはすべての CBC のなかで明示的に表現されているわけではない．地球の気候変動や温暖化，水害日照り，嵐，洪水，暴風雪が深刻な影響を及ぼす中で，実際の CBC 領域でその重要性はより明確になっている．

越境調査と越境健康保健：

　越境調査は中心的な協力ドメインである．コンフェレンス，研究会ワークショップ，その出版活動，大学交流，共通教育プロジェクト，共通二重越境職業訓練である．その他，Pruto 川の水性多様性の越境保存のための資源パイロットセンターも注目される．健康保健政策は各国の独自の領域と見なされているので，中心的なドメインではないが，いくつか実例はある．

　以上から次の点が明らかになった．越境協力の経過のなかで，協力関係者が一緒に協力することが適切な分野を探す努力に繋がっている．AR 論の表現に直すと，構造の体験と学習によってアクターと機能との相互作用が進行しているのである．その相互作用の努力のなかで上記の8つの活動で主要ドメイン，より実質的には5プラスひとつの協力ドメインに辿りついている．CBC のターゲットとなる分野のなかで社会的フィールドや経済のそれは協力するのに簡単な分野になるはずだが，事例研究は明確なパターンを示すことができなかった．機能の間の関係のすり合わせ（調整）については，文化・人間的諸関係，環境ツーリズムで僅かに指摘されただけである．協力の活動充実度の程度とフィールドの「ハード」や「ソフト」の性格との間で相関関係が必ずしも明確だったわけではない．

6　地域の構造と地域の機能との連結／両者のフィットネス，比較

　これまで，地域の構造，機能についての分析検討が十分でないことが明らかになってきたが，その限界を踏まえながらも，以下では地域の構造と機能がどのように連結しているのかを見ていきたい．その連結はドナウ流域の14越境地域 CBR s の比較を通じてなされる．ここでは比較に2つの方法が採用されている．越境協力の活動充実度の強弱[7]とベストプラクティスを比較する方法である．ところが，これまで多くの研究者は比較のためのデータが不足していると指摘している（Martinez 1994：5；Weith & Gustedt 2012：293；Knippschild & Wiech-

表10-5　ドナウ地域における14越境協力の充実度による分類

最も活動の充実した越境協力	1－2の特定分野に限定された活動の充実した地域協力	充実度のレベルの混成した越境協力	最低の活動充実度の越境地域協力
DKMT Euroregion Pons Danubii EGTC Ister-Granum EGTC Euroregion Danubius Associaion Tritia EGTC	Tourism Zone Haloze-Zagorje Prut River （とくに RO-MD） Őrség-Goričko National Park	Vidin-Zaječar 　Pécs-Osijek （Pannon） Šumava-BW/UI-M	Drina Euroregion Osijek-Subotica Euroregion Danube- Drava Save

出所：CESCI, Gyelnik, Ocskay, Pete（2016：7）.

mann 2012）. だが, 幸いにも, この研究プロジェクトでは比較可能な多くの事例研究を入手できている. また, ベストプラクティスの裏側にある, 越境地域協力 CBC が遭遇する障害については, 他の研究でも（Tosun et al. 2005；Loucky & Alper 2008）指摘されてきた. また上の節でも触れてきた. 事前の資金不足（Kozak & Zillmer 2012）とりわけ資金全般の不足, 意思の欠如とりわけナショナルアクターの意志の欠如（Bures 2008）, 信頼トラストの欠如（Klein-Hitpaß 2006）, 制度の継続性の欠如（Ludvig 2002：11）, プロジェクトとアクターの不足（Rogut & Welter 2012：74）, 行政構造のミスマッチ（Grix & Houžvička 2002；Lundén & al 2009）はまだ十分に検討されていない. この点にも触れていきたい.

　表10-5 は, 越境協力の活動充実度の強弱（intensity）に従って分類したものである.

（1）活動充実度の高い越境協力

　Ister-Granum EGTC はベストプラクティスの最良の例である. 農村開発の推進領域で, 伝統的市場のネットワークチェインの外部にある高品質な農産物と伝統的なクラフトマンの作品を越境した都市消費者まで届ける総合的なルート（ローカルな生産者のウエッブの開発, 情報インフラ, 生産者の交流, 消費者との交流, データベースの作成, 小冊子の発刊）の開発を行ってきている.

　Pons Danubii EGTC は, スロヴァキアとハンガリーの7つの都市が加盟する都市指向型の越境協力である. 越境労働市場の多面的な開発（WORKMARKET, 膨大な失業を対処, 訓練コース, 投資家と求職者の調査, 求職者の再資格化 website の制作, ジョブフォルム, 統計データベースの構築, 400ビジネスとの交流, 地方住宅地の情報, 2回のジョブフォルムの開催, 労働市場に関する調査研究）及び Media Project 協力（スロヴァキアとハンガリーのローカル TV チャンネルの開設, 9つの居住区の生

活情報交換，二カ国ビデオの作成，6つのテレビ関係の職場の結合，プロジェクトが終了後もサーバーの維持継続）である．

　Danube-Kris-Mureş-Tisza Euroregion DKMT は7つのプロジェクトを実施している．Euroregio Magazine の3カ国語での発行，Euro-regional Partnership for Competitiveness（2007）の作成，Regional Center for Sustainable Development of Historic Banat Region（2009）の発足，特殊なツーリズムの組織化とユーロリージョンのアイデンティティを育成するための様々な取組み（文化イベントの共同責任の増進，ユーロリージョン演劇祭，ユーロリージョンの日の設定，毎年の文化フェスタ，貿易フェア，農業関係者からIT関係者までの様々なコンフェレンス開催，4カ国のニュースポータルの開設，旅行者ルートの開発）を組織している．さらに，共同洪水防止保護とレスキュー隊の組織化．国際ヘルスケアカードの作成も行っている．

　Ruse（ブルガリア）と Giurgiu（ルーマニア）のあいだに2002年設立された Euroregion Danubius Association EDA もベストプラクティスである．2004年越境教会ツーリストルートの開発，ビジネスインキュベータによる投資計画 integrated Opportunity Management through Master-Planning の作成（ドナウ川架橋から都市センターの改修工事まで），インフラの近代化と改修，Pan European Transport Corridor No. 9 の取組み，環境災害防止などである．

　最後のベストプラクティスは Tritia EGTC である．この CBC は4つの活動の柱（運輸ネットワークの改善，雇用に有利な環境の創出，イノベーションと企業家，ツーリズム，代替エネルギー資源）を持っている．この EGTC の設立は，チェコとスロヴァキアの地域間関係の質の改善を促進した．両地域間のロード網の再建設と将来の計画，日常のコミューターの促進，サイクリングルートの開発，ツーリズムやハイキングの促進，再生可能な資源の開発と鉄道整備である．しかし，最近は大規模プロジェクトがなくなり，むしろ小型になっている．

　以上を評価してみると，最も充実した協力事業を行っている越境協力は意外にもユーロリージョンであった．これは長い歴史があるからである．他方，EGTC は近年作動し始めたばかりだが，顕著な財政資源や人的資源の投資と上手く連結している．その点で，EGTC には堅固な経済社会的背景があることが分かる．ウエッブサイトが定期的に変更され，一連のプロジェクトに取り組んでいる．それを効率的にできるのは，常雇いの専門スタッフが日常ベースで必要な作業をこなしているからである（日常の活動，1人から4名のフルタイムの

スタッフ，例外的に4名以上の場合もあり，パートタイムあるいはプロジェクトベースの雇用もある）．だから，ユーロリージョンやEGTCsの予算のかなりの割合は賃金に使われている．雇用者数は実際の協力の財政状況に依存している．あるいはプロジェクト入札の応募の成功度に依存している．小さな協力団体ではフルタイム雇用は1人である．その所長はプロジェクト単位で同僚を雇用できる．全体としてドナウ流域の内部でみると，最も充実した事業活動を行っている越境協力はドナウ側の西岸に集中している（チェコとハンガリー）．中欧の方が南東欧と比較して事業充実度が高い．

（2）活動充実度の高い越境協力ではあるが1-2の特殊分野に限定された越境協力

第2のタイプは2-3の特殊なフィールドに特化したCBCである．Tourism Zone Haloze-Zagorje では公式な団体ではなくて委員会（the Council of the Tourism zone）形式でHoloze（スロヴェニア）Zagorie（クロアチア）の間でのツーリズムゾーンの調査研究とボトムアップ的な活動を行っている．最も重要な実践のひとつはツーリストライセンス．旅行者は複雑な手続きをしないでも国境を跨がってその領域を旅行することができるようになった．Haloze-Zarogie 起業化ゾーンの形成，ワインロード Klampotic の形成などもある．後続のその他の追加的なプロジェクトを生み出している．

次の例，ルーマニアとモルドヴァ共和国とのあいだの Prut River biodiversity（2007-2013）は他国が参考にできるベストプラクティスである．範囲は極めて限られているが，魚のサンプリングから科学物質のモニタリング，水質資源の可能な改善と回復までのプロジェクトである．その科学的知見は普及・分散され，公衆の注意・意識喚起，若手研究者の育成まで及んでいる．TV報道から14冊の刊行物まで広報と宣伝が行われている．

Transeconet，Greenbelt Initiative はハンガリーとスロヴェニアの頻繁な交流，それとは劣るけれどもオーストリアとの交流に基づく3国間の自然公園協力である．「限定されたカテゴリー」の領域で鉄のカーテンの時代から始まっていた．これ以外に，3つの別の類似したプロジェクト，Landscpe in Harmony（環境に優しい農業技術の拡大，6万種類の野菜のモニター，9万ヘクタールの蝶々の保護モニター，データベース作成，越境地域のサステイナビリティのモデル），Upkac（2014年修了．ローカルな農園，希少動物の保護，果物加工，果物の多様性の保護），Craftsman Academy（民族クラフトの継承，トレーニング方法のイノベーション）がある．

他のこのタイプの越境協力をみると，協力活動の状況，協力の制度化の背景が非常に異なっている．Novohrad-Nograd ゲオパークの場合，それを管理しているのは EGTC である．Raab-Orseg-Goricko 自然公園の場合，すでにナショナルな制度が存在して，３カ国で新しい構造をつくる必要はなかった．これとは別に EU 支援の CBC プログラムに基づいて制度化されている場合もある．この場合大部分は IPA や INTERREG が越境ネットワークの強化推進の役割を果たしている．ドナウ地域全体を通じて，その東部はボトムアップ型が弱いので，IPA や INTERREG の役割が重要となっている．

（３）活動の充実度の混合レベルの越境協力

次のカテゴリーは充実した活動度レベルの混合した越境協力である．最初の例は，北西ブルガリア Vidin と東セルビアの Zajecar の間の協力である．比較的最近の2004年に開始している．２つのユーロリージョンがブルガリア，セルビア，ルーマニア間の３カ国間で形成されている．ツーリズム開発，水利インフラの投資と近代化，SMEs の競争力支援，Beekeeping without Borders, Transdanube: sustainable Transport and Tourism along the Danube, Stará Planina を実施している．

次の事例はハンガリーの Pécs とクロアチアの Osijek との間の協力である．クロアチアは若い加盟国にもかかわらず熱心である．Pecs-Osijik-Antunovac の自転車ロードやマルチメディア文化センターのネットワークの形成はその成果である．ペーチにはそれと並行してスロヴェニアとのあいだで Pannon EGTC が2010年に設立されている．

最後の例は Euroregion Sumava-Bayerischer Wald/Unterer Muhlvviertel である．チェコとドイツの間でいくつかのプロジェクト（職業訓練，ツーリストインフラ，洪水予防，旅行者のアトラクション，博物館，共同バス（チケット）の運行，様々な小さなプロジェクト，消防部門の交流と調整）が行われている．

この越境協力イニシャティブでは，初期には熱狂で発足しながらも，その後になるとその熱狂が醒め，低いキャパシティで運用されている例がある（双子都市）．このような越境協力ではネットのオンラインではなくローカルな情報メディアに登場しているケースがある．この越境協力はインフラ開発の実施が狙いだが，その能力（コンペテンス）が十分ではない場合，その活動は浮き沈みがある．

（4）活動充実度の低い越境協力

　活動充実度の低い例として Subotica と Osijek の越境協力がある．この都市間越境協力はクロアチアの民族的要素によって推進されている．その協力を実施する特別な制度が確立されていない．にもかかわらず，幾つかの成功的事例（クロアチア，セルビア，ハンガリーを結ぶ自転車ルートの開発，Straw bikes の開始，廃棄物の管理，リサイクリング協力，西バルカンの民主主義の安定化と対話の支援，障害者の教育，物理的リハビリ，西バルカンの EU への加盟への支援など）がある．

　次のプラクティスは1998年設立のユーロリージョン EDDS である．幾つかの開発プロジェクトを実施してきた（環境保護，起業家精神，文化遺産と歴史，情報インフラ，ツーリズム，自然災害の防御，雑誌の刊行，自然災害管理防止，小家族農業の持続可能な発展，ハーブの生育家・収穫家・販売者のプラント間工場間ネットワークの形成，デジタル歴史など）．しかし問題はその実施のプロジェクトは融資が全く異なり，予算もスケールも異なっていた点である．プロジェクトの中心は情報共有で，ネットワーク形成であり，物理的インフラや市民の交流そのものに向けられない．そのなかで最大の実施プロジェクトは Donaudatenkatalog に基づくドナウ地域の共同空間発展戦略の形成の定式化である．

　Drina ユーロリージョンは第四で最後のベストプラクティスである．西バルカンの最も若い代表例となっている．ボトムアップのイニシャティブによる．ドナウ川の未使用の水力エネルギーを外資投資家がその水力発電に利用しようと試みたが，それが住民の反対にあった．しかも水力の国内利用も実現しなかった．ユーロリージョンは「ドリナをまたぐ橋」（Bridge over the Drina）のようないくつかのプロジェクトを実施している．そのほとんどはセルビアボスニアの越境である．これは歴史的制約と民族的紐帯問題のためであり，活動は不平等になっている．

　このような越境協力では適切な財政予算がなく，社会政治的サポートがない．法的義務もなく，立ち上げはコストが低く，形式的な立ち上げとなり，実際の内容がない．この点はユーロリージョンについても，また EGTC についても当てはまる．EU や国家の基金からの財政支援だけを狙って設立されたものもある．このような不活発な越境協力はドナウ東岸，ハンガリー東部，東スロヴァキア，ルーマニア，ブルガリアに多く観察される．そこでの厳しい経済社会条件が越境協力を地域に埋め込み，定着されるのを疎外している．

　以上の協力活動の充実度とベストプラクティスの分析では，アクター間の連

結の現状および機能との関係やその問題点についての検討はまだ不十分である．この表の活動の充実度については質的，量的に多様な解明がもっと必要なのかもしれない．その点でポイントとなるのは補助金であろう．補助金の面からCBC に対する批判のひとつは，資金資源が枯渇した場合，越境協力はしばしば中断される傾向にあることに集約される．そのとき印象的なのは，外部からの資金が枯渇したときに明らかになる市民の関与・取組みの連動（Scott and Laine 2012）やそのイニシャティブの発揮である．他方，EU 基金やいかなる外部の資源を受け取らないが，充実した活動的なプロジェクトを実行し，そのイニシャティブを発揮している例も存在する．結局，財政資源以外に，人的資源（専任のスタッフ），地域の紐帯（市民の参加），それに越境協力を構築する能力の育成が充実した活動となるかどうか，が焦点となる．越境協力の高い充実度は，処分できる資源に依存するだけでなく，越境地域のなかで越境協力の役割を見つけることのできる能力にも大いに左右される．つまり，① 財政資源が最大の要因だが，② 人的資源の十分さと③ 社会経済的紐帯も必要となり，④ 地域内での適切な分業によって実際の付加価値を生み出し，能力，コンペテンスのあるような課題とフィールドを見つける取組みも重要となる．この４つの要因の連動は，先の第３節で問題提起した，公的権力の協力意識の欠如や相手側への信頼感の欠如，就労と事業展開にかかわる法制度と行政の障害といった障害諸要因を克服する仕組みと見なすことができるだろう．

お わ り に

　以上，先の調査報告書を AR 論の点から検討してきた．それをまとめ，結論としていこう．

（１）越境地域を人工物の設計情報の集合体として観察すると，その設計情報が転写される媒体とはなにかが問題となる．ドナウ地域の社会経済的な越境空間は西部から中部，東部，南部に移動するに従って両極化していき，さらに国境線に近づくに従って様々な点で周縁的性格が色濃くなっている．そこには，共通の民族や言語，集団的記憶をもつ歴史の単一性，共通の地形という有形物と無形物，耐久性のあるものとないものの混在物が存在する．しかし，それらは国境性という点で共通であるが，それらが一方的に越境協力を促進したりあるいは阻害したりするものではない．地域の他の設計情報（どのような地域アー

キテクチュアを構築するのか）によって機能と役割が異なってくる．この点はひとつの部品（モジュール）にひとつの機能が対応するモジュラー型とは極めて離れている．むしろインテグラル型アーキテクチュア的であるが，それよりももっと弾力的で，設計情報依存型だろう．

（２）地域アーキテクチュアの構造を構成するのは地域の行為体・アクターである．非制度的なパートナーシップ型の越境協力からEGTC成立の制度化の過程のなかで地域のアクターが誕生・成熟している．これは階層体系の主体の構造がより単純化され縮減される過程，モジュラー型への進化でもある．その点はユーロリージョンでもEGTCでも参加国が圧倒的に２カ国である点からも単純化の指向を指摘できるだろう．しかし，ユーロリージョンという越境協力のあり方が国境の両側に残ったまま高度な越境協力機能を果たしている例もある．その点で，越境地域のアクター構造はモジュラータイプに一直線上に進化しているわけではない．

（３）越境地域の地域アーキテクチュアを機能からみると，機能階層体系は８つのドメインに集約している．これらのドメインを跨がって機能を果たすのが財政である．だが，統括的機能あるいは媒介機能を果たしているのは人的資源や社会経済的紐帯である．アクターと機能との相互作用のなかで，地域内での適切な分業によって実際の付加価値を生み出し，能力，コンペテンスのあるような課題とフィールドを見つける学習機能も重要である．特殊な分野のみで充実した活動をしている越境協力は明確にモジュラー的である．

（４）地域アーキテクチュアのもうひとつの軸はオープン型かクローズド型である．活動充実度の代理指標がオンラインの表出度と英語のプレゼンスである点からは充実度の高いCBRsはオープン型アーキテクチュアと形式的には見なされる．だが，EGTCがひとつの地域のなかで諸機能と諸アクターを相対的に閉じ込めるように設計されている点では，反対に，クローズド型に近いといえるかもしれない．

（５）活動充実度の高い越境協力はインテグラル的にならざるをえない．EGTCは構造に制度的な単純化をつくり出し，モジュラー的側面をもっている．主要な活動のドメインも５つのフィールドに限定されている．しかし，ユーロリージョンが生き残り，充実した高度な活動を展開しているケースを観察するとモジュラー型が優勢だとはいえ，一概にモジュラー型に進化していると決めつける訳にはいかない．現実の越境協力の地域アーキテクチュアには

様々な型の組み合わせや換骨奪胎，埋め込み，多様な選択肢が観察される．

（6）地域アーキテクチュア論から EU のマクロ・リージョン戦略 MRS と EGTC とを観察すると，マクロ・リージョンの地域の諸機能と諸アクターが複雑に絡み合った関係を EGTC が幾つかの側面で縮減している．EGTC は越境地域社会の収束を推し進める多様な手掛かりを提供すると同時に，単一市場が強力に推進する越境空間の発展に「複雑性」の縮減をもって貢献している．

注

1）筆者のこれまでのハンガリー周辺の越境協力の調査研究の多くは CESCI と Gyula Ocskay の協力に負っている．

2）以下では，territorial あるいは territory を領域と訳している．以前拙稿では共著の関係で地域間と翻訳しているものもある．これにたいして region，regional は地域と訳している．

3）https://ec.europa.eu/transparency/regdoc/rep/1/2018/EN/COM-2018-597-F1-EN-MAIN-PART-1.PDF/20190923/2018.01.12/

4）その EGTCs には以下の4つのタイプが存在する．①ユーロリージョンの新世代版，古典的越境協力の発展．EGTCs の82％がこのタイプ．②ネットワーク型 EGTCs．領域的近似性ではなく，テーマの近似性にもとづく．③プロジェクト型 EGTCs．投資の実施と管理を担う．最も有名なのがフランス・スペインの Cerdanya EGTC である．④プログラミング型 EGTC．2つの実例がある．フランス・ドイツ・ベルギー・ルクセンブルグの国境を管理する越境協力プログラムの the Greater Region EGTC と ESPON　EGTC である．

5）このプロジェクトは EUSDR の the Road Map of Priority Areas（PA）10の第三作業グループが2012年2月に作業を開始した．その目的は国境地域のコミュニティの行政的協力を促進することである．ドナウ地域の内部収斂 cohesion の強化がそのビジョンであった．作業グループはそれをその目的のために現状の経験にもとづく CB ガバナンスの feasibility 研究と定義し直した．CESCI が調整役となり，2013年はじめに Crossing the borders というタイトルとなった．ドナウ流域の越境協力の現状の解明を狙った．つまり，国境地域の社会経済的特徴，越境地域協力の枠組条件，そして14のケース・スタディーからベストプラクティスの例示，がその内容となった．ハンガリー公共行政正義省から20万ユーロの資金提供がされた．このプロジェクトの学術的枠組を設定したのは Eötvös Loránd 大学の Zolt Bottlik とブダペスト・コルヴィヌス大学の Laszlo Jeney であった．参加研究団体は公募の形式で，最後には6カ国から7つの研究所団体が当選入札者となった．決定された仕事の構造に従って，2つのベストプラクティスが研究され，全体のデータベースが整備された．EUSDR 内での CSBC のプラットフォームを想像する仕事がまだ残されている．総編集は Peter Balogh である．PA10の調整役 Kurt Puchinger と教育担当欧州委員 Tibor Navracsics が協力をした．

6）以下，CESCI, Pete, Gyelník（2016）に基づく．

7）この点の調査研究に関しては初期の研究デザインが留意されなければならないだろう．つまり，最初のケース・スタディーの質問では，「組織制度的構造とオペレーション」について，どのような組織的単位で協力が組み立てられているのか，それぞれの組織的単位の役割はなにか，組織構造は時間に従って変化してきたか，誰が指導者でどこに住んでいるのか，ワーキング言語はなにか，協力が機能するのはどのような種類の制度形態（組織，法人，企業など）か，が質問項目として掲げられていた．だが，各研究グルーから提出された最終報告書が過度に多様であったために，全体を CESCI の研究者が比較できるように調整したと指摘されている．したがって，この点からすると，この項目の分析結果についての評価は極めて限定的であると言わざるをえない．ここでは，利用可能な情報に基づき，協力の充実した活動度の強弱の代理指標としては，オンラインの表出度，英語のプレゼンスだけが取り上げられている．

参考引用文献

八木紀一郎（2017）「地域を基礎においた社会的・経済的イノベーション」第13章，八木紀一郎・清水耕一・徳丸宜穂編著『欧州統合と社会経済イノベーション』日本経済評論社．

清水耕一（2017）「EU 地域施策の進化と現状」第 3 章，八木紀一郎・清水耕一・徳丸宜穂編著『欧州統合と社会経済イノベーション』日本経済評論社．

田中宏（2017）「EU のマクロリージョン――地域アーキテクチュアの視点から――」第 7 章，八木紀一郎・清水耕一・徳丸宜穂編著『欧州統合と社会経済イノベーション』日本経済評論社．

柑本英雄（2008）「リージョンへの政治地理学的再接近：スケール概念による空間の混沌整理の試み」『北東アジア地域研究』14号，2008年10月，pp. 1 -20.

――――（2010）『EU 地域空間再編成とサブリージョン――越境する非国家領域行為体とクロススケールガバナンスの視座からの分析――』（早稲田大学審査学位論文 2010 年12月）．

――――（2016）『EU のマクロ・リージョン』勁草書房．

藤本隆宏（2003）『能力構築競争』中央公論新社（中公新書）．

――――（2007）『ものづくり経営学』中央公論新社（中公新書）．

藤本隆宏編（2013）『「人工物」複雑化の時代　設計立国日本の産業競争力』有斐閣．

辻悟一（2003）『ＥＵの地域政策』世界思想社．

Balogh, P.（2014）*Perpetual borders: German-Polish cross-border contacts in the Szczecin area*, Diss., Department of Human Geography, Stockholm University.

Bures, O.（2008）Europol's Fledgling Counterterrorism Role. *Terrorism and Political Violence*, 20（4）, pp. 498-517.

CESCI, Balogh, Péter, and Gyelník, Teodor（2016）Crossing the borders. Studies on cross-border cooperation within the Danube Region. A comparison of regions cooperating across borders in the Danube region with a focus on best practices.

CESCI, Gyelník, Teodor, Ocskay, Gyula, and Pete, Márton（2016）Crossing the borders. Studies on cross-border cooperation within the Danube Region. A classification of the cross-border cooperation initiatives of the Danube Region.

CESCI, Ocskay, Gyula, Baiogh, Péter, and Pete, Márton (2016) Crossing the borders. Studies on cross-border cooperation within the Danube Region. Foreword. Acknowledgments. Introduction.

CESCI, Pete Márton, and Gyelník Teodor (2016) Crossing the borders. Studies on cross-border cooperation within the Danube Region, Geographic and Structural Characteristics of Cross-Border Cooperation in the Danube Region.

European Commission (2018) REPORT FROM THE COMMISSION TO THE EUROPEAN PARLIAMENT, THE COUNCIL AND THE COMMITTEE OF THE REGIONS, file:///C:/Users/tanakahiroshi/AppData/Local/Microsoft/Windows/INetCache/IE/S017R6V9/1_EN_ACT_part1_v4.pdf/2018.01.12/

Grix, J. and Houžvička, V. (2002) Cross-border cooperation in theory and practice: the case of Czech-German borderland. *Actas Universitatis Carolinae Geographica*, 37 (1), pp. 61–77.

Klein-Hitpaß, K. (2006) *Aufbau von Vertrauen in grenzüberschreitenden Netzwerken: das Beispiel der Grenzregion Sachsen, Niederschlesien und Nordböhmen im EU-Projekt ENLARGENET*. Potsdam: Universitätsverlag Potsdam.

Knippschild, R. and Wiechmann, T. (2012) Supraregional Partnerships in Large Cross-Border Areas-Towards a New Category of Space in Europe? *Planning practice and research*, 27 (3), pp. 297–314.

Kozak, M. W. and Zillmer, S. (2012) Case Study on Poland-Germany-Czech Republic. *TERCO: Final Report-Scientific Report Part II.* ESPON, pp. 236–305.LUDVIG, Z., 2002. *Hungarian-Ukrainian Cross-border Cooperation with Special Regard to Carpathian Euroregion and Economics Relations.* Budapest: Institute for World Economics, Hungarian Academy of Sciences.

Loucky, J. and Alper, D. K. (2008) Pacific borders, discordant borders: Where North America edges together. In: J. Loucky, D.K. Alper and J. Day, eds, *Transboundary policy challenges in the Pacific border regions of North America.* Calgary: University of Calgary Press, pp. 11–38.

Ludvig, Z. (2002) *Hungarian-Ukrainian Cross-border Cooperation with Special Regard to Carpathian Euroregion and Economics Relations.* Budapest: Institute for World Economics, Hungarian Academy of Sciences.

Lundén, T., Mellbourn, A., Von Wedel, J. and Balogh, P. (2009) Szczecin: A cross-border center of conflict and cooperation. In: J. Jańczak, ed, *Conflict and cooperation in divided cities.* Berlin: Logos, pp. 109–121.

Martinez, O.J. (1994) The dynamics of border interaction. In: C.H. Schofield, ed, *World boundaries-Volume I: Global boundaries.* London & New York: Routledge, pp. 1–15.

Popescu, G. (2012) Bordering and Ordering the Twenty–first Century: Understanding Borders, Rowman & Littlefield Publisher, Plymouth.

Rogut, A. and Welter, F. (2012) Cross-border cooperation within an enlarged Europe: Görlitz/Zgorzelec. In: D. Smallborne, F. Welter and M. Xheneti, eds, *Cross-border entrepreneurship and economic development in Europe's border regions*. Cheltenham: Edward Elger, pp. 67-88.

Scott, W. J. (2000) Transboundary cooperation on Germany's Borders: Strategic regionalism through multilevel governance. Journal of Borderlands Studies, 15 (1), 143-167.

Scott, W. J. (2012) European Politics of Borders, Border Symbolism and Cross-Border Cooperation in Wilson, T. and Donnan, H., eds, A Companion to Border Studies. Wiley-Blackwell, Chichester, pp. 83-99.

Scott, J.W. and Laine, J. (2012) Borderwork: Finnish-Russian co-operation and civil society engagement in the social economy of transformation. *Entrepreneurship & Regional Development*, 24 (3-4), pp. 181-197.

Sohn, C., Reitel, B. and Walther, O. (2009) Cross-border metropolitan integration in Europe: the case of Luxembourg, Basel, and Geneva. *Environment and Planning C: Government and Policy*, 27 (5), pp. 922-939.

Tanaka, Hiroshi (2017) EU Architecture of Cross-Border Region: EU Macro Region Strategy and European Grouping of Territorial Cooperation, Cross-Border Review, Yearbook, pp. 139-153.

Tosun, C., Timothy, D.J., Parpairis, A. and Macdonald, D. (2005) Cross-Border Cooperation in Tourism Marketing Growth Strategies. *Journal of Travel & Tourism Marketing*, 18 (1), pp. 5-23.

Weith, T. and Gustedt, E. (2012) Introduction to Theme Issue Cross-Border Governance. *Planning Practice and Research*, 27 (3), pp. 293-295.

第11章
イノベーション・プロセスにおける社会関係資本

北井万裕子

はじめに

　今日，イノベーションという言葉は，経済的のみならず社会的な文脈を含めてあらゆる場面で頻繁に登場し，その重要性がますます強調されるようになった．とくに経済発展や企業の生産性拡大について，イノベーションを抜きに考えることは難しい．北欧諸国をはじめ先進諸国は，とくにスタートアップ企業の設立に貢献するようなイノベーションに経済資源を集中させ，高付加価値産業部門に比較優位を持つことで経済成長を実現させている．

　イノベーション・プロセス，例えばその動力，主体，範囲は歴史的に変化してきたといえる．とくに，1990年代の終盤からオープン・イノベーションと呼ばれる新たな方向性が登場し，企業内部での閉じた交流・協力（interaction and collaboration）から，企業外を含めた多様な協力のプロセスがみられるようになった（Cooke 2012；Dolfsma et al. 2013）．グローバリゼーションやICTの普及といった技術革新に伴い，イノベーションのプロセスもまた開放的な交流を通して，知識やアイディアを交換し，協力を通して創造する過程へと変容したといえるだろう．そうした変容，すなわちイノベーションが基本的に協力の努力であるという側面が強くなってきたことから，協力や関係の問題を捉えた社会関係資本がその発展において重要な役割を果たすと関心を集めるようになった（Subramariam et al. 2005；Landry et al. 2002；Laursen et al. 2012, Nahapiet et al. 1998；Susanna 2014）．

　社会関係資本は，アイディア，知識の交換と結合を分析する視点として，イノベーション・プロセスにおける社会的側面の影響を明らかにしてきた．その一方で，これまでの先行研究では，イノベーション・プロセスにおける社会関

係資本の働きを分析する上で，多義的な社会関係資本概念が十分に整理されて
いないと言える．社会関係資本は，これまで多様な論者によって議論されてき
たが，未だその概念は統一されていない．例えば，社会関係資本が世界的に認
知されるきっかけを生み出したロバート・パットナムは，「調整された諸活動
を活発にして社会の効率性を改善できる信頼，規範，ネットワークなどの社会
組織の特徴」と定義した（Putnam 2001：206-207）．しかし，パットナムの概念や
分析には多くの批判が寄せられ，それに代わる精緻な議論の模索や概念の統合
を図る試みが行われてきた（稲葉ら 2016；Lin 2001＝2010；三隅 2013；Portes 1998）．
したがって，イノベーション・プロセスの分析においても，慎重な概念の整理
と位置づけが必要であるが，先行研究の概念的枠組みは，社会関係の閉鎖性と
開放性の質的相違が整理されずに混在しているといった問題がある．加えて，
今日のイノベーション・プロセスにみられる異質かつ多次元的な協力関係を含
めた分析が不十分である．

　以上をふまえ本章では，今日，イノベーション・プロセスにおける協力や知
識の交換を分析する上で，鍵概念となった社会関係資本について検討する．第
1節では，多様な論者がそれぞれの研究関心に基づき論じてきた社会関係資本
の概念について，特徴と問題を整理しながら，イノベーションとの関係を分析
するための概念的枠組みを導出する．第2節では，イノベーションに適した社
会関係資本について検討し，とくに，オープン・イノベーションに資する社会
関係資本を明らかにする．最後に，これまでインフォーマルな領域の重要性を
強調してきた社会関係資本論では十分に論じられてこなかったフォーマルな制
度，とくに公的機関の補完的役割について提示する．

第1節　社会関係資本概念の整理と展開

1　規範や信頼を含む社会関係資本
──パットナム，コールマン，フクヤマ──

　社会関係資本のその他の主要な論者としては，パットナムも引用したジェー
ムズ・S・コールマン（Coleman 1988＝2006），ピエール・ブルデュー（Bourdieu
1986）そしてナン・リン（Lin 2001＝2010）やフランシス・フクヤマ（Fukuyama
2001）などが挙げられる[1]．こういった各論者の議論を区別する視点はいくつか
ある．例えば，社会関係資本を個人財と集合財のどちらとしてみるのかという

違いや，社会構造のネットワークのみに着目するか，より広義な形で規範や信頼を含めるかといった違いである[2]．前者については，多くの研究者が集合財でもあり個人財でもあるという見解で一致している（Lin 2001＝2008）．本章では，とくに規範や信頼を含めるのかどうかという点に着目して検討を進める．なぜなら，その点がのちに論じる知識の移転や協力の容易さに関する社会的背景と重要な関わりを持つからである．

　最も著名なパットナムによる社会関係資本の定義は，前述したように，「調整された諸活動を活発にすることで社会の効率性を改善できる，信頼，規範，ネットワークといった社会組織の特徴」である（Putnam 2001：206-207）．パットナムは，水平的な人間関係に基づく市民参加のネットワークを通して互酬性が強化され，そして互酬性を通して信頼が育成され，波及すると論じた．互酬性に関して，特定の見返りを期待せず将来返礼されるだろうという長期的相互期待に基づく一般的互酬性の重要性を強調するものの，それは裏切り行為が発生しないことが確認された共同体的集団で育成されると考える．その場合の共同体的集団とは，従属的関係や腐敗に特徴付けられた共同体ではなく，市民性に特徴付けられた共同体であり，市民参加を強調する一方で同時に共同体を再評価した[3]．そして，さらに概念を発展させ，排他的なアイデンティティと等質な集団を強化する結束型ネットワークと，様々な社会的亀裂をまたいで人々を包含する橋渡し型ネットワークという類型を提示した．

　一方で，結束型ネットワークと橋渡し型ネットワークの両立や一般的互酬性の背景に関しては十分に論じられていない．つまり，密度の高い結束型ネットワークが排他性を伴うにもかかわらず，橋渡し型ネットワークとどのようにして両立するのかという点，共同体の再評価と関連する特定的互酬性から一般的互酬性への拡張メカニズム，そして一般的互酬性の要因に対する説明が不十分である．

　また以上の社会関係資本論を展開するうえで，パットナムが概念について依拠したコールマン（1988＝2009）は次のように社会関係資本を論じる．すなわち，社会関係資本とは行為者に利用可能な独自の資源であり，実在の形態は単一ではなく多様であるが，すべてに共通して社会構造という側面を備え，個人および団体という行為者のなんらかの行為をその構造内で促進または抑制する．具体的には，その機能によって定義づけられ，以下に述べる3つの形態がある．社会関係資本は，生産的なものであり，それなしでは不可能な一定の目的の達

成を可能にするが，一方で特定の活動に特化している側面があり，ある行為の促進に対して価値があっても，他の行為に対しては役立たなかったり，むしろ有害であったりする（Coleman 1988＝2009）．

　社会関係資本の形態，すなわち「個人にとって役に立つ資本的資源」となる社会関係とは，第一に，恩義・期待そして構造の信頼性，第二に情報チャネル，第三に規範と効果的な制裁である（Coleman 1988＝2009：214）．第一の点は，次の関係を意味する．例えば，AがBのために何かを行うと，AはBがそれに報いてくれると信頼している，そういった信頼性が社会にあるとした場合，Aは期待を，Bは恩義（social obligation）を感じる．このAとBの関係は，Aを債権者として，Bを債務者として理解することができる．債権者であるAは，債務者であるBから将来の見返りを期待する．そして，このような債権をたくさん保有していることは，Aの信用の大きさ，つまりあてにできる程度の大きさを社会的に示す．この貸し借り関係の極端な例が「ゴッド・ファーザー」である．コールマンは，こういった貸し借りの相互依存関係がたくさんある社会構造では，利用できる社会関係資本が多いと考えた．

　第二の点は，社会関係に内在する情報に対する潜在力を意味する．情報は行為をもたらす基盤となるため重要であるが，その収集にはコストがかかる．別の目的のために維持されている社会組織を利用するといった手段を通して，社会関係は行為を促進する情報を提供する社会関係資本の一形態となる．

　第三の集合体内の指令的な規範（prescriptive norm）は，人々を自己利益的ではなく，集合体の利益のために行動することを可能にする．とくに，集合的な制裁の規範，それに伴う監視や誘導は，信頼性をも生み出す．しかし，コールマン（1998＝2009）は，制裁の規範や監視が機能し信頼性が形成されるには，条件としてネットワークの閉鎖性が必要だと主張した．したがって，開放的なネットワークに社会関係資本は存在しない．また，こういった社会関係は，別の目的のもとで転用可能な組織だと述べる．つまり，家族などの原初的関係が源泉として他の目的に転用されうる．

　このような社会関係資本論に基づき，コールマン（1988＝2009）はさらに，社会関係資本が人的資本の形成に寄与することを示した．しかし，とくに社会関係資本の創出を非意図的なプロセス，そして閉鎖性に基づくとみる点は，パットナム（2001）の議論で見られる共同体の美化に共通するところがある．ポーツ（1998）および三隅（2013）によれば，コールマンにとってのより本来的な問

題は，コミュニティにおける原初的な紐帯の衰退であり，それが犯罪や子供の教育へ悪影響をもたらしていることである．したがって，社会関係資本が，閉鎖性によって促進されて人的資本形成を促進するという図式の強調には，残存する紐帯を擁護するために原初的な社会構造を「意図的に構築された」組織におきかえていく方策が必要となるという背景がある．コールマンは，行為に伴う効果の相違については指摘していたものの，閉鎖性が生み出すより大きな社会やその他の社会集団に対する不信や抑圧といった負の影響については十分に論じていないという問題がある（Burt 2001＝2006）．一方で，こうした閉鎖性に伴う負の効果を含めて概念化したのがフクヤマである．

　フクヤマは，社会関係資本を「二人もしくはより多くの個人の間での協力を促進する具体化されたインフォーマルな規範」と定義した（Fukuyama 2001：7）．規範は，「二人の友人の間の互酬性の規範から，手間をかけて精巧に統合されたキリスト教や儒教のような教義」にまで及び（Fukuyama 2001：7），その規範の結果として，信頼やネットワークが形成される．社会関係資本は，実際の人間によって具体化され，またその協力達成の方法に従って，正と負の外部性を生み出す．正と負のどちらの外部性を伴うかという点は，潜在的な協力の可能性の大きさを意味するとともに，協力の規範が効力を持つ人々同士のサークルに基づく信頼の範囲を決定する．集団の境界線を越えて，外部者を内部者と同じように扱う場合には協力の潜在的可能性や信頼の範囲が大きくなり正の外部性を伴うが，外部者を犠牲にしながら，差別的もしくは排他的に内部の協力を達成する場合には，潜在的な協力可能性も信頼の範囲も限定され，さらには負の外部性を生み出す．フクヤマは正の外部性を伴う社会関係資本の例としてプロテスタンティズムを，負の外部性を伴う例としてクー・クラックス・クラン（KKK）をあげる[4]．

　また，協力の規範すなわち社会関係資本の源泉としては次の3つの要素をあげる．第一に，経済学的な観点から繰り返しの交流，とくに囚人のジレンマ・ゲームの繰り返しやアダム・スミスのブルジョワの社会的美徳に言及し，長期では合理的経済個人にとっても協力が関心の対象となると述べる．第二に，経済合理性に全く基づかない場合でも協力する源泉として文化的システムをあげる．フクヤマは，マックス・ウェーバーに依拠しながらプロテスタンティズムの倫理的価値が血縁集団を越えて実践される側面に着目する．最後の源泉は，共有された歴史的な経験にみる．その例としてドイツと日本が共有する戦前の

労働争議の多さと，敗戦後の労使協調路線について触れた．しかし，いずれもインフォーマル領域に限定して論じており，国家および制度は消極的あるいは否定的に捉えられている．

2　ネットワークとそれに埋め込まれた資源としての社会関係資本
——ブルデュー——

　前節で述べた社会関係資本概念は，規範，信頼性やネットワークを社会関係資本そのものとし，なんらかの行動を促す社会構造的な資源として捉えていた．とくにフクヤマは，協力の文脈でどのような協力関係を引き出すかという行動の（潜在的）誘因，背景として社会関係資本を論じた．一方でブルデューやリン（2001 = 2010）は，このような見解とは異なる視点で社会関係資本を展開している．ここでは，前節で述べた社会関係資本概念の規範的側面との接合にむけて，とくにブルデューの文化資本，社会関係資本の概念について検討する．

　ブルデュー概念は，パットナムやコールマンに比べると，社会関係資本論において中心に位置付けられてきたわけではないが，パットナムには存在しない視点，とくに階層構造を前提として論じ，階層の再生産が議論の射程に含まれることから，ひとつの潮流をなしている（Svendsen et al. 2009；渡辺 2011）．ブルデューが展開した難解な諸概念とそれらの複雑な相互関係をここで包括的に議論することは困難であるため，前述のように文化資本と社会関係資本，およびそれらの相互関係を理解するためのいくつかの概念に絞って論じたい．

　ブルデュー（1997）の社会関係資本概念には，文化的な階層の再生産メカニズムを解き明かすという目的が背景にある．その定義は，「多少なりとも制度化された相互の認知関係と相互の承認関係からなる永続的なネットワークの保有に結びついた，実在もしくは潜在的な資源の集積」である（Bourdieu 1997：21）．そして，「所与の主体によって所有された社会関係資本の量は，当該主体が効率的に利用できる連結のネットワークの規模と，その当該主体がつながっている人々がそれぞれに自分の権限のもとに所有する資本（経済的，文化的，象徴的）の量に依存する」（Bourdieu 1997：21）．ここで少し触れたが，ブルデューの社会関係資本概念は，その他の資本形態および「場」と「ハビトゥス」という概念との関係の中に位置付いている．資本の形態から順を追って，確認する．[5]

　ブルデューによれば，資本はそれが機能し，問われている場での有効性に応じて，経済資本，文化資本，社会関係資本といった外観をとる．ブルデューは，

経済学者が非経済的交換として無視してきたものを，場という概念を導入することで，資本の投資・保持・獲得における「無私無欲・脱利害関心」の見せかけとして着目した (小原 1997)．しかし，文化資本や社会関係資本は，経済資本との変換可能性を有しており，経済資本に集約される[7]．社会関係資本は，社会的ネットワークもしくは社会関係とそこに埋め込まれた他の種類の資本も含めた資源となるが，文化資本と経済資本から完全に独立ではない (三隅 2013)．社会関係資本は，文化資本と経済資本を増殖また強化することで，階層の再生産に寄与する．

　ではまずここで，「場」「ハビトゥス」「文化資本」という概念について簡単に説明したい．

場（界）

　場とは，様々な力の場であり，人々が構造を変えるために戦う（闘争の）場である．諸々の場は部分的および相対的に自律しており，そこでの闘争は，ある特定の資本の形態をめぐって行われ，その場に適した資本をどれだけ有しているかが闘争の結果を左右する．例えば知の場であれば，威信や権威といった特定の資本を持つ必要がある (Haker et al. 1990 = 1993)．そして，それぞれの場の内部には，支配と被支配のような地位の構造が存在し，その構造内での位置は，どの種の資本をどれだけ保有するかに依存する．ブルデューは，場をよくゲームの空間に例えるが，制度や慣習行動が存在する理由としても，そういった行動がじつはよく考え抜かれたある形の利益を目指したものであるかもしれず，したがって投資とは，行動への傾性（気質）であって，なんらかの掛け金をかけようとするゲームの空間（＝場）と，このゲームに適した諸性向の体系（＝ハビトゥス）との間で生み出され，ゲーム，すなわち場に参加するということは，すでに暗黙的にそのゲームのルールに従うことを認め，さらにはゲームへの関心や熱中しようとする傾性と素質を同時に含意するゲームとその掛け金の感覚のことだと述べる (Bourdieu 1980 = 2006)．つまり，場への参加者は一定の根本的利害を共有し，ルールなどを受け入れ，再生産に貢献しているということである．このゲーム空間への喩えは，資本，場そして次に説明するハビトゥスの関係を直感的に説明しており，資本という概念が，場とハビトゥスという概念と直接的に結びついていることを示している．

ハビトゥス

　ハビトゥスについては，ハーカーら（1990＝1993）の説明をもとに概観したい．ハビトゥスとは，客観構造と個人史の局面を通じてつくりだされ再定式化されるディスポジシオンの集合であり，それは人々に内面化し，身体的なしぐさに暗に示されている．言い換えると，ハビトゥスは，個人のなかに精神的または身体的に蓄えられた歴史的諸関係の集合，つまり先立つ再生産サイクルの産物である．しかし，それらは個人のなかで時間を通して固定されるわけでも，世代間で固定されるわけでもない．例えば，子供は親と同じような見方で世界を理解するが，比較的に急速に変化する状況のなかで，物質的・社会的環境の客観的制約を受けるので，ハビトゥスは，各々持続性や反復を伴いつつ，物質的条件と妥協を試みる方向に変化する（Haker et al. 1990＝1993）．しかし，そういった客観的条件の知覚そのものは，ハビトゥスが世界に関する個人自身の知や理解の方法をも包含しているため，ハビトゥスに伴うバイアスを受ける．したがって，その妥協や調整は，一定の限界内に限られる．ハビトゥスは，行為を方向付けながら，きわめて何気ないふるまいのなかに誤って価値と呼ばれる場合もあるものを植えつけ，社会世界の構制や評価に対する基本的な原理を投入する．したがって，友情や恋愛またその他の人間関係の基盤となり，かつ様々な資本の増殖体としても働く．

文化資本

　文化的に価値づけられたものであり，①肉体化した状態，②客体化した状態，③制度化した状態という3つの形態に分けられる（Bourdieu 1997）．それらは繰り返し教え込む労働であって，非常に無意識的にその社会階層に依存している．

　第一の肉体化した状態というのは，例えば，美的感覚，上品さ，教養といったものがあげられ，またその移転と獲得は，経済資本に比べてずっとうまく隠され，例えば素晴らしい芸術として，時には寛容性や贈与として理解される．そして，第二の客体化した状態は，絵画や楽器などを，最後の制度化された状態は，学校教育や教育資格を意味する．文化資本は，基本的に世襲的，親譲りの移転によって支配されており，とくに客体化した文化資本と文化資本の獲得が行われるのに必要不可欠な時間は，家族が所有している文化資本，経済資本に依存している．

　ブルデューによれば，支配的な集団は，その文化資本やハビトゥスを教育制度という形で正当化し，既に文化資本を所有している人にとって都合よく構造化する．それは労働市場にも引き継がれ，人々は，労働市場でのペイオフを求めて支配階層の価値が内面化した教育制度の中で自身の価値を高め，結果的にはその構造を気づかないうちに再生産している（象徴的暴力[8]）．しかしその一方で，ブルデューは文化資本の制度化に伴うジレンマとして，制度化することで文化資本の世襲が困難となると述べる．ブルデュー理論において教育制度とは，無意識のうちに支配階層のハビトゥスを植え付け，不平等を再生産するという保守的な側面と同時に，その不平等を改変するダイナミックで革新的な側面をもつ（Haker et al. 1990＝1993）．

　以上の諸概念を踏まえたうえで，もう一度社会関係資本について考えたい．前述のように社会関係資本概念に限らず，資本概念は，場やハビトゥスという概念と直接的に結びついているとともに，資本の各形態も相互にからみあっている．そのほかの概念との関係を検討していくにあたって，まずはブルデューが社会関係資本に伴う社会関係やネットワークがどのように形成されると考えるのかという点から始める．

　ブルデューによればネットワークは，相互承認を制度化する「交換」を通して，お互いの同質性を再承認または再確認するという絶え間ない努力の産物である．「言い換えると，意識的にせよ無意識的にせよ短期もしくは長期で直接的に利用可能な社会関係を設立もしくは再生産することを目的」とした，個人および集団的投資戦略の産物である（Bourdieu 1997：22）．ここでの「利用可能性」というのは，本質的に資源の維持と獲得に対する利用可能性であると考えられる．人々，とくにある特定の場で資本や権力を独占している者は，保守の戦略に傾きがちであるため（Bourdieu 1980＝2006），資本や資源を維持，正当化するように行動し，限界が生じた時にのみ集団を修正して資源の拡張に至る交換を行う．したがって，ここでの論理に従えば，社会関係は相対的に閉鎖性を伴いやすいと考えられる．言い換えれば，ブルデューの社会関係資本概念もまた集団的閉鎖性を伴っている．

　さらにブルデュー概念では，単に交換を通した利益，利用可能性に基づき関係を構築するというだけではなく，そうした利用可能性の認識がハビトゥスおよび文化資本と結びつく．つまり，ブルデューが「無意識的に」と述べている

ように，社会関係資本は，行為を形成するハビトゥスおよび文化資本に，関係
を構築する際の行為の潜在的なものとして，制約を受けていると考えられる．
支配階層の文化が資本として経済資本との変換可能性を有しており，そうした
文化がハビトゥス形成に影響を与え，階層や集合の規範システムとも言い換え
られるハビトゥスもまた世代間で引き継がれることで，意識的か無意識的かに
関わらず場の保持という戦略では，社会関係資本概念において重要な関係の構
築が閉鎖的となる．

　ブルデューは，無意識的の説明に関して，支配階層は同質的な人間が集まる
クルーズやパーティといった場や，学校の厳選やクラブといった実践を通じて，
一見すると偶然に見えるような形で排他的に交換を管理するかもしれないと指
摘する．この論理の背景として，似た者同士が潜在的に結びつきやすい，同類
的相互行為を想定していると考えられる．リン（2001＝2010）は，社会的な相互
行為がライフスタイルや社会経済的特徴が似た個人間で行われるという同類性
の原理をさらに資源の種類と保有量の類似性にまで拡張して，同類的な相互行
為が起こりやすいと述べている．ブルデューはとくに，階層の再生産構造を暴
き出すことを目的としているので，関係を無意識のうちに閉鎖する潜在的要因
としてハビトゥスや文化資本を強調する．

　ブルデューは，偶発的な関係（隣人，仕事場，もはや血縁までも）の必要不可欠
かつ選択的な関係への転換において，（お返しの）義務は，主観的に感謝や尊敬
として感じられるか，制度的に権利として保障されることでつながりが維持さ
れると考えた．また，こういった社会関係を資本と呼ぶのは，例えばいわゆる
社交的な生活が，実はその関係を維持するために，単に金銭ではなく，無償の
ケアや配慮といった特殊な労働に関する時間や労力の支出が行われるとみるか
らである．スポーツでさえ，その選択には文化資本やハビトゥスが影響を与え
る一方で，無償の活動に属しながら社会関係資本の蓄積を可能にするものと考
えた（Bourdieu 1980＝2006）．

　以上の議論からわかるように，ブルデューの社会関係資本概念とそれに関わ
る諸概念についての一連の議論は，その他の社会関係資本論に比べより一層複
雑かつ難解であり，その概念的性格が異なるといえる．また，ブルデューの資
本概念には不明瞭な点が残されている．例えばブルデュー自身が述べているよ
うに，異なる資本形態の変換についての説明は不十分であり，未明な点が多い
（Bourdieu 1980＝2006）．しかし一方で，社会関係資本概念の発展に対して示唆に

富む議論を精緻に展開している.

　次節では, 上述した諸説を整理し, 本研究における概念を提示する. ブルデューの社会関係資本概念をそのままにフクヤマらの議論と結びつけることはできないが, 一見距離があるように見える両者の論説に接合点があることを述べ, 関係構築の閉鎖性問題に取り組む.

3　諸概念間の整理と概念的枠組みの導出

　表11-1 は, 各論者の主張をまとめたものであり, それをみると論者間で共有されている部分とそうでない部分が混在していることがわかる. 少なくとも社会関係資本の大枠として, 社会関係資本は関係に内在し, 関係を通して機能するといえる一方で, やはり, 規範や信頼を含むのか, それともネットワークとネットワークに埋め込まれた様々な資源としてみるのかという点は, 主要な概念的隔たりとして残されている. それら2つの見方に接合点はないのであろうか. その問いに対する答えは, フクヤマ概念の社会関係資本の源泉, とくに文化的システムという要素と, ブルデュー概念の文化資本およびハビトゥスの議論の対応関係から見出せる. 結論を先に述べると, 両者は行為の潜在的な誘引として関係の性質を方向づけるという点で共通しているが, 閉鎖性・開放性に関して異なる.

　ブルデュー概念において, 社会関係資本そのものは規範的側面を含まないが, フクヤマが提示した繰り返しの交流や文化システムのような協力関係を構築する行動を具体的に性質づける要素が, 文化資本およびハビトゥスとして社会関係資本の核である関係構築に大きな影響を与える. したがって, ブルデューの社会関係資本に関わる理論体系とフクヤマの社会関係資本概念には連関が見出せる. しかし, フクヤマが正と負の外部性によって, 集団の境界線を強固にするのではない, 開放的な関係構築を促進するものと, 強固に内に閉じた関係を生み出すものの2つを区別し, 開放性と閉鎖性の両方を論じる一方で, ブルデューは行為を方向づけるハビトゥスや文化資本が, ネットワークを閉鎖するように動機づける側面を強調した.

　だが一方でブルデューは, とくにハビトゥスについて, 歴史性を伴いながらもそれは単なる機械的な再生産ではなく, 外的条件の内面化を伴うと述べている. 「まさしくハビトゥスとは, 歴史的・社会的に状況づけられたハビトゥス生産の諸条件を限界として持つ生産物——思考, 知覚, 表現, 行為——を,

表11-1　パットナム・コールマン・フクヤマ・ブルデューによる社会関係資本

	要点もしくは定義	源泉もしくは条件	構成要素	類型
パットナム	調整された諸活動を活発にして社会の効率性を改善する	理念型としての市民共同体	・（市民参加の）ネットワーク ・（互酬性の）規範 ・信頼（性）	・結束型ネットワーク ・橋渡し型ネットワーク
コールマン	社会構造的資源，資本的資源となる（個人の利益となる）社会関係	ネットワークの閉鎖性	・恩義，期待，信頼性 ・情報チャネル ・規範（効果的な制裁）	なし
フクヤマ	協力の達成を可能にする規範	・繰り返しの交流 ・文化的システム ・歴史的経験の共有	・具体化された規範	・正の外部性 ・負の外部性
ブルデュー	交換を通して成立するネットワークの保有に結びついた資源の集積．意識的無意識的を問わない利用可能な関係設立に対する投資戦略．	・（お返しの）義務による持続 ・潜在的関係の方向づけとしてのハビトゥス，文化資本 ・主なルールは資源の維持・獲得による再生産	・ネットワーク ・ネットワークに結びつくあらゆるタイプの資本（資本条件：経済資本との転換可能性）	なし

出所：筆者作成.

（制御を受けながらも）全く自由に生み出す無限の能力なのだから，ハビトゥスが保証する自由，条件づけられ，かつ条件づきの自由は，初期条件づけの機械的な単なる再生産からも，予見できない新奇なものの創造からも，等しくかけ離れたものである」（Bourdieu 1980＝2001：87）．つまり，フクヤマのいう正の外部性を伴う規範を形成する可能性が残されている．

　したがって，ブルデューとフクヤマの議論には連関を見出せるが，フクヤマ概念は社会関係資本として閉鎖性の問題を解決するという点で有効である．社会関係は，ブルデューが説明したように，その関係を構築および維持するうえで特殊な労働が投じられ，主観的な感情や制度として現れる義務によって維持されるかもしれないし，社会関係が信用証明として直接的に経済資本を得る手段となるかもしれないが，それはわかりやすく見返りが期待できる対象に限定されるわけでもなく，またそういった信用証明の必要性を生じさせない場合もある．ハビトゥスは必ずしも閉鎖的関係を形成するわけではない．

　以上の議論をふまえて，本研究では社会関係資本概念の整理として，社会関

係資本を最終的に経済的な結果を変えることで利益をもたらす社会構造に内在する資源として捉えるが，それは交換や協力関係を構築する場合の行動を潜在的に方向付けるものとして考える．とくに，それが明示的に協力の仕方を指示するものでなくても，協力の達成や促進という文脈において重要だと考える．ただし，ハビトゥスが開かれた概念であるように，また文化資本が教育制度という社会化した形を通して一般化するように，実在の関係すなわちネットワークから反作用，修正の力を受けると考えるので，その形態は規範に限定されず，信頼，ネットワークを含む．

　そしてこうした関係構築あるいは協力達成の相違は，より大きな社会という視点でみると正もしくは負の外部性を伴い，経済活動に対してもポジティブあるいはネガティブな効果を与えることで経済的結果を変える．しかし，経済的結果との結びつき方は，歴史的，長期的な産業構造や技術変化といった客観的構造の変化に伴い，流動的に変動してきたと推測される．このような外部性の違いは，信頼の次元ではフクヤマが信頼の範囲としても現れると述べたように，その特性の違いとして現れると考え，本研究では，特定的信頼と一般的信頼という形で区別する．

　つまり，本研究ではブルデューのネットワークの保有に結びつく潜在的または実在的な資源という定義を直接的には採用しないが，ブルデューのハビトゥスや文化資本は，関係に着目することで，源泉としてどのような関係を生じさせるのかを決定するという側面のみ，社会関係資本概念に含まれると考える．そもそもブルデューは，あらゆる資本は経済資本に集約されるという経済資本との変換可能性の前提を置くので，その意味で資本たりうる文化，資本たりうる関係の条件は経済資本との変換可能性に依存する．ここで経済資本の獲得を経済的利益の獲得として考えたならば，協力達成の円滑さが経済的利益の獲得を左右し，それは関係を通して現実化するものであるなら，資本的資源となる関係すなわち社会関係資本として考えることができるだろう[9]．近年の経済構造すなわち経済資本の拡張において，関係の構築，より厳密には協力形成の方法の重要度が増してきたことから，資本の具体的な内容の歴史的変容として捉える余地がある．言い換えれば，むしろブルデューの資本概念のなかに，パットナムやフクヤマが指摘した協調行為に伴う社会の効率性を位置付けることができるといえる．

　さらに，ブルデュー概念によって心的傾向や行動を形作る潜在的なシステム

すなわち規範的な側面の形成に対する外的な条件として，フクヤマ概念では否定されていた制度の役割を社会関係資本論のなかで精緻化することができる．つまり，フォーマルな制度の内面化による社会関係資本の性質への作用と，社会関係資本の質的相違をふまえた制度の補完的役割である．ブルデューが学校教育で述べたように，例えば人々の生存および暮らしに関わる制度，すなわち福祉国家の制度設計は，文化的側面，家庭内でのハビトゥスや文化資本の形成，偶然的関係の設定など社会関係資本の性質決定に多面的に影響を与えるだろう[10]．加えて，こうした制度的補完という観点が，イノベーションに適する社会関係資本の性質の検討をふまえて導出される，公的機関の役割という第3章の議論へと繋がる．

　また，ネットワークがどのように構築されるかという問題をぬきにして，ネットワークの形態がもたらす結果が異なることを分析しているマーク・S・グラノヴェッターの弱い紐帯（Granovetter 1973＝2007）そしてロナルド・S・バート（Burt 2001＝2007）の構造的隙間の議論によれば，正の外部性と負の外部性のどちらがより良い経済的結果をもたらすかについてひとつの見方が導出される．フクヤマは，とくにグラノヴェッターの議論に着目し，負の外部性を伴う社会関係資本が強い社会では，グラノヴェッターが弱い紐帯と呼ぶものの欠如によって，新しい情報，技術，人的資本が不足し，経済発展を阻害すると述べた．

　バート（2001＝2007）は，個人が保有する社会関係資本[11]を論じているため視点は異なるが，ネットワーク内での自身の位置によってその有利さが異なることを明らかにした上で，集団においてもネットワーク内で有利な位置にある個人が多い場合は，情報の重複がない点で有利であると主張した．バート（2001＝2007）によれば，社会構造における集団と集団の間，すなわち構造的隙間をブリッジするようなつながりをもつ個人[12]は，ある集団の人と別の集団の人の間の情報の流れを仲介できる機会をもち，かつ隙間の両側に位置する人々を結び付けるプロジェクトを制御できるため有利になる．構造的隙間は，冗長ではない複数の情報源の間を分断する形で存在し，この複数の情報源は互いに重複していないので，それぞれに別の情報をもたらす可能性が高い．強く結合している者同士は，お互いに繰り返し同じような情報利益を提供していることになる．したがって，集団に拡張した場合も，外部に冗長でない接触相手をもつ異質な個人で構成されている方が新しい情報が集まりやすい．しかしバートの議論で

興味深い点は，単に異質な個人で構成されているだけではなく，その集団内ではコミュニケーションを密に行うことが可能な集団で最も業績が高まる，すなわち情報を円滑に利用できるという形で整理している点である．ここに，協力の円滑さに着目して社会関係資本を捉える視点の有効性が存在する．

　以上が本研究における社会関係資本概念の理解である．次章では，イノベーションや新しい知識の創造の文脈において，これまで社会関係資本がどのように用いられてきたかということ，そしてその問題点を明らかにした上で，イノベーションと社会関係資本の関係を検討する．

第2節　知識の結合と社会関係資本
——イノベーション創造の Key factors——

1　先行研究の整理

　はじめにでも述べたように，今日の経済発展や企業の生産性拡大を考えるうえで，イノベーションの重要性はますます高まりつつある．そしてその源泉は，知識やアイディアをもつ個人や組織が互いに協力し，潜在的なものも含めて既存の知識やアイディアを交換そして結合させることにある．それは単なる知識の交換だけではなく，知識を持った人や組織間の協力による創造を含んでいる．そういったイノベーション活動における交流や協力は，活動領域のみならず国境を横断しながら多次元的に行われている．つまり，フクヤマやバートが述べた異質な個人を包摂する重要性がイノベーションに関わる諸活動において増している．翻って考えると，例えば情報・ソフトウェア技術の発展に後押しされたオープン・イノベーションという新しい方向の出現は（Chesbrough 2006；斎藤 2007），客観的な諸条件の変化，言い換えれば技術変化や産業構造に伴う開放的関係あるいは空間の要請であると考えることができる．一方でそれは絶対的なものではなく，歴史的にみれば，閉鎖性を伴う企業組織がより適していた事態もあり，そういった蓄積を基礎にした新しい方向である．

　このようなイノベーション・プロセスにおける知識の移転と社会関係資本の関係を整理する枠組みを論じた主要研究のひとつにナハピエットとゴシャール（1998）がある．この研究は，今でもなお関連テーマを論じるにあたって多くの理論研究や実証研究で用いられている[13]．

　ナハピエットらは，社会関係資本が知識の創造と交換をいかに容易にするか

という点について，とくに組織に属する知識に焦点をあてながら，彼らが知的[14)]
資本（intellectual capital）と呼ぶものの交換と結合[15)]，そして知的資本の創造を理
解する強力な基盤を社会関係資本が与えると主張した．言い換えると，新しい
知識の創造は，結合と交換を通して行われるが，社会関係資本は諸関係の中に
存在し，結合と交換に作用することで知識の創造に対しても重要な役割を果た
すと考えている．以上のような知識の創造メカニズムに社会関係資本を組み込
んだ見方は，イノベーション・プロセスを分析する上で非常に重要である．

　その一方で，オープン・イノベーションのような今日における新たなイノ
ベーションの様式を分析するにあたり，理論的に不都合な点がある．それは，
社会関係資本から知的資本の交換と結合への影響経路の枠組みと，社会関係資
本と知的資本を形成するという組織の優位性の議論に一貫して，閉鎖的関係が
議論の根底にあるという点である．ナハピエットらは，社会関係資本を3つの
次元にわけて，各次元が知的資本の創造に必要な資源の交換と結合の条件に影
響を与える枠組みを提示した．図11-1は，その枠組みを簡略化したものであ
る．しかし，その各次元の諸要素と機能に関して，閉鎖性を導出する要素と開
放的な行動を生み出す要素とが混在しており，理論的な調整と整理が行われて
いない．知的資本の結合と交換の文脈では，社会関係資本の開放性の側面を評
価する一方で，組織の優位性については，基本的に閉鎖的関係の有用性につい
て論じている．

　ナハピエットら（1996 : 243）は，ブルデューおよびバートに依拠して社会関
係資本を，「個人や社会集団によって所有される関係のネットワークから生じ，
それを通して利用可能な実在そして潜在的な資源の合計」と定義した．そして，
そのほかの概念的理解はコールマンに拠る側面が強い．そして社会関係は，交
換を通じて形成されると考える．しかし前章で述べたように，バートはネット
ワークにおける位置の違いに伴う結果を説明しただけであることをふまえると，
関係形成の部分についてブルデューやコールマンに依拠すれば，概念の定義に
おいて社会関係資本の閉鎖性が導出されるはずである．

　例えばナハピエットは，社会関係資本の関係的次元において知識交換におけ
る開放的な規範を評価する一方で，コールマン（1990）の義務と期待の関係の
重要性も主張する．コールマン（1990）の議論は，閉鎖的ネットワークを条件
に制裁や監視に基づく信頼性があるところで期待と義務が生じ，相互依存関係
が持続するという論理なので，開放的な規範とは相容れない．さらに，信頼に

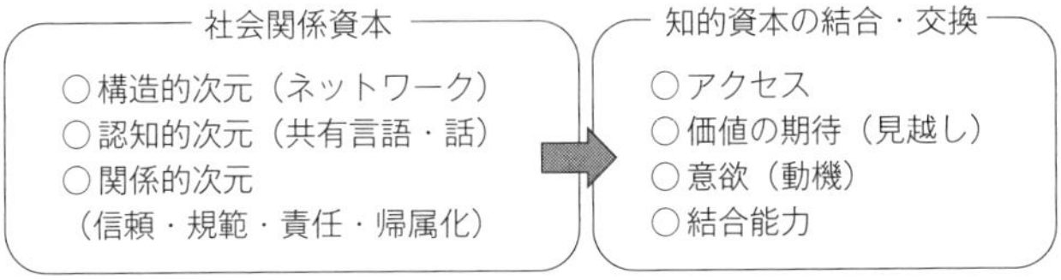

```
┌── 社会関係資本 ──┐        ┌── 知的資本の結合・交換 ──┐
│ ○ 構造的次元（ネットワーク）│    │ ○ アクセス          │
│ ○ 認知的次元（共有言語・話）│ ⇨  │ ○ 価値の期待（見越し）  │
│ ○ 関係的次元        │    │ ○ 意欲（動機）       │
│ （信頼・規範・責任・帰属化） │    │ ○ 結合能力         │
└──────────────┘        └──────────────────┘
```

図11-1　知的資本の創造における社会関係資本

出所：Nahapiet et al., (1996) の図1を筆者が簡略化したものであり，元の図で
は，社会関係資本の各次元から作用の矢印が多数ひかれている．

関しても，信頼が高いところでは，人々が一般的に社会的交換を積極的に行い，リスクをより負うようになると述べるが，ここでの信頼がある特定の関係を前提とした中での信頼の効果を述べているのか，それとも開放的な関係を構築する可能性を包含する信頼の議論をしているのかが不明である．

　このようなとくに信頼の議論に関する混乱は，山岸（1998）が社会関係資本論者は本来区別すべき信頼に関する観点を混同していると批判したように，信頼を信頼性の反映としてのみ捉えることによって生じる．山岸は，信頼（trust）と信頼性（trustworthiness）を区別する必要があり，社会関係資本論者が信頼性の反映として論じる信頼は，制裁といった社会的装置に依存した利害の共有に伴う利己的選択によって行われるために，それは信頼とは区別し，安心と呼ぶ必要があることを指摘した．つまり，コールマンが信頼として述べた議論は，山岸によれば安心であり，信頼に関して不完全な議論をしているといえる．そして，それはナハピエットらも同様である．

　こういった議論とは別に，構造的次元としてネットワーク構造の作用に関して，グラノヴェッターやバートについて触れているが，前述したように両者はともに結果のみを考察しているだけで，そういった関係性がなぜ，どのようにして構築されるかという点については論じていない．その点を依拠している他の論者に基づき掘り下げれば，本来的には，社会関係資本の各次元は単に並列的に存在するのではなく互いに説明し合う論理構造を持っているはずである．しかし，そのような側面は整理されていない．

　以上のような知的資本の創造に対する影響要素間の未整理によって，オープン・イノベーションへの適用が困難であることに加え，その知識のレベルが組織に限定されているという点をふまえて，オープン・イノベーションにおける個人間の知識交換に焦点をあてて検討しているのがドルフシュマら（Dolfsma et al. 2017）である．ドルフシュマら（2017）は，ネットワーク論が形成過程につ

いて論じていないことを指摘し、「行為問題（action problem）」として，組織を越えた個人間の知識移転がなぜ行われるのかという点を贈与交換によって説明した．彼らによれば，そもそも知識というのはその特徴によって，個人の追加的な役割となる傾向があり，組織を越えた形で保証もなしに交換されにくいにもかかわらず，インフォーマルな様式，すなわち贈与交換に伴い結合した個人間によって知識移転が行われる（Dolfsma et al. 2017）．

　知識の特徴には，次の4つがあると述べられている．第一に，その不確実性の高さである．例えば，新しい知識の創造のための投資の規模や期間は完全に予測できず，不確実である．第二に，知識の創出が累積的な過程だという点である．これは新しい知識の獲得は，累積的な既存の知識を資源とするが，それは暗黙的な次元を含み，コード化や解読（coding and recoding）の必要がある上，その暗黙知を理解する能力が必要とされる．第三に，知識は実践を共にする共同体において創出されるということである．共通の慣習に所属，従事し，信頼関係の構築や専門知識の共有を行うことで，個人同士の知識の素早い識別と連結を可能にする．最後に，知識は公共財である（Dolfsma et al. 2017）．

　確かに，こういった知識の特徴は考慮されなければならず，また贈与は短期というよりも長期を想定するため，ある時点で不均衡な状態が発生し，それに伴う義務によって関係が将来的に継続することを説明するかもしれない．しかし，贈与交換理論を用いても，インフォーマルな領域で個人が贈与を受け，それへの義務を果たす関係を想定し，その手段のひとつに知識提供を含めただけである．発端として贈与に至る動機は，利他主義，権力，利己心を含む混合した形と述べられているにすぎないので，贈与の対象が開放的なのか閉鎖的なのかという議論にまで言及されていない．また，社会的交換理論では，感情的に似ていると感じる人々，社会的境遇や資源の保有量が同じ個人間での交流が起こりやすいとも考えるので，たとえ贈与でも，同質的な者同士で起こりやすく，オープン・イノベーションという異質な個人を含めた交流や協力の関係を説明できない．したがって，先行研究における社会関係資本概念は，今日のイノベーション活動を分析するには不十分だといえる．

2　イノベーション・プロセスにおける社会関係資本の働き

　先行研究の不十分な点を改めて整理すると，次の3つを提示することができる．それは，第一に，今日のイノベーション・プロセスは，知識の交換から，

交換を含めた協力という観点で論じられる必要があるにもかかわらず，社会関係資本概念を知識の交換という文脈でのみ論じている点，第二に，イノベーション・プロセスにおける多次元的で異質な協力と知識の交換を可能にする開放的関係の論理が欠けているという点，第三に，開放性と閉鎖性を考慮しない場合，理論上は閉鎖性や同質的な個人間での関係が導出されやすいという点を十分に検討せずにインフォーマルという社会関係資本の特性を最適なものとして，オープン・イノベーションの文脈でも社会関係資本を過度に評価している点である．

　これらの問題を，第1節で導出した社会関係資本の概念的枠組みに照らして考えると，社会関係資本は協力を可能にする社会構造の資源であるため，協力関係を含めて検討することが可能となる．そのうえで，協力および知識の交換の範囲は，協力や交換の初期的な社会環境として，社会関係資本の規範的次元すなわち正もしくは負の外部性という観点から捉えることができる．正の外部性は開放性と，負の外部性は閉鎖性と対応し，行為者の選好として，イノベーションや知識に関わる協力や取引の際，異質な個人を含めて多様な他者と行おうとするか，それとも特定の人々や似たような人々とのみ行おうとするかを左右する．したがって，イノベーションと社会関係資本の関係性は，単に社会関係資本の存在を問うだけではなく，どのようなイノベーション・プロセスを想定するかによって，適する社会関係資本の性質が異なるといえる．

　オープン・イノベーションのような多様な協力に伴う知識およびアイディアの交換・結合を促進する社会関係資本を考える場合，その社会に属する行為者が開放的に異質な他者と関わる選好を持つ，正の外部性を伴う社会関係資本が親和的だと考えられる．例えば，シュルツら（Schulz and Baumgartner 2013）が1996年から2006年において，スイスの254の自治体における新しい企業の設立に対するタイプの違うボランティア組織の影響を分析した結果，これらの組織の数と起業との一般的な肯定的関係の存在とともに結束型の組織，例えば内向きな問題解決に終始する組織はその効果を持たなかったことを発見した．そのことからも，社会関係資本の質的相違を考慮する必要性が示される．

　一方で，社会的初期条件として社会関係資本の質的相違を考慮することで，イノベーションの創造に至る知識や技術の交換を伴う協力の容易さを分析することはできるものの，容易さそのものを，イノベーションの実現へと直接的に置き換えることはできない．つまり，社会関係資本はある種の潜在的可能性を

捉えている一方で，その顕在化と同一ではないということである．

　例えば，知識の創造における不確実性や，個人の能力として暗黙知を共有し理解する知識の吸収能力が必要となるといった知識の諸特性は無視できない[16)]．開放的関係の方が最適な相手や新しい異質な情報や技術と出会う可能性は高まるが，すべてのイノベーションの主体が常にそうした吸収能力を同じ水準でもっているとはいえず，むしろ異なる吸収能力を持っていることに価値がある．あるいはイノベーションの具体的なイメージをもたず協力相手を探しているといった場合，両者の引き合わせや出会いの場の設定，ニーズの汲み取りと具体化を補助する仕組みがあれば，正の外部性を伴う社会関係資本によって高まるイノベーションの潜在的能力の顕在化を加速させることができるだろう．つまり，イノベーションの文脈でも社会関係資本を補完する制度が重要だといえる．

　とくに企業のような組織は，利益計算から完全に開放されることはないため，イノベーション活動を行う空間が正の外部性を伴う社会関係資本に特徴付けられていたとしても，やはり協力や知識交換に関わる関係構築では，マッチングのコストやリスクヘッジを無視できない．なおさら負の外部性を伴うような限定された範囲で関係構築を行う場合は，そもそも異質な個人との協力が困難であるとともに，関係の拡張は利益と損失の計算，とくに少なくとも損をしないという計算に強く影響されると考えられる．

　したがって，社会関係資本というインフォーマルな領域だけでは即座に解消できない側面が残されているといえる．そういった社会関係資本の限界は，次のような制度的環境の整備を通して，社会関係資本の働きを補完することで解決され，潜在的可能性を最大限活用することができる．つまり，イノベーションを加速させることができると考えられる．すなわち，外部組織，とくに公的機関による起業家，企業，研究者，大学研究機関の間のマッチングや調整による取引費用の削減とリスクヘッジによる損失の最小化である[17)]．制度が整備されることで，不確実性の高い状況で機能する，個人および組織間の制度的信頼（Györffy 2013）を形成することができる．日常生活における関わりや贈与の関係をチャネルとした知識移転を否定するわけではないが，支援制度の充実は外国人や多国籍企業といった参入が容易でないものも含めて，イノベーション活動に意欲を持った人々が広範囲で最適な協力と交換関係を取り結ぶ可能性を最大化できると考える．

第3節　社会関係資本論から導出される公的機関の役割

本章では，最後にイノベーションの創造において社会関係資本を補完する制度と公的機関の役割について考察する．

1　制度的環境
――イノベーション・システムの視点――

前節の最後に述べた社会関係資本の働きを補完するような制度的環境の整備に関しては，これまで埋め込み（embeddedness）や比較制度優位（comparative institutional advantage）といった概念との関連でも論じられてきた．マーティン・ハイデンライヒ（Heidenreich 2012）は，外部のコンピテンスに頼りながらイノベーションのプロセスを結合させるという多国籍企業の機能に着目し，その多国籍企業が公的にサポートされたハイテククラスターや大学研究施設の使用が可能で，規制機関などがある場所にまとまっていることを指摘した．そして，ポランニーやグラノヴェッターの概念に基づいて，国の制度そして地域のネットワークおよび制度という次元を提示し，それらへの埋め込みを通じて多国籍企業が知識や資源を円滑に獲得することを述べた．さらにピーター・ホール（Hall 2001＝2007）は，埋め込み概念とは異なり，比較優位という概念を基礎に，なぜある国が特殊なタイプの生産や製品に特化する傾向があるのかを説明する理論として，比較制度優位（comparative institutional advantage）という概念を提示した．その基本的な考えは，ある特定のフォーマルとインフォーマルを含む制度的構造が，そこで特殊なタイプの活動に従事する上での優位性を企業に与えるというものである．企業は，その社会で制度的サポートを受けるので，いくつかのタイプの活動を他の活動よりも効率的に達成することができるようになる．しかし，こういった特定の活動に関わる諸制度は，各国の間に均等に分布してはいない（Hall et al. 2001＝2007）．

したがって社会関係資本と埋め込みや比較制度優位の概念は，イノベーションの文脈において，概念的に非常に近接していることがわかる．しかしその違いは，やはりフォーマルな制度や公的機関の役割をどのように位置付けているかという点である．基本的に社会関係資本概念はインフォーマルな領域のものとして研究の蓄積があるが，フォーマルな制度との関係は，埋め込みや比較制

度優位の議論から示唆を得ることができる．比較制度優位という観点からみれば，法制度，労働市場政策，公教育，大学という研究拠点の分散といったより広範な国内の制度の整備が必要であり，かつ埋め込み概念からは，外部からの行為者，とくに国際的な結合という視点で，国や地域に埋め込まれるためには具体的な支援制度が必要であることがわかる．

　国および地域の制度は，協力や知識の相互交換そして信頼を促し安定させるとともに，とくに地域経済は潜在的に知識の交換を担う地域ネットワークに支えられている（Heidenrich 2013）．つまり，地域という場所では，インフォーマルなネットワークに潜在的で体系化されていない知識が埋め込まれているという点をふまえると，より一層社会関係資本と支援制度との連携が重要になる．外部者の包摂は，国と国というレベルだけではなく，国際空間から地域空間へというレベルが考えられ，地域ネットワークの場合は，とくにネットワーク外の主体にとって，埋め込まれた資源の恩恵を協力によって得ることは難しい．そのような場合，具体的な支援の主体は，サービスを販売するコンサルタント会社，NPO 法人，ボランティア団体，そして公的機関といった形で多岐に渡るといえる．しかし，取引費用を含めコストの観点からみれば，やはり無料で利用できるサービス供給主体が重要だと考えられ，とくに資金力の乏しい地元の小規模な企業や個人起業家にとっては，公的機関による支援が重要であるだろう．また，NPO 法人やボランティア団体が活発に活動するためにもそうした組織への経済的な支援制度が必要だといえる．

　このような多国籍企業と地元企業や研究機関との協力は，まさにオープン・イノベーションの潮流に乗る，双方にとって必要不可欠なイノベーションのプロセスだといえる一方で，協力関係を実現するにはコストやリスクを伴う．だからこそ補完的制度の必要性が増す．次節では，最後にその具体例としてスウェーデンにおける実際の取組みを参照し[18]，社会関係資本を補完する制度的インフラの方向性について仮説的検討を試みる．

2　スウェーデンにおける取組み

　1990年代以降スウェーデンでは，世界的なグローバル化と EU 加盟に伴い各地域条件に見合った成長が可能となるよう統治システムが再編された（槌田 2013）．その結果，地域経済が直接グローバル空間と結びつき多様化してきた（Peterson 2011）．そのような地域経済のグローバル化は，1970年代以降の輸入

自由化に伴う産業淘汰と構造変化によって，知識基盤型経済の推進という形で現れたが，そのプロセスのコアに，地域的文脈の中に位置付く産業・政府・学界という多部門間にさらに多国籍企業を組み込んだ地域開放型イノベーション・システムの構築が置かれたといえる（Frykfors et al. 2010；槌田 2013）．したがって，上述のような制度的環境の整備に積極的に取り組んできた国のひとつであり，[19] 例えば現在では，European innovation scoreboard という各国のイノベーション環境・能力・成果を統合的に計測した指標の2018年度最新版において，ヨーロッパで最も高い順位を獲得している．

　しかしここで注意したいのは，スウェーデンのイノベーションが決して政府主導型ではないということである．スウェーデンにおいてイノベーションに対する国の干渉は小さく，産業界と共同で研究施設の設立などの支援を行っている．本研究でも主張してきたようにまさに補完的位置付けが戦略的にされており，それは協働のバランスを考える上でも示唆を与えてくれる．近年ではとくに，産業界と密な協働を推進することで，社会的課題主導のイノベーションに力を入れている．[20] そうした経緯を経た上で，現在行われているスウェーデンの公的機関のサポートについて紹介する．

　ひとつ目は，Invest Stockholm というストックホルム地域での投資誘致と進出企業サポートを担当する公的機関についてである．まずストックホルム地域は，ICT 産業が非常に強い．ICT 部門は，将来的な地域発展戦略でも基幹産業として位置づけられているが，ICT 産業をコアにしつつも，いくつかのキー産業を定めており，各部門に専門家を配置している．一般的に，必要な土地や場所の選定サポートや提供，各産業や企業の慣習について伝え，外国企業のニーズを分析し，そのニーズに適した地元企業とつなげるといった支援を行っている．時には，ストックホルムへの定着を早めるために，インフラの整備や職業訓練（job-training）などを行って投資企業の環境整備をすることもあり，誘致の際には本部（headquarters）を配置してもらえるよう力を入れている．しかし，国の法律で公的機関によるサポートは一定の範囲内のみと定められているので，過度な干渉は規制される．興味深いのは，各部門を担当する専門家が，担当している産業について地元企業や研究者とのネットワークを構築しているだけでなく，将来性があると考えるスタートアップ企業などのリストを持っており，そういった投資の受け入れが可能でイノベーティブな地元中小企業を直接的に外国企業に売りこむ点である．

　2つ目は，Invest in Skåne という南スウェーデンのスコーネ地域で上記と同じ役割をもつ機関である．しかし，この地域はストックホルムと全く異なる地域的特徴を持っている．それは，デンマークの主要都市であるコペンハーゲンとの地理的近接性である．スコーネ地域でも，とくにマルメコミューンやルンドコミューンは，経済圏および生活圏をデンマークと共有している．このような地域的まとまり[21)]は，当然ながら産業でも見られる．この地域を特徴付ける産業のひとつはライフサイエンス部門であり，メディコンバレー（Medicon Valley）と呼ばれるデンマークとスウェーデンの国境にまたがるライフサイエンスクラスターがある．したがって，Invest in Skåne の担当者も Copenhagen capacity と言われるデンマーク側の機関と共同で様々な取組みを行っているという特徴をもつ．本研究で詳細に述べることはできないが，当然ながら国境を越えた地域的まとまりの進展には，利点もあれば複雑な諸問題も存在している．

　ライフサイエンス部門における投資誘致は，デンマークが有名な大企業を持つという強みがあるのに対して，スコーネ地域は，多くの中小企業やスタートアップ企業が集積していることを生かして行われている．スコーネおよびスウェーデン側でもアストラゼネカという大企業が以前はあったが，2008年にスウェーデンから撤退したことにより，大量の失業者が出た．そして，失業した研究者や労働者たちは，デンマーク側の大企業に吸収されるとともに，起業した人たちも多かった．現在ルンドコミューンには，Ideon Park というメディコン都市（Medicon city）がアストラゼネカのオフィス跡地に残された施設などを生かして形成され，約120企業が集積し，ルンド大学も関連学部を移転して[22)]いる．そのような背景もあって，地元のスタートアップ企業・中小企業と海外大企業との新薬開発に関わるパートナーシップタイプの投資誘致に力を入れている．

　図11-2 は，2011年以降にイノベーションが行われた自社製品やサービスのマーケティング，販売，広報に関して公的機関組織と協力を行ったかどうかを企業に調査した結果である．その結果をみると，フィンランド，リトアニア，ラトビア，エストニアに続いて，スウェーデンが比較的高い位置にあることがわかる．

　もちろんこういった地域の公的機関は，決して独立にすべての業務を行っているわけではなく，産業界や大学を中心とした推進力を持つ組織や国の機関と密な連携を行っている．上述したように，産業界や大学はとくにイノベーショ

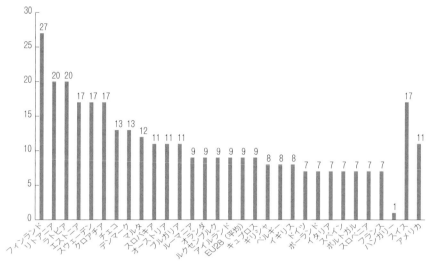

図11-2　2011年以降にイノベーションが行われた自社製品やサービスのマーケティング，販売，広報に関して公的機関組織と協業を行ったかどうか"Yes"の回答率（%）

注：全体は，2011年以降にイノベーティブな財やサービスを導入した企業数（n＝6 042，導入していない企業も含めた総数の54%）．

出所：European Union（2014）"The role of public support in the commercialisation of innovations final report".

ンの核であるため連携が非常に重要であり，[23]スコーネ地域のライフサイエンス部門であればメディコンバレーアライアンス（Medicon Valley Alliance）という推進力とリーダーシップをもったNPO法人との密な協力関係がある．メディコンバレーアライアンスは，コペンハーゲン大学とルンド大学のイニシアチブによって，2000年に完成したマルメとコペンハーゲンを結ぶØresund橋の建設をきっかけに発足した組織である．ライフサイエンスクラスターの発展とイノベーションの創造が，人と人との出会い，すなわち最適なマッチングによって潜在的な可能性が拡大し実現するという考えのもと，アカデミックな協力だけではなく，産業界や病院も含めた当該地域の多様な協力を促進し，人々の出会いの場所を提供するような組織が必要であると考えたことで組織された．現在は，4つの大学（ルンド大学，コペンハーゲン大学，デンマーク工科大学，マルメ大学），地域の病院そして企業（Novo Nordisk, Lundbeck, Leo Pharma）を中心に，クラスターの発展という目的のもと，多くのメンバーを抱えるネットワーク組織として様々な支援を会費制で提供している．会費はNPO法人の人件費と運営費に

使われている.

　また国の機関の場合は，スウェーデンでのビジネスや投資を支援する，Business Sweden という外務省所属の国の機関と分業・協働しながら，グローバルとローカルの連結を行っている．国の機関ではなく，地域の公的機関の重要性は，地域の状況を把握し，地元企業，とくに中小企業やスタートアップ企業の支援を円滑に行うことができる点にある．だからこそ効果的なグローバルとローカルの結合を達成できるのである．例えばルンド大学所属の国立研究機関 MAXIV も公的機関に期待することとして，国内外を問わない新たな研究施設の利用者とのマッチングを述べ，とくに地理的な条件からコペンハーゲンの研究コミュニティとの橋渡しをあげていた.

　以上のような形での制度的インフラの形成は，取引費用やリスクの引き下げといった形で，社会関係資本の働きを補完するだろう.

おわりに

　本章では，オープン・イノベーションという新たな方向性がみられるイノベーション・プロセスに対して，その重要性が増しつつある社会関係資本について考察した．多義的な社会関係資本の概念を整理し，展開しながら概念的枠組みを導出した上で，イノベーションとの関係を分析し，さらに社会関係資本の観点から補完的な機能を果たす制度や公的機関のあり方について提示した.

　今日において，イノベーション・プロセスは，活動領域や国境を横断し，組織の内外を問わない多様な存在を包摂した異質な協力関係を伴っており，協力を通じた知識やアイディアの交換・創造が必要不可欠となった．このようなイノベーション・プロセスに資する社会関係資本を分析する上で，先行研究では，社会関係資本概念の整理が不十分であった．社会関係資本は多義的であるために，社会関係資本の捉え方そのものが論者によって異なるという問題を持つだけではなく，論者によっては社会関係資本の概念に，育成の条件や関係の構築の性向として閉鎖的な性格を持つとみる場合がある．そのため，社会関係資本の概念をどのように理解するかによって，イノベーション・プロセスにおける社会関係資本の効果が異なるだけではなく，オープン・イノベーションの分析にはそもそも適用できない場合がある．そこで本研究では，多様な社会関係資本の概念を整理した上で，社会関係資本とは，協力を生み出す規範，信頼，

ネットワークであり，それは協力の達成を通じて，最終的に経済的な結果を変えて利益をもたらす社会構造に内在する資源であると定義した．その上で，協力の範囲は，閉鎖的な関係に限定されず，異質な外部者も含めた開放的な協力関係をもたらす社会関係資本も存在するという議論をふまえて，質的相違という観点を導入した．社会関係資本の質的相違に言及することで，イノベーション・プロセスが変容し，そのあり方が変わる中で，同じように適する社会関係資本も異なるということを提示し，オープン・イノベーションの場合は，正の外部性を伴う社会関係資本が適することを明らかにした．

　さらに，制度との関係においては，社会関係資本はイノベーションの潜在的可能性を意味しているため，イノベーションの顕在化という段階においては，補完的な制度や公的機関の役割が重要となる．例えば，最適な相手とのマッチングや調整，リスクヘッジという形で制度的な環境を整備する必要があり，具体例としてスウェーデンでの取り組みを参照した．

　しかし，ここで概念的に整理した諸効果については実証分析による検証が必要であるといえる．正の外部性を伴う社会関係資本のイノベーションに対する影響，補完的制度の効果，さらにスウェーデンの事例を検討するなかで示された地域経済の分析は今後に残された課題である．

　　［追記］本研究は，JSPS 科研費 JP16J06689の助成を受けたものである．加えて本
　　　　　　稿は，立命館経済学第67巻第4号に投稿した原稿に必要箇所のみ適宜，加
　　　　　　筆と修正を行ったものである．

注
1）今回は，欧米および国内の近年の先行研究で社会関係資本の定義として用いられている論者たちに着目した．
2）社会関係資本の多様な議論を区別するその他の視点については，例えば稲葉（2016）や三隅（2013）が包括的に論じている．
3）イタリアの南北地域間格差を論じた「哲学する民主主義」で市民共同体という理念型を提示している（Putnam 1993＝2001）．しかし，この市民共同体と社会関係資本概念との間で，共同体の美化に伴う類型的視点の欠如によって概念的矛盾を引き起こしている．社会関係資本概念における共同体の美化と負の外部効果の見落としについては，北井（2017）を参照してほしい．
4）注5と同様，正と負の外部性議論の詳細は，北井（2017）を参照してほしい．
5）英語で filed，フランス語で champ という言葉で表され，日本語訳では界という言葉

で本概念を説明する場合もある．

6 ）社会的交換は，経済的交換と次の点で区別される．第一に，交換から期待される利益
に，経済財だけではなく，他者との精神的・情緒的交流から得られる満足のような内
的報酬を含む．第二に，返礼の義務は，貨幣の支払いのように特定化されない（三隅
2013）．

7 ）厳密には，ブルデュー（1997）の始まりでは，文化資本や社会関係資本が"converti-
ble into economic capital（Bourdieu 1997：47）"という形で表現されている一方で，
同論文最終節の"conversion"では，文化資本や社会関係資本は，"derived from eco-
nomic capital（Bourdieu 1997：53）"，すなわち経済資本から生じると述べられてい
る．ここから諸資本の関係における経済資本の重要性と資本間転換の構造の軸として
の経済資本をみることができる．

8 ）リン（2001＝2010）は，教育制度を通じた支配的文化の制度化に伴う再生産構造を，
資本家と労働者階級のマルクスの理論的立場と一致しているとみる．しかしその一方
で，ブルデューの場合は，経済的資本の蓄積と文化資本の蓄積のあいだに不一致が存
在することで，労働者にも，文化的ハビトゥスの活用，例えば人的資本の獲得を通じ
て支配的な階級への足がかりを構築する道が開かれているとみる．

9 ）それは，一方で現代における資本たりうる文化の再考，すなわち支配階層の文化のみ
が文化資本となるのかという問いを導く．

10）例えば，階層や民族といった出自に関係なくすべての子どもたちが公立学校に通う場
合，階層や宗教を越えた人々と知り合う機会が開かれ，ネットワークの構築に影響す
るだろう．

11）社会関係資本を個人が保有する仲介者になる機会（brokerage opportunity）の機能
と捉える．

12）さらにバート（2001＝2007）は，構造的隙間をブリッジする個人が制御によって漁夫
の利を得て，人々の間のつながりを仲介することで付加価値を生み出す「起業家」で
あり，したがって，起業の機会となる構造的隙間をたくさん含んだネットワークこそ
が起業家的ネットワークだと述べる．そして，すなわち起業家とは，構造的隙間に個
人間ブリッジを架けることに長けた人々であると主張する．

13）例えば，Kaasa（2009），Camps et al.（2014），Filieri et al.（2014），Westlund（2014）な
ど．

14）ナハピエットら（1996）は，知識のタイプと帰属から導出される 4 類型として，個人
的形式知，個人的暗黙知，社会的形式知，社会的暗黙知を提示し，そのうち後者 2 つ
に焦点をあてている．

15）知的資本（intellectual capital）とは，物的および人的資本とは別に，企業の生産的
そして経済的な活動を促進する核となる資源である．ナハピエットらは，マーシャル
（1965）やアロー（1974）を援用し，知識は最も強力な生産のエンジンであり，組織
が知識を育てると述べ，「知識と，組織や知的コミュニティもしくは実務的知識
（professional practice）のような社会的集合体の知る能力」として言及した（Naha-
piet et al. 1996）．

16）Cohen and Levinthal（1990）は，新しい外部の情報の価値を認識する能力を吸収能
力（absorptive capacity）と呼んだ．

17）制度的環境は，より広い視点でみれば経済格差や教育を通して人的資本形成の機会を平等化する福祉国家も含まれるといえる．さらに，研究にはリスクが伴うため，より良い社会的補助システムは研究を行う個人の助けになる．したがって高い税でさえも，リスク・テイキングに資する可能性があり，その点で政府は損失と利益を共有するという意味の匿名のパートナーとして論じることもできる（Stiglitz et al. 2015＝2017）．さらに当然ながら，福祉国家制度は社会関係資本にも作用する（Rothestein 2008；2009）．オストロムら（2009）は，社会関係資本の構成要素のなかにインフォーマルそしてフォーマルな制度を含めて，制度・信頼性・ネットワークが信頼を生み出し，その結果，協調行動が形成されると論じていることから，社会関係資本の構成要素に含むかどうかは別にして，フォーマルな制度的環境の重要性は高い．

18）スティグリッツら（2015＝2017；199）は，イノベーションの促進という意味でも「北欧モデルは，まさしくリーダー国に期待する種類の政策からなっている」という．

19）the Ministry of Enterprise and Innovation による "The Swedish innovation strategy" 資料を参照（2012年10月公表，2015年5月更新：https://www.government.se/information-material/2012/10/the-swedish-innovation-strategy/）．

20）国家の干渉についての記述は，筆者が2018年3月に行った VINNOVA へのインタビュー内容に基づいている．また，本文で以下に続く各機関のサポート例についての説明および内容も，筆者が2018年3月に現地にて行ったヒアリング調査に基づいている．

21）近年はとくに Greater Copenhagen というデンマーク側の地域戦略にスコーネを含むことで，さらなる地域的まとまりをデンマーク側が推進している．

22）ノーベル賞受賞者などを輩出しており，自然科学が強く，とくにスコーネ地域の産業クラスターの発展や研究開発を牽引してきた大学のひとつである．

23）Euro commission の "The Role of Public Support In The Commercialisation Of Innovations Report（2014）" によると，2011年以降イノベーションを行った企業に対する調査でスウェーデン，フィンランド，デンマークといった北欧諸国では，大学との協力がイノベーションの創造に貢献したという回答が特徴的であった．

引用文献

Bourdieu, Pierre（1986）"The Forms of Capital", in J. G. Richardson（ed.）, *Handbook of Theory and Research for the Sociology of Education*, Greenwood Press, 241-258.

Bourdieu, Pierre（1980）*Questions de sociologie*, Editions de Minuit（ピエール・ブルデュー（2006）『社会学の社会学』田原音和訳，藤原書店）．

Bourdieu, Pierre（1980）*Les Sens Pratique*, Les Editions de Minuit, Paris（ピエール・ブルデュー（2001）『実践感覚』今村仁・港道隆訳，みすず書房）．

Burt, Ronald S.（2001）"Structural holes versus network closure as social capital," in Nan Lin, Karen Cook & Ronald Burt（ed）, *Social capital: theory and research*, Aldine de gruyter, 31-56（ロナルド・バート（2007）「社会関係資本をもたらすのは構造的隙間かネットワーク閉鎖性か」，『リーディングスネットワーク論：家族・コミュニティ・社会関係資本』野沢慎司編・金光淳訳，勁草書房，243-281）．

Camps, Susanna and Marques, Pilar（2014）"Exploring how social capital facilitates innovation: the role of innovation enablers," Technological & social change, 88, 325-348.

Chesbrough, Henry（2006）Open innovation: researching a new paradigm, Oxford university press（ヘンリ・チェスブロウ（2015）『オープン・イノベーション――組織を越えたネットワークが成長を加速する――』長尾高弘訳，英治出版株式会社）.

Cooke, Philip（2012）"MNCs, clusters and varieties of innovative impulse," *Innovation and institutional embeddedness of multinational companies*, New horizons in international business, 105-138.

Coleman, James S.（1988）"Social capital in the creation of human capital," American journal of sociology, 94, S95-S120（ジェームズ・コールマン（2006）「人的資本の形成に関する社会関係資本」『リーディングスネットワーク論：家族・コミュニティ・社会関係資本』野沢慎司編・金光淳訳，勁草書房，205-238）.

Dolfsma, Wilfred and Rene van der Ejik（2017）"Behavioral foundation for open innovation: Knowledge gifts and social networks," Innovation: organization & management, 19（2）, 287-306.

Dunning, John H（1998）"Location and the multinational enterprise: a neglected factor?," Journal of international business studies, 29（1）, 45-66.

Frykfors Carl-Otto and Håkan Jönsson（2010）"Reframing the multilevel triple helix in a regional innovation system: a case of systemic foresight and regimes in renewal of Skåne's food industry," Technology analysis & strategic management, 22（7）, 819-829.

Fukuyama, Francis（2001）"Social capital, civil society and development" Third world quarterly, 22（1）, 7 -20.

Győrffy, Dóra（2013）*Institutional trust and economic policy: lessons from the history of the Euro*, Budapest: Central European University Press.

Granovetter, Mark S.（1973）"The strength of weak ties," American jounal of Sociology, 78:1360-1380（マーク・S・グラノヴェッター（2007）「弱い紐帯の強さ」，『リーディングスネットワーク論：家族・コミュニティ・社会関係資本』野沢慎司編・金光淳訳，勁草書房，123-154）.

Hall, Peter A. and Soskice, David（2001）"An Introduction to varieties of capitalism," in Hall, Peter A. and David Soskice（ed）, *Varieties of capitalism: the institutional foundations of comparative advantage*, Oxford university press, 1 -70（ピーター・A・ホールほか（2007）「資本主義の多様性・序説」『資本主義の多様性：比較優位の制度的基礎』遠山弘徳ら訳，ナカニシヤ出版）.

Harker, Richard, Mahar, Cheleen and Wilkes, Chris（1990）An introduction to the work of Pierre Bourdieu: the practice of theory, The Macmillan press（ハーカー他，（1993）『ブルデュー入門――理論のプラチック――』滝本住人・柳和樹訳，昭和堂）.

Heidenreich, Martin（2012）"Introduction: the debate on corporate embeddedness," *Innovation and institutional embeddedness of multinational companies*, New horizons in international business, 1 -26.

Kiryushin, Peter, Mulloth, Bala and Iakovleva, Tatiana（2013）"Developing cross-boader regional innovation systems with clean technology entrepreneurship: the case of

Øresund," Innovation and regional development, 5 （2）, 179-195.

Landry, Réjean, Amara, Nabli and Lamari, Moktar（2002）"Dose social capital determine innovation? To what extent?," Technological forecasting & social change, 69, 681-701.

Laursen, Keld, Masciarelli, Francesca and Prencipe, Andrea（2012）"Regions matter: how localized social capital affects innovation and external knowledge acquisition," Organization Science, 23（1）, 177-193.

Lin, Nan（2001）*Social capital a theory of social structure and action*, Cambridge University Press（ナン・リン（2010）『ソーシャル・キャピタル――社会構造と行為の理論――』筒井淳也・石田光規・桜井政成・三輪哲・土岐智賀子訳, ミネルヴァ書房）.

Markusen, Ann（1996）"Sticky places in slippery space: a typology of industrial districts," Economic geography, 72（3）, 293-313.

Nahapiet, Janine and Ghoshal, Sumantra（1998）"Social capital, intellectual capital, and the organizational advantage," Academy of management review, 23（2）, 242-266.

Ostrom, Elinor and Ahn, Toh-Kyeong（2009）"The meaning of social capital and its link to collective action," in Gert Tinggaard Svendsen and Gert Lind Haase Svendsen（ed.）, *Handbook of social capital: the troika of sociology, political science and economics*, Edward Elgar Publishing, 17-35.

Portes, Alejandro（1998）"Social capital: its origins and applications in modern sociology," Annual review of sociology, 24, 1 -24.

Putnam, Robert. D.（2001）*Bowling alone: The collapse and revival of American community*, Simon and Schuster（ロバート・D・パットナム（2006）『孤独なボウリング――米国コミュニティの崩壊と再生――』柴内康文訳, 柏書房）.

Putnam, Robert. D., Leonardi, Robert and Nanetti, Raffaella Y.（1994）*Making democracy work: Civic traditions in modern Italy*, Princeton university press（ロバート・D・パットナム（2001）『哲学する民主主義――伝統と改革の市民構造――』河田潤一訳, NTT 出版株式会社）.

Rothstein, Bo（2008）"The state and social capital: an institutional theory of generalized trust," Comparative politics, 40（4）, 441-459.

Rothstein, Bo（2009）"The universal welfare state," in Gert Tinggaard Svendsen and Gert Lind Haase Svendsen（ed.）, *Handbook of social capital: the troika of sociology, political science and economics*, Edward Elgar Publishing, 197-211.

Sassen, Saskia（1991）*Global city*, Princeton, NJ: Princeton university Press.

Schulz, Tobias, and Baumgarther, Daniel（2013）"Volunteer organizations: odds or obstacle for small business formation in rural areas? evidence from Swiss municipalities," *Regional Studies*, 47（4）, 597-612.

Stiglitz, Joseph E. and Greenwald, Bruce C.（2015）*Creating a learning society: a new approach to growth, development and social progress*, Columbia university press（ジョセフ・E・スティグリッツ, ブルース・C・グリーンワォルド（2017）『スティグリッツのラーニング・ソサイエティ――生産性を上昇させる社会――』藪下史郎・岩本千晴訳, 東洋経済新聞社）.

Subramaniam, Mohan and Youndt, Mark A.（2005）"The influence of intellectual capital on the types of innovative capabilities," Academy of Management Journal, 48（3）, 450-463.

稲葉陽二・吉野諒三（2016）『ソーシャル・キャピタルの世界──学術的有効性・政策的含意と統計・解析手法の検証──』ミネルヴァ書房.

北井万裕子（2017）「パットナムのソーシャル・キャピタル概念再考──共同体の美化と国家制度の役割──」『立命館経済学』65（6）, 311-324.

小原一馬（1997）「ブルデュー資本概念における『秘密』と『隠蔽』──ブルデューモデルによる『公然の秘密』とそのゴフマンモデルとの相補性──」『ソシオロジ』42（2）, 3 -24,162.

槌田洋（2013）『グローバル時代のスウェーデン福祉国家と地域』法律文化社.

三隅一人（2013）『社会関係資本──理論統合の挑戦──』ミネルヴァ書房.

山岸俊男（1998）『信頼の構造──こころと社会の進化ゲーム──』東京大学出版会.

あとがき

　本書は，立命館大学社会システム研究所の重点研究プログラムとして2015年度から2018年度までの４年間実施された研究プロジェクトの成果である．私がプロジェクトの代表となったが，諸般の事情で，本書の編者である田中宏氏に研究のオーガナイズから本書のとりまとめまで，ほとんどすべてお願いすることになった．田中氏にお礼申し上げたい．

　われわれのプロジェクト，そして本書のテーマである「地域」は，田中氏が序章の冒頭に記しているように多様な存在である．どのような空間を地域と捉えるかは，それを論じる問題設定によって変わってくる．本書の諸章が論じる「地域」も，個別自治体のレベルから自治体の連合体，一国内部の地域から国境を越える連携まで様々である．それは，本書の執筆者それぞれの問題関心が多様であるのと同時に，それぞれが対象とする地域の抱える問題がそもそも多様であることにもよるだろう．そうした多様な問題を捉えるためのアプローチもまた多様であらざるをえないが，本書ではとくに，それぞれの地域に関わる諸アクター間の連携・協働に留意した．「協働する地域」という書名の由来するところである．

　地域内の「協働」に関わって，私自身の経験をひとつだけ記しておきたい．2012年４月，東日本大震災から１年あまり経った春，東北の被災地をまわった．最初の訪問地，南相馬市では，あの福島第一原発から20キロメートル圏内にある小高区への立ち入り禁止がようやく解除されたばかりだった．津波で家を流され，ご自身も津波に巻き込まれて九死に一生を得た地元の方が，地震と津波で破壊された家々やつぶれた自動車，そして陸に乗り上げた漁船などが転がる荒れたままの故郷を案内して下さった．原発につながる道を封鎖する検問所のすぐ手前まで行った．小高の町の，店を閉めたケーキ屋さんの入り口の前に，「必ず小高で復活します」と書かれたボードが置かれていた．

　つぎの移動までしばらく時間が空き，南相馬市役所内の一室に設けられたコミュニティFMの放送局で，椅子に座って放送の様子を眺めていた．男女ペアのDJが，歌を流しおしゃべりをするその合間合間に，地元各所で計測された放射線量をくりかえし伝えていた．それを聴きながら，私はなんだか腹が

立ってきた．本来こんな報道をする必要はなかったはずなのに，と．昨年ドイツで何カ月か暮らし，ある親しいドイツ人の歴史家を訪ねた折，このときの話をした．日本で市民社会が発展することの難しさについて私は語っていたのだが，政府の公式の情報は信頼せず，地元の人が自分たちで放射線量を測っていたのだ，と言うと，それは市民社会じゃないか，と言われた．故郷を甦らせようと苦しい取り組みを続けていた被災地の方々，そしてそれを支援する人たちの姿を思い出し，その通りだ，と思った．

　本書の研究に対して助成を与えられた立命館大学社会システム研究所に感謝する．また，本書の刊行は，立命館大学経済学部創立70周年（2018年）の記念事業のひとつとして実施され，同学部からも助成を得た．晃洋書房編集部の山本博子さんは，丹念に原稿を読んで訂正の筆をたくさん入れて下さった．山本さんの忍耐強いご支援がなければ，本書は本としての体裁さえ整わなかったろう．記してお礼申し上げる．

　　2020年1月

山 井 敏 章

索　引

《執筆者紹介》（執筆順．＊は編著者）

＊田 中　　宏（たなか　ひろし）［序章・第10章］

　　立命館大学経済学部特任教授．京都大学大学院経済学研究科博士課程満期退学．博士（経済学）（京都大学）．
　　主要業績：『ハンガリー経済図説』東洋書店，2014年．『欧州新興市場国への日系企業の進出──中欧・ロシアの現場から──』（池本修一・田中宏編著），文眞堂，2014年．「ポランニーは再び国境を越えることができたのか」『経済学雑誌』（大阪市立大学），119巻1号，2018年．

　金 井 萬 造（かない　まんぞう）［第1章］

　　立命館大学経済学部客員教授．京都大学大学院工学研究科修士課程修了．博士（工学）（京都大学）．
　　主要業績：『着地型観光──地域が主役のツーリズム』（尾家建生・金井萬造編著），学芸出版社，2008年．『地域創造のための観光マネジメント講座』（観光力推進ネットワーク・関西，日本観光研究学会関西支部編，共著），学芸出版社，2016年．

　峯 俊 智 穂（みねとし　ちほ）［第2章］

　　立命館大学経済学部准教授．立命館大学大学院政策科学研究科博士課程後期課程修了．博士（政策科学）．
　　主要業績：「世界遺産保全と観光振興による地域づくり」『世界遺産学への招待』（安江則子編，共著），法律文化社，2011年．「文化遺産の保全・活用と地方創生──地域経済活性化と新しい文化の創造──」『京都から考える都市文化政策とまちづくり──伝統と革新の共存』（山田浩之・赤﨑盛久編，共著），ミネルヴァ書房，2019年．

　黒 川 清 登（くろかわ　きよと）［第3章］

　　立命館大学経済学部教授．筑波大学大学院生命環境科学研究科修了．博士（学術）．
　　主要業績："Sustainable Rural/Regional Development by attracting value added components into the rural areas." (Chapter 7.) in "Designing Our Future-local Perspectives on Bioproduction, Ecosystems and Humanity-"（共著），国連大学，2011年．*Social Research and Evaluation of Poverty Reduction Project*（Takuo Utagawa ed.，共著），ハーベスト社，2013年．「高齢化社会における地域経済の活性化──タイ東北と滋賀県の比較研究」『立命館經濟學』2017年．

　宮 下 聖 史（みやした　せいし）［第4章］

　　立命館大学共通教育推進機構講師．立命館大学大学院社会学研究科博士課程後期課程修了．博士（社会学）．
　　主要業績：「『平成の大合併』政策下における『自律』の論理と地域社会の再編──長野県喬木村を事例として──」，地域社会学会編『縮小社会と地域社会の現在──地域社会学が何を，どう問うの

か──』（地域社会学会年報第20集，共著）ハーベスト社，2008年．（地域社会学会奨励賞受賞論文）「『人口減少社会』の地域政策・地域づくりに関する一考察──『選択と集中』路線に対抗するための理論と実践──」『長野大学紀要』36巻3号，2015年．「地方創生政策の特徴・問題点と"よいコミュニティ"にもとづくこれからの地域づくり」『信州自治研』長野県地方自治研究センター，No. 321，2018年．

佐 藤 卓 利（さとう　たかとし）［第5章］

　立命館大学経済学部教授．立命館大学大学院経済学研究科博士課程単位取得退学．京都大学博士（経済学）．
　主要業績：『高齢時代の地域福祉プラン』（鈴木勉・松田泰・佐藤卓利編著），北大路書房，1995年．『介護サービス市場の管理と調整』ミネルヴァ書房，2008年．『介護サービスマネジメント』（佐藤卓利・久保真人・田尾雅夫・重田博正著），ナカニシヤ出版，2013年．

RAUPACH SUMIYA JORG（ラウパッハ スミヤ ヨーク）［第6章］

　立命館大学経営学部教授．ドイツ生まれ．1990年に来日．外資系経営コンサルティング会社，外資系産業機械メーカ役員，2000年から滋賀県に本社を置くNECショット株式会社の代表取締役社長として企業人のキャリアを経て，2013年4月から立命館大学経営学部教授に赴任．日本板硝子株式会社取締役兼務．国際経営，国際産業論を担当．サステナビリティ経営，世界のエネルギー業界（特に再生可能エネルギー分野），エネルギーと地域経済について研究．

松 野 周 治（まつの　しゅうじ）［第7章］

　立命館大学名誉教授／社会システム研究所上席研究員．京都大学大学院経済学研究科博士課程単位取得退学．
　主要業績：『東北アジア共同体への道──現状と課題──』（松野周治・徐勝・夏剛，編著），文眞堂，2006年．『中ロ経済論──国境から見る北東アジアの新展開』（大津定美・松野周治・堀江典生，編著）ミネルヴァ書房，2010年．『東アジアの地域経済発展と中小企業』（松野周治・今田治・林松国，編著）晃洋書房，2016年．

曹　　瑞 林（そう　ずいりん）［第8章］

　立命館大学経済学部教授．吉林大学日本文学語言系卒業．博士（経済学，立命館大学）．
　主要業績：『現代中国税制の研究───中国の市場経済化と税制改革──』御茶の水書房，2004年．「中国における地方税体系の現状と課題」『立命館経済学』67巻5・6号，2019年．『財政とはなにか』（内山昭編著，共著）税務経理協会，2018年．

岡 井 有 佳（おかい　ゆか）［第9章］

　立命館大学理工学部教授．パリ第X-Nanterre大学都市整備・地域開発高等専門研究課程修了．博

士（工学）（東京大学）.

主要業績：『まちの再生ハンドブック』（優良建築物等整備事業研究会編著，共著），風土社，1997年．『まち歩きガイド東京＋（プラス）』（Teku・Teku編，共著），学芸出版社，2008年．『広域計画と地域の持続可能性』（大西隆編著，共著），学芸出版社，2010年．など

北井万裕子（きたい　まゆこ）［第11章］

日本学術振興会特別研究員PD／立命館大学経済学部授業担当講師．立命館大学大学院経済学研究科博士課程後期課程修了．博士（経済学）．

主要業績：「パットナムのソーシャル・キャピタル概念再考——共同体の美化と国家制度の役割——」『立命館経済学』67巻4号，2017年．「社会関係資本の類型と福祉国家の寛容性との関係についての検討」『社会政策』10巻3号，2019年．

山井敏章（やまい　としあき）［あとがき］

立命館大学経済学部教授．東京大学大学院経済学研究科修了．博士（経済学）．

主要業績：Industrielle Beziehungen und Arbeitsbewertung unter dem "Wirtschaftswunder" in Deutschland und Japan. Ein Vergleich von zwei Gesellschaften, in: *Jahrbuch für Wirtschaftsgeschichte 2009/2*. 『「計画」の20世紀——ナチズム・〈モデルネ〉・国土計画——』岩波書店，2017年．Metropolitan Regions and Municipal Autonomy: Regional Policy and Democracy in Germany since the 1990s, in: C. Schmidt/R. Kleinfeld, eds., *The Crisis of Democracy? Chances, Risks and Challenges in Japan（Asia）and Germany（Europe）*, Newcastle upon Tyne: Cambridge Scholars Publishing 2020. など

協働する地域

2020年 3 月20日　初版第 1 刷発行　　＊定価はカバーに
表示してあります

編著者　　田　中　　　宏ⓒ
発行者　　植　田　　　実
印刷者　　藤　森　英　夫

発行所　株式会社　晃　洋　書　房

〒615-0026　京都市右京区西院北矢掛町 7 番地
電話　075 (312) 0788番㈹
振替口座　01040-6-32280

装丁　野田和浩　　　　　　　印刷・製本　亜細亜印刷㈱

ISBN978-4-7710-3280-4